KB125904

# 구 술 사 연 구

## 방법과 실천

이 도서의 국립중앙도서관 출판시도서목록(CIP)은
서지정보유통지원시스템 홈페이지(http://www.seoji.nl.go.kr)와
국가자료공동목록시스템(http://www.nl.go.kr/kolisnet)에서 이용하실 수 있습니다.
(CIP제어번호: CIP2014002027)

口述史

구술사
연구

| 김귀옥 지음 |

방법과 실천

研究

한울
아카데미

이 책을 구술자들, 이 땅의 민중과 어머니께 바칩니다.

차례

# 말, 구술, 구술사 연구에 부쳐

 말같이 쉬운 것은 없다. 그러나 말처럼 무서운 것도 없다. 거짓말을 밥 먹듯 하는 사람도 있지만, 말이 곧 법인 사람들도 있다. 기독교 성경 중 창세기 1장에는 "하나님이 가라사대 빛이 있으라 하시매 빛이 있고, 그 빛이 하나님의 보시기에 좋았더라. 하나님이 빛과 어둠을 나누사 그 빛을 낮이라 칭하시고 어둠을 밤이라 칭하시니라"라는 내용이 있고, 요한복음 1장은 "태초에 말씀이 계시니라. 이 말씀이 하나님과 함께 계셨으니 이 말씀은 곧 하나님이시니라"로 시작된다. 내가 비신도이므로 섣부르게 해석하면 문제를 낳을 소지가 있으나 조금만 해석하도록 허용된다면, 이러한 성경 구절이야말로 '말'이 곧 법이요, 세상의 질서임을 시사하는 대목으로 볼 수 있다. 또한 속담인 "말이 씨가 된다"나 "한마디 말로 천 냥 빚을 갚는다" 등처럼 말의 중요성을 지적하는 용례가 많다.

 인간이 말을 하게 된다는 것은 여러 가지 의미를 함축한다. 우선 인간은 말을 하거나, 설령 언어 장애가 있더라도 하나의 언어 체계를 이해하게 됨으로써 인간으로서 의식을 획득하게 되고, 다른 사람과 의사소통을 할 수 있게 된다. 언어는 욕망과 기대, 규칙, 규범, 질서, 문화 등의 내용으로 구성됨으로써 인간의 특성을 갖게 된다. 언어를 통해 의식을 형성함으로써 인간은 사고력과 표현력을 가질 수 있다. 반면 언어는 의식을 지배하거나 구속하기도 한다. 이 점이 바로 언어의 주술성과도 연결된다고 할 수 있다. 언어는 의식에 주문을 걸어 행동이나 태도를 지시하거나 촉진 또는 제약하기도 한다. 그렇다고 해서 언어가 모든 의식을 지배하거나 구속할 수 있는 것은 아니다. 언어가 지시하는 기표로 드러나지 못한 기의들이 늘 남아 있다. 언어로 표현되지 못한 기의를 둘러싼 해석은 열려 있고, 그 점은 언어의 한계를 드러내기도 한다.

다음으로 인간은 언어를 통해 한 사회의 구성원이 된다. 언어는 사회성, 역사성이나 민족성, 계급성 등을 띠므로 하나의 특정 언어를 일차적으로 이해하고 사용한다는 것은 그 언어를 일차적으로 사용하는 사회에 속하게 되는 것을 의미한다. 인간이 일차적으로 획득하게 되는 언어 체계를 '모어(mother tongue)'라고 할 수 있다. 아기가 태어나서 처음으로 언어를 배우는 상대는 계급이나 처지에 따라서 다양하지만, 대개 친어머니에게서 배운다. 영어의 'mother tongue'에 해당하는 한국어 뜻은 '모국어'로 해석되어왔지만, 다문화 사회에서는 반드시 모국어라 하기보다는 모어로 해석하는 것이 적절하다. 예컨대 한국의 아기에게 최초의 언어를 가르쳐준 사람이 중국 조선족 유모이더라도, 그 아기가 습득한 중국 조선족식 한국어가 모국어라고 할 수는 없을 것이다. 또한 일본의 재일교포 4세가 재일교포 3세인 어머니에게서 배운 일본어는 모어이지, 모국어라고는 할 수 없을 것이다. 그러나 대체로 인간이 일차적으로 획득한 언어는 그 사람의 사회적·역사적·민족적·계급적 위치를 지시하게 되고, 그 언어로 말미암아 그는 사회성·역사성·민족성·계급성 등을 의식적으로, 또는 무의식적으로 체현하게 된다. 또한 그러한 성격의 경험도 어려서부터 축적해가게 된다.

이제 구술사에 대해 생각해보자. 앞에서 언급한 말 또는 언어적 특징에 기반을 두는 구술사는 구술 연행(oral performance)을 통해 이루어진다. 구술사란 어떤 사람의 생애사적 경험이 구술된 것이라고 한다면 여기에는 반드시 '연행' 행위가 매개가 된다. 즉, 구술자의 생애사적 기억이 언어적으로 '연행'되는 것을 의미한다. 이런 점은 절친한 사이에서 자신의 경험을 풀어나가는 대화의 한 형태인 '수다'나 '신세타령'과는 차이가 있다. 핵심적 차이는 의도된 '연행' 유무에 있다. 개인 간의 수다에도 연행적 요소가 있을 수 있지만, 대개 수다나 신세타령 같은 말은 의도적 연행이 배제된 자연스러운 행위에 가깝다. 그러나 일반적으로 구술사에서 구술 행위는 구술사가(oral historian), 또는 구술 면접자(oral interviewer), 구술 연구자의 기획과 특정한 목적에 기반을 둔 연행을 통해 진행된다. 그러한 연행을 통한 구술 행위에서 구술사가 또는 면접자의 지식과 구술자의 기억이 만나게 된다. 지식과 기억이 만나는 구술 과정은 '말'로 매개된다.

구술사 연구 과정에서 종종 제기되는 문제 중 하나는 기억의 불안정성 문제와 신뢰성 문제다. 풀어 말하면 구술자들이 얼마나 정확하고 믿을 만한 기억을 구술할 수 있느냐는 물음이다. 인간은 자신을 합리화하기 좋아하므로 자신에게 불리한 내용을 정직하게 구술할 수 있느냐, 또는 망각의 작용으로 말미암아 인간이 지나간 일을 얼마나 정확하게 재현할 수 있느나, 상황에 따라서 기억의 내용이 바뀌는 것이 아니냐 하는 등의 물음과 연결된다. 나 역시 구술 기억은 몇 차원의 문제가 내재해 있다는 생각을 품고 있다. 우선은 인간의 기억 자체가 불완전하다는 점이다. 같은 장소, 같은 시간에 같은 사건을 겪었던 사람인 갑과 을이 있다고 하자. 갑과 을이 그 사건을 토씨 하나 다르지 않게 기억할 가능성은 희박하다고 본다. 자신이 이해하는 방식에 따라, 또는 계급적·민족적·성별적 조건에 따라서도 다르게 볼 수 있고, 심지어 지식수준에 따라서도 다르게 기억할 가능성이 농후하다. 다음으로 구술 연행 과정에서도 구술자와의 관계성, 연행을 둘러싼 객관적 환경, 시대적 맥락에 따라서 기억의 내용이 바뀔 여지가 충분히 있다.

이러한 점에서 근본적으로 불안전성 또는 불완전성을 가진 기억을 토대로 진행되는 구술사 연구가 신뢰할만한가 하는 질문은 이상하기보다는 오히려 정상적이라고 할 수 있다. 이 문제에 대해서는 앞으로 이 책에서 계속 질문을 던지고 답을 찾아나가겠지만, 큰 틀에서 답을 제시하자면 인간이 객관성 또는 불변의 진리를 믿는 것 자체가 거대한 환상이거나 이데올로기라는 점부터 지적하고 싶다. 문헌자료=객관적 사실 또는 진실이라고 여기는 태도 역시 근본적으로 문제가 있다. 인간이 지닌 인식의 한계, 의식의 불안정성은 사회의 역사성과도 연결되고 인간 행위의 변화무쌍함과도 상관된다. 그렇기에 구술사 연구에서 신뢰의 대상이 되는 것은 인간 행위를 세세하게 기억하는 내용 그 자체가 아니라, 그 내용이 가진 시간성과 공간성의 좌표축 위에 놓인 자기 자신이다. 예를 들어 태평양전쟁에 동원된 일본군위안부나 한국전쟁에 동원된 군인이 자신과 전쟁 사이에 놓인 모든 인적·물적 상황을 연관 지어 다 기억해내야 진실인 것은 아니다. 어떤 기억은 상세하고 어떤 기억은 생략되더라도, 어떤 맥락에서 구술자가 그 전쟁 상황에 놓였었는지 회고하는 것 자체가 논의의 주제가 된다. 구술 기억 속의 수많은 공백은 구술사가가 채워야 할 몫이다.

구술사와 관련해 종종 듣는 또 다른 이야기 중 하나는, 구술사 연구는 문헌 연구나 사회조사(social survey) 연구에 비해 쉽지 않으냐는 이야기다. 어떤 탁월한 구술사 연구자에게는 구술사 연구가 쉬울 수도 있을 것이다. 그러나 구술사 연구를 시작한 지 벌써 20년 가까이 되는 나에게 구술사 연구는 시간이 갈수록 어렵게 변하고 있다. '말'을 통해 기억을 만나고, 기억을 통해 사회와 세계를 만나고, 다시 그 기억 속에서 사람의 욕망과 무의식, 트라우마적 고통, 기표에서 비켜나간 기의의 세계인 모호한 블랙홀 등을 만나게 된다. 현대사의 재구성, 역사자료의 부재라는 상황에서 수단으로 사용했던 구술사 연구를 통해 한편으로는 거시적인 사회와 만나게 되고, 또 한편으로는 의식과 무의식 같은 미시적인 인간의 문제에 부딪힌다. 연구 주제나 연구 상황에 따라서 구술사 연구 과정에서는 생략과 가지치기, 방향 전환이 계속 일어난다. 이 또한 연출된 상황이다. 그러나 어떤 연출은 처음부터 기획된 것이지만, 어떤 연출은 연구 과정에서 발생한다. 연출을 어떻게, 왜 해야 하는지를 결정하는 문제는 연구자로서 가장 심각한 주제다. 그러니 구술사 연구가 어떻게 쉬울 수 있겠는가?

구술사 연구가 어려운데도 쉽게 여겨지는 데에는 또 다른 이유가 있다. 인간은 거짓말을 할 수 있는 존재이기 때문이다. 구술자가 생애사 구술의 연행을 다른 상황에 있는 구술사가 또는 면접자에 따라서 불일치하게 진행하는 경우가 있다. 불일치는 여러 가지 의미를 가지는데, 구술사가와의 관계에 따라서 순간적 망각과 회복된 기억력, 과장과 왜곡, 생략과 장광

설, 계몽과 진술(陳述)형 또는 공술(供述)형의 구술도 있을 수 있지만, 심각한 문제 중 하나는 구술자가 특정한 의도에 따라 거짓을 행하는 것이다. 구술자의 처지에서는 자신보다 권력적으로 하위에 있다고 생각되는 면접자(예를 들면 나이가 어린 면접자, 여성 면접자, 권력적 배경을 가지지 못한 면접자 등)를 상대로 구술하는 태도 속에 거짓이 작동할 수 있다. 그럼에도 구술자가 자신의 생애 전체를 구술하는 과정에서는 노련한 이야기꾼이나 스토리텔링의 천재가 아닌 이상 모든 사실을 거짓으로 이야기하는 것은 거의 불가능하다. 이런 이유로 형사는 피의자를 조사하면서 사건 관련 상황을 몇 차례 반복 진술하도록 해서 일치와 불일치를 통해 거짓말을 식별해낼 수 있다.

우리가 말의 속성을 진지하게 생각해보면, 일면 말은 의식을 재구성할 수 있으므로 부분적 거짓말로 가공될 여지가 있지만, 더 근본적으로 보면 말은 경험과 의식에 지배를 받으므로 전체가 거짓으로 꾸며질 수는 없음을 깨달을 수 있다. 구술의 힘은 바로 여기에서 나오는 것이다. 이러한 이유로 자료가 제한되거나 부재한 지점에서 구술사 연구는 의미를 지닐 수 있고, 나는 이 책을 집필할 수 있는 용기를 갖게 되었다.

이 책은 부족한 대로 20년 가까이 구술사 연구를 해온 경험을 성찰한 결과를 바탕에 두고 집필되었다. 제1장 "비문맹의 시대에 부는 구술사 연구의 바람"에서는 내가 연구한 과정에서 발견하게 된 구술사 연구의 특징을 짚어보고 구술사 연구방법론에 대한 철저한 이해가 왜 필요한지를 밝힌다. 제2장은 2005년에 한국기록학회에서 발표한 글을 토대로 2006년에 ≪사회와역사≫(통권 71호)에 발표했던 「한국 구술사 연구 현황, 쟁점과 과제」를 최근의 구술사 연구 성과물로 새롭게 보완해 작성되었다. 특히 제2장에서는 한국 구술사 연구의 전사(前史)에는 민속학과 구비문학이 연결되어 있음을 강조한다.

다음 제3장 "질적 연구 방법론의 개요"에서는 다음 장에서 구체적으로 구술사 연구 방법론을 짚어나가고자 구술사 방법론의 큰 집이라고 할 수 있는 질적 연구 방법론의 특징과 종류들을 살펴보고, 여러 종류의 질적 연구 방법론이 구술사 방법론에 어떻게 작동하는지를 설명한다. 제4장 "구술사 방법론의 정의와 특성"에서는 구술사를 정의하고 그 특성을 장단점의 측면에서 설명한다. 또한 구술사의 구성 요소로서 말과 글, 구술사와 라포 또는 정보 제공자 문제, 기억과 망각의 문제, 그리고 여기서 더 나아가 트라우마와 그 치유의 문제를 짚어나간다.

제5장과 제6장에서는 본격적으로 구술사 연구의 전개 과정을 그간 내가 연구했던 과정과 방식, 시행착오 등을 성찰하면서 객관화했다. 객관화하는 과정에는 많은 시간이 걸렸다. 제5장은 1999년에 서울대학교 사회발전연구소의 콜로키엄에서 발표하고 2000년에 「지역 조사와 구술사 방법론」이라는 제목으로 ≪한국사회과학≫(22권 2호)에 수록했던 원고인데, 여러 대학이나 연구소 등의 수업과 워크숍에서 강의해나가면서 발전시켰던 글을 바탕으로 다시 집필했다. 제6장은 대학이나 연구소에서 글쓰기 강의를 한 결과 원고가 필요하다는 결론에 따라 작성되어 「구술사 쓰기의 방법과 절차: 사례에 기초한 이론화의 시도」라는 제목으로 ≪구술사연구≫(제1권 1호)에 발표되었던 글을 다시 쓴 것이다. 따라서 아직은 이견이 있을 수 있으나 일정한 정도 단련을 받은 글이라고 할 수 있다.

구술사 연구 전개 과정을 총 일곱 단계로 나누어 제5장에서는 현지 조사 예비 단계, 문제의식의 구체화 단계, 현지 조사 단계를 중심으로 사례를 들어 설명해나가고, 제6장에서는 녹취 작업 단계, 구술자료 독서 및 분석 단계, 협의의 학술적 글쓰기, 추가 조사와 보완의 단계 등으로 나누어 설명한다. 그런데 이 단계별 흐름도에서 중요한 것은 단선적이 아니라는 점이다. 다시 말해 제2단계에서 제3단계로 갔다가 다시 제2단계로 갈 수 있고, 구술자료 분석이나 학술적 글쓰기 단계에서도 추가 보완 조사를 하고자 3단계로 갈 수도 있다는 점에서 이 흐름도는 이념형(Ideal type)임을 강조하고 싶다. 마지막 장에서는 구술사 연구의 발전과 대중화의 가능성을 다양한 방향으로 열어놓았고, 구술사 연구의 성숙과 구술자의 보호, 구술사가 또는 구술 면접자, 연구자의 윤리를 위해 한국구술사학회가 제정한 '구술사 연구 윤리 강령'을 제시했다. 그 외에 연구자들을 위해 구술 생애사 질문지 사례 세 가지를 팁으로 실어두었다.

출간을 앞두고 원고를 다시 보니 아직도 미숙하고 보완해야 할 점들이 곳곳에서 발견된다. 구술사 연구로 고민하는 동료나 후배, 후학들에게 타산지석이 되기를 바라는 심정에서 부족한 대로나마 세상에 내놓으려고 하나, 많은 충고와 비판이 따를 것으로 생각되어 조금은 두렵다. 그럼에도 그러한 비판 과정이 한국의 구술사 연구를 키우고, 한국학을 발전시키는 하나의 길이라고 생각하며 두려움을 잠시 접어두고자 한다.

이 글을 쓰는 과정에서 오랜만에 예전 구술자들이 떠올랐다. 그분들의 구수하거나 어눌한 이야기, 긴장되거나 불안한 기억, 고통, 눈물이 떠올랐다. 특히 나의 연구는 분단과 전쟁, 냉전, 노동운동과 민주화운동, 해외 이산 문제 등과 같이 예민한 주제와 관련되다 보니 구술사 연구 과정 자체가 고통으로 점철되기도 한다. 그래서 구술자와의 관계도 긴장과 불안, 해소와 해방 등으로 얽히지 않았던가 싶다. 이번 집필 과정에서 나의 구술 과정 자체가 하나의 구술사 연구 대상이 될지도 모른다는 생각이 들었다. 이러한 점도 언젠가 접근해야 할지도 모를 과제라는 생각이 든다.

이 책은 수많은 구술자가 없이는 집필될 수 없었다는 점에서 이제 그분들께 감사 인사를 가장 먼저 드리고 싶다. 모두 거명하지 못하는 것이 못내 아쉬울 뿐이다. 또한 구술사 연구를 보조했던 수많은 보조 연구원과 공동 연구원, 특히 박병인 조교(한성대학교 졸업 후 한양대학교 경영학과 대학원 석사과정 재학)와 신종훈 조교(한성대학교 졸업), 전혜경 조교(한성대학교 재학)에게도 이 지면을 빌려 고마움을 전하고자 한다. 또한 부족한 초고를 읽는 인내력을 감내하면서 여러 가지 평과 아이디어를 제시해준 어머니 오성자와 지아비 정경훈 교수께도 감사하고 싶다. 마지막으로 이 책이 나오기까지 10년을 참고 기다려준 도서출판 한울의 김종수 대표와 부족한 원고를 세상에 내놓을 만하게 다듬어준 이황재 씨에게 감사의 인사를 드린다.

이제 구술사 연구가 한국학 연구에 좀 더 풍부하고 유용한 도구가 되기를 진심으로 희구하며 이 책도 한국학 연구의 발전에 미력하나마 소용이 있게 되기를 간절히 기원해본다.

2014년 정월
낙산녁 연구실에서 쓰다

제1장

:

비문맹의 시대에 부는 구술사 연구의 바람

2014년 현재, 한국에서는 20대 초반 연령의 80% 이상이 대학생이다. 20대 대다수가 대학 학력을 갖추었으므로 현재의 의무교육제 아래에서는 문맹자가 없다고 할 수 있다. 한편 유엔개발계획(UNDP: United Nations Development Programme)이 2003년에 발표한 인간개발지수(HDI: Human Development Indicators)에 따르면 한국의 비문맹률(literacy rate)은 97.9%로, 문맹률은 2% 남짓이다. 다시 말해 문맹자가 100명 중 3명도 안 된다. 따라서 전 국민 가운데 문맹자는 극소수에 지나지 않는다고 할 수 있다.

이러한 교육 문화적 환경의 한국 학계에 구술사 연구의 바람이 불고 있다. 역사학, 민속학, 사회학, 인류학, 교육학, 여성사, 과학기술사 등은 말할 것도 없고, 역사라는 단어를 붙일 수 있는 학문 분야에는 대개 구술사 연구가 진행되고 있다. 또한 민중사나 일상사의 일환으로 진행되었던 구술사와 그 방법론이 2000년대에 들어 대통령을 포함한 국가 최고 엘리트의 기록 연구 등에도 활용되고 있다. 구술사는 원래 '글을 모르는 사람'을 위한 것이었음을 상기해보면, 비문맹의 시대에 구술사 연구의 확산은 역설적이지 않을 수 없다.

구술사 연구가 유행하는 것은 구술사 연구가 쉽기 때문인가? 구술사 연구 방법론을 적용하지 않으면 안 될 어떤 이유가 있는 것인가? 대학 정규 강좌 가운데 구술사 관련 강좌가 드문데도 구술사 관련 정규 학위논문들이 간헐적으로 배출되고, 일반 연구논문도 꾸준히 생산된다. 한국 정부 차원의 기초연구지원시스템인 한국연구재단에서도 구술사 방법론을 활용한 연구를 기초연구를 위한 방법론으로 인정한다. 이러한 환경은 구술사 관련 연구물이 2000년대에 쏟아져 나올 수 있었던 배경의 하나로 작용했다.

그런데 구술사 관련 성과물들을 좀 더 살펴보면, 구술사 연구는 학계가 아니라 민간인 또는 민간 연구기관이 주도했다. 그리고 그 선두에는 광주와 제주도의 시민과 지식인들이 있었다. 그들이 만든 『죽음을 넘어 시대의 어둠을 넘어: 광주 5월 민중항쟁의 기록』과 『이제사 말햄수다』는 정치사적으로도 의미가 있지만, 한국 현대사에도 중요한 의미를 지닌다. 비록 그것을 기획했던 사람들은 구술사 연구의 맥락과는 무관했지만, 그들이 집필해낸 책들은 구술자료집으로서 선구적 역할을 했을 뿐만 아니라, 이후 본격적으로 연구자들이 구술사를 연구하는 데에 촉매제가 되었다.

이러한 점을 고려할 때, 한국의 구술사 연구는 어디에서 시작되었는지 궁금하지 않을 수 없다. 대개 한국의 구술사 연구에서는 구술사의 출발을 논의할 때 미국이나 유럽의 구술사 연구를 소개함으로써, 한국의 구술사 연구와 구미의 구술사 연구의 연관성을 우회적으로 짚는다. 그런데 한국의 초기 구술사 성과물이라고 할 수 있는 5·18 민주화운동이나 제주 4·3 사건의 구술 기록들이 서구적 전통에서 출발했다고 볼 수 있는 단초를 찾기란 쉽지 않다. 제주 4·3 사건을 구술 증언한 제주4·3연구소의 문무병 이사장이나, 5·18 민주화운동을 구술 증언한 현대사회문화연구소의 정용화 전 소장의 기억에서 보듯, 1990년을 전후로 학계에 발표되기 시작한 구술사 연구 성과물의 저자들이 1980년대의 구술 기록에 직접 영향을 준 것으로는 보이지 않는다. 나 역시 구술사 연구를 하게 된 배경에는 서구의 구술사 연구가 직접적으로 영향을 주지 않았고, 오히려 한국적 구술 조사의 필요성과 가능성이 작동했다.

그렇다면 초기 한국 구술사의 기록들은 어디에서 자원을 빌려왔는지, 또는 한국 구술사 연구의 전통은 어디에 서 있는지 밝힐 필요가 있다. 한국의 구술사 연구 전통을 규명하는 과정은 비문맹의 시대에 구술사 방법론이 왜 필요했는지를 이해하는 데에도 도움이 될 것으로 보인다.

한편 한국 현대사 관련 구술 기록으로 시작된 광의의 구술사 연구들은 그 연구 형태가 학위논문, 일반논문, 구술 기록 아카이브 관련 매뉴얼을 포함한 연구물 등으로 확대되고 있다. 또한 연구 분야도 처음에는 역사학, 사회학, 인류학, 여성학, 민속학 등에서 출발했으나, 이제는 이주, 북한 이탈 주민, 이주 노동자, 의학, 간호학, 과학기술, 영화, 사회복지, 음악예술, 구비 전승, 정치학, 노동 등으로 확대되어 분야에 제한이 없어 보인다. 즉, 역사와 사람이 있는 분야에는 구술사 방법론이 도입되고 있다. 이러한 분위기에 힘입어 2009년에는 한국구술사학회가 창립되었다. 대학내에 구술사에 관한 변변한 정규 강좌 하나도 미처 개설되지 않은 가운데 구술사 관련 연구가 확대되는 원인은 무엇인가? 구술사에는 어떤 특징이 있기에 비문맹의 시대인데도 구술사를 행하는가?

비문맹의 시대를 가져오는 데에는 산업화의 역할이 커 보이나, 민주화라는 요소가 더 중시된다. 서구에서는 대개 근대화의 한 측면에 산업화가 결합되어 있으나, 한국에서는 산업화와 근대화가 분리되어 진행되어왔다고 볼 수 있다.[1] 산업화에는 근대 공장 노동자와 사무관리직 근로자가 필요하다. 설령 말단 공장 노동자이더라도 한글이나 간단한 영문 알파벳을 알아야 입사(김귀옥, 2004: 242)할 수 있었다. 그러므로 산업화는 근대적인 대중 교육을 확대하는 데에 중요한 역할을 했다. 그런데 노동운동이 연구되기 시작한 시기는 1990년대이고, 노동사는 2000년대에 비로소 연구되기 시작했다. 특히 2000년대 들어 진행된 노동사 연구는 구술사 조사가 밑그림을 그리며 수행되기 시작했다. 이러한 사실에서 비민주적 요소가 작동해 비문맹 시대의 문맹성을 가져왔음을 추론할 수 있다.

한국의 정치 환경에서 비민주주의는 기나긴 군부독재의 시대를 의미했다. 또한 한국의 비민주주의는 반(反)근대성을 의미했다. 한반도의 환경은 1940년대 후반 이래로 1990년대가 되어서도, 세계적 탈냉전의 추세에서 동떨어진 섬처럼 냉전 상태로 남았다. 한국의 산업화와 대중 교육의 확대에 따라 문맹자는 사라져갔으나, 생각이나 경험을 자유롭게 표현하고 기록할 수 있는 시민적 인권은 부족했고, 그것을 향유하게 하는 자유로운 근대적 이성은 형성되지도 못했다.[2] 또한 일제 식민지의 잔재도 제

---

1 근대화는 역사적 개념이다. 서구 역사에서 말하는 근대화 과정에는 산업화뿐만 아니라 국민국가 건설, 민주주의, 자유, 평등, 주권, 개인성 등 여러 요소가 포함되어 있다(박명림, 2011: 253).

2 한국에서는 긴 냉전 시대를 경험하면서 세상을 분별하고 민주주의, 평화, 인권을

대로 청산되지 않은데다가, 해방 후 맞이한 분단과 전쟁은 반공 규율 시대를 열어 우리와 다른 사람을 '빨갱이' 취급하며 국가가 표준화한 기억과 기록 외의 것은 불온시했다. 그러한 정치적 환경은 비문맹의 문화적 환경 속에서도 수많은 사람을 현실적 문맹화 상태로 빠뜨려 자신의 기억을 억압하고 왜곡하거나 침묵시키도록 했다. 이러한 상태를 이 글에서는 비문맹성의 문맹성(illiteracy of literacy)이라고 표현하고자 한다. 사실상의 문맹 상태에 빠진 기억을 해방하는 과정이 민주화 과정의 기억 투쟁이고, 기억을 해방하는 수단이 구술사 방법이 되었다고 볼 수 있다.

또한 민주주의는 지배적인 역사를 균열시켜왔다. 일제 강점기에 이식된 실증주의적 역사관과 조선의 왕조 사관이 구축한 지배적 역사를 전복적으로 독해하려면 포스트모던적 해석(post modern interpretation)이 필요하다. 그러나 지배적 관점에서 생산된 동일한 자료를 전복적으로 독해하는 것만으로는 부족하다. 예컨대 왕조실록을 민중적 관점에서 읽으면 지배적 관점에서는 부정적으로 읽히던 사건들을 새롭게 해석할 수 있다. 그러나 왕조실록에 기록되지 않은 일은 알 수 없다. 그런 의미에서 과거 왕조시대를 연구하기 위한 방법론의 하나가 민속학이었다. 이처럼 군부독재 시대에는 좌경 용공적이라며 금기시되던 사상이나 활동을 민주화 과정에서 새롭게 발견하려면 군부독재적 관점에서 기록된 사건이나 사실을 재해석해 인식할 뿐만 아니라, 기록되지 않은 사건이나 사실을 발굴해

지향하도록 추동하는 근대 이성을 제대로 형성하고 성장시키지 못했다. 실로 한국에서 냉전을 해체해야 이념의 이름으로 가리어 있던 이성(박명림, 2011: 355)을 회복할 수 있다.

야 한다. 그러면 그 시대를 다르게 볼 수 있다. 그러한 사례 중 하나가 5·18 민주화운동이다. 정부 당국이 좌경 용공적 반체제 사건으로 간주했던 5·18 민주화운동은 민중적 관점의 구술 조사를 통할 때, 민주화를 향한 항쟁임이 밝혀질 수 있었다.

역사의 균열은 기억의 균열이다. 사금파리처럼 조각들을 맞추면 하나의 완전한 사실이나 사건으로 재현할 수 있다. 또한 사금파리가 비추는 세계 하나하나가 나름대로 다 의미를 재현할 수도 있다. 이러한 균열은 기억의 특성과 맞물려 있는데, 그래서 우리는 구술사 연구를 착수하는 과정에 기억은 어떤 특성을 지니는지 면밀히 살펴볼 필요가 있다. 기억은 노화에 따라 쇠퇴하기 마련이지만, 경험적으로 보았을 때 젊다고 기억력이 뛰어나지도 않고, 늙었다고 기억이 바래지도 않는다. 구술이 의존하는 기억의 특성을 제대로 이해할 때 비로소 구술사 연구의 진정성을 이해할 수 있다.

구술사 연구는 질적 연구의 하나다. 질적 연구는 말과 글로 된 자료를 수량화하는 대신 질적으로 접근하는 연구다. 구술사 연구 역시 말과 글을 모두 동원한다. 우선 구술사 연구는 이야기, 즉 '말'에 토대한다. 말이라는 수단을 통해서 기억에 접근해나간다. 인간의 인지적 능력에는 '분석'적 방법이 있는데, 이는 훈련을 통해서 형성될 수 있다. 말이라는 수단을 통해 기억의 내용을 청취하고 분석하며 종합하는데, 말은 듣기만 해서는 이해하는 데에 제한이 있다. 이른바 '들어보아야'[3] 제대로 이해할 수 있

---

3 '들어보다'의 정의: 여기에서 '들어보다'는 '무엇을 밝히거나 알아내고자 상대편에게 묻는 행위'를 가리킨다.

다. 그래서 면접자가 구술자를 제대로 이해하려 한다면 그 말을 들을 뿐만 아니라, 보는 과정이 필요하다. 따라서 우리는 말의 특성을 제대로 이해해야 한다. 또한 보는 과정을 연구 방법론으로 정리한 것이 에스노그래피(ethnography)인데, 에스노그래피와 구술사는 어떠한 관련이 있고, 어떠한 차이가 있는지 정리할 필요가 있다.

또한 구술사 연구는 글에 의존한다. 흔히 구술사 연구는 말에 초점을 맞춘다고 생각하는 경향이 있지만, 구술사 연구의 진정성은 글에서 살아난다. 다시 말해 구술사의 의의는 기억을 구비 전승하는 데에 있는 것이 아니라, 탈역사화된 사람들의 기억을 역사화하겠다는 데에 있다. 그래서 구술적 기억을 글로 전환하는 작업은 대단히 중요하다. 구술적 기록은 구술적 언어를 구술적 문자로 전화하는 작업이다. 글의 특성을 살펴보면서, 구술자료를 어떻게 구술적 기록이나 보고서로 작성할 것인지 살펴볼 것이다. 구술자의 구술적 언어와 구술적 문자가 연구자의 문어적 문자와 만나는 과정은 대단히 어렵다. 연구자의 문자가 구술자의 말과 글을 압도해서도 안 되고, 반대로 끌려다녀서도 안 된다. 후자의 경우, 연구로서 지위를 상실하기 쉽다.

구술사의 기본 구성 요소인 기억을 형성하는 요소는 다양하다. 기억 속에 담긴 경험 속에는 구술자가 속한 해당 사회의 사회구조, 사회관계, 규범, 의식 등이 녹아들어가 있다. 그러나 기억에는 사회적으로 환원할 수 없는 개인의 욕망, 개인적 심리 기제, 뇌의 특성과 역할 등도 들어가 있다. 다시 말해 기억 속에는 거시 구조나 거시사와 당대사, 사건사가 작동하는 동시에 생활 세계뿐만 아니라 보편 심성이나 개인 심성이 복합적으로 작동한다. 구술사 연구자들이 이러한 점들에 모두 접근할 수 있는 만능 연구자는 아니다. 다만 구술적 기억에 접근하고 행위나 동기를 해석해내려면, 구술사 연구자들이 단순히 사실을 이해하려고만 해서는 부족하다. 인간을 깊이 배려하며 성찰하고자 노력하는 자세가 학문적으로나 실천적으로 필요하다. 따라서 구술사 연구에는 거시사나 당대사, 제도사, 문화사 등을 통한 접근과 함께 인간의 욕망, 심리학, 정신분석학 등을 활용한 통섭적 노력을 진행해야 한다.

구술사 연구에 대한 사회적 수요에 비해 대학 내 구술사 관련 정규 강좌는 적은 편이다. 대신 학계나 사회에서 수요층이 형성됨에 따라 연구기관 등에서 구술사 관련 강좌가 꾸준히 개설되고 있다. 나는 학교 밖 기관에서 구술사 관련 강의나 세미나 등을 하면서 다양한 배경을 지닌 수강생을 만나는데, 그중에는 일반 학생뿐만 아니라 현직 교수나 연구원, 기자, 공무원 등도 적지 않다. 구술사에 대한 수요를 보여주는 한 예라고 할 수 있다. 대학원에서 구술사 강의를 할 때에는 구술사 연구에 필요한 다양한 교육 프로그램을 동원할 수 있다. 반면 연구기관에서 진행되는 속성 강의는 구술사에 관련된 핵심 사항을 전달하는 데에는 효율적일지 몰라도, 성숙시키는 맛이 부족하다. 구술사 연구를 활용하려면 일반 방법론 수업처럼 구술사 방법론과 관련된 이론과 여러 가지 특성을 이해하는 데에 그쳐서는 안 된다. 실습을 겸한 이론도 이해해야 하고, 실제로 면담하며, 면담 자료를 구술 기록으로 전환해야 한다. 또한 기록화된 문자를 자료로 만들어내고, 필요에 따라서는 구술자료를 세밀하면서도 거시적으로 분석해 관련 보고서 또는 논문 등을 작성해야 한다. 구술자의 구술을 맥락적으로 이해할 뿐만 아니라, 사회 역사적 연관 짓기도 하지 않으면 안 된다.

그러려면 구술사 연구를 제대로 하기 위한 안내를 받을 필요가 있다.

구술사 관련 연구물은 점증하는 데에 반해, 구술사 방법론을 제대로 학습하고 활용할 수 있는 안내서는 몇 권 되지 않는 실정이다. 정규 대학 과정에 구술사 방법론 수업이 거의 없으므로, 대학원에 와서 또는 연구 활동을 하면서 연구 과정에 구술사를 활용하는 사람들은 대개 다른 인식 체계에 적응한 사람들이다. 그나마 사회과학 계통의 학생이나 연구자들은 기본적인 사회과학 연구 방법론을 수강했을 것이다. 한국의 여러 대학에서 사회과학 연구 방법론의 십중팔구는 양적 연구 방법론이기는 하지만, 양적 연구 방법론을 제대로 익히면 방법론 자체를 이해하는 기본은 갖춘 셈이다. 구술사 방법론은 질적 연구 방법론의 하나이기는 하지만, 방법론이 갖춰야 하는 기본 원리는 양적이건 질적이건 다르지 않기 때문이다. 그런데 현실에서 구술사 방법론을 적극적으로 활용하는 역사 분야에서는 한국적 풍토에서 실증주의적 방법론을 주로 사용해서 문헌(사료 또는 1차 자료) 강독과 해제 등을 중심으로 한 질적 연구에 치중해 있었다. 그러다 보니 상대적으로 과학적 연구 방법론에 대한 훈련이 풍부하지 않은 편이다. 구술사 방법론은 다른 질적 연구 방법론이나 양적 연구 방법론과 함께 이해할 때에 그 특성을 제대로 이해하고 활용할 수 있다.

구술사 이해의 출발은 광의의 구술사에 대한 이해와 구술사를 구현하기 위한 구술사 방법론을 이해하는 데에 있다. 구술사 방법론은 연구 방법론의 하나다. 연구 방법론은 연구자가 지닌 문제의식을 구현하는 수단이자, 답을 찾아가는 길잡이다. 구술사 방법론이 연구 방법론의 하나라는 것은 문제의식을 구체화하고 결론에 도달할 수 있는 여러 가지 방법의 하나라는 의미로서, 한 주제에 한 방법이 반드시 대응하는 것이 아니라는 의미다.

마치 생각을 글로 표현하려는 사람이 그 수단으로 연필이나 볼펜류 같은 전통적 필기도구나 컴퓨터와 같은 기계류를 모두 이용할 수 있는 것과 같다. 예컨대 연필이나 전자 도구 중 어느 하나가 자신의 생각을 나타내는 유일한 도구일 수는 없다. 그러나 각 도구의 특징을 잘 안다면 상황이나 조건에 따라 수단을 적절히 선택할 수 있고, 상호 보완적으로도 사용할 수 있다.

연구 방법론은 인식을 형성하는 중요한 수단이므로 제대로 정확하게 훈련받을 필요가 있다. 그러나 구술사 방법론 수업이 정규 대학에서 개설되는 일은 아직까지는 흔치 않다. 대학원 이상의 기관에 속해야 접하는 경우가 있으며, 그나마도 연구자들이 학위논문을 포함한 연구논문을 작성하려고 활용하는 사례가 대부분이어서, 방법론을 튼튼히 훈련받지 않은 사례를 자주 보게 된다. 글을 쓰는 사람이 글자 쓰는 방법을 알아야 하듯이, 또는 컴퓨터를 이용하려는 사람이 그 이용법을 제대로 알아야 하듯이, 구술사를 활용하려는 사람이 구술사 방법론을 배우고 익혀야 함은 당연하다고 하겠다.

초등학교에 들어가기 전, 한글이나 영어를 미처 깨치지 못한 어린이들도 컴퓨터를 잘 다룬다. 게다가 원리적으로 배우는 성인보다 유아들이 컴퓨터를 더 즐겁게 다룬다. 대개는 컴퓨터 게임을 통해 우회적으로 컴퓨터의 원리를 깨치기 때문이다. 반면 성인이 되어 컴퓨터를 배우는 사람들은 컴퓨터가 스트레스의 원천이 되기 쉽다. 그래서 즐거움보다는 두려움이 앞서기 마련이다. 그 대신 성인은 늦더라도 컴퓨터를 제대로 깨치게 되면 컴퓨터와 아날로그적 수단의 장단점을 고루 이해해 자신에게 용이한 수단을 선택해 사용할 수 있다. 그러나 유아는 무의식적으로 컴퓨터를 깨치므로 아날로그적 수단의 장점을 이해하기 어렵다.

나아가 구술사 연구에 연구 윤리를 필수적으로 정립해야 한다. 1990년 대까지만 해도 한국 학계에는 연구 윤리도 필요했으나, 학문의 자유[4]가 더 절실한 문제였다. 그러나 2000년대에 오면서 연구 인구가 확대되고 연구의 대중화가 이루어지는 가운데 연구 윤리 문제가 새삼 부각되고 있다. 연구의 대중화는 한 사회의 질을 높이는 데에 도움이 되는 측면이 강하다. 그러나 연구의 대중화는 자칫 연구자 간에 프로젝트와 연구자 지위를 둘러싼 과열 경쟁을 부추기며, 연구의 질적 저하와 연구자 수련의 질을 약화하는 측면도 노정된다. 그리고 그러한 과정에서 연구와 권력, 프로젝트가 결합하면서 연구비의 빈익빈, 부익부 현상을 낳는다. 한편 연구비의 규모와 연구자의 권력 크기가 비례하면서 연구 윤리가 약화하거나 송두리째 뽑히는 현상도 종종 빚어진다. 2005년에 일어난 황우석 교수 사건[5]은 애석하게도 학계에 연구 윤리가 부족함을 여실히 보여주었다.

---

4 학문의 자유는 근대 사상과 법, 제도에서 국민의 기본권에 해당하는 권리다. 헌법 제22조 1항은 "모든 국민은 학문과 예술의 자유를 가진다"라고 규정해 학문의 자유를 국민의 기본권으로 밝혀두었다. 학문의 자유라 함은 다음 네 가지 내용을 가리킨다. ① 연구의 자유: 연구라 함은 사색, 독서, 조사, 실험 등을 통해 진리를 탐구하는 행위를 보장하는 자유, ② 연구 결과 발표의 자유: 연구 결과를 외부에 공표하는 자유. 대학의 강의실 외의 집회에서 발표하거나 학술지, 또는 저서로서 발표하는 경우, ③ 강학의 자유: 연구의 자유의 연장선상에 있다. 대학이나 고등교육기관(한국과학원 등)에 종사하는 교육자가 자유로이 교수하거나 강의하는 자유, ④ 학문적 집회·결사의 자유: 학문을 공동으로 연구하거나 발표하고자 집회를 개최하거나 단체를 결성하는 자유(권녕성, 1999: 362~363).
5 황우석 사건에 대해서는 김세균, 『황우석 사태와 한국사회』(나남, 2006)을 참고하기 바란다.

구술사는 그 태생부터가 연구자와 구술자가 얼굴을 마주하는 면담으로 이루어지는 조건이기에 구술자에 대한 연구자의 윤리가 없다면 성립되지 않는 방법론이다. 구술 연구자는 어떤 윤리적 원칙을 지녀야 하는가, 좀 더 구체적으로는 구술자나 구술자료와 어떤 관계를 맺어야 하는가에 대해서도 이 책은 짚어볼 것이다.

이제 구술사 연구를 위한 출발은 구술사 연구 현황을 통해 우선은 구술사 연구의 전개 과정이나 전망을 이해하는 것에서 시작하려고 한다.

제2장

:

한국 구술사 연구 현황

# 1. 전반적 현황

2000년대에 들어 한국 구술사 연구는 다양한 분야에서 이루어지기 시작했다. 그런데 한국 구술사 연구의 기원을 보면, 구술사 연구에는 수입 학문적 전통과 한국적 전통이 복합적으로 작동한다. 조선 시대의 구비 전승 문학[1]이나 일제 강점기의 민속학[2] 방법론은 현대 구술사 연구에 계승

---

1  구비 전승의 기억은 기록해야 비로소 후대에 전달할 수 있다. 17~18세기에 발전된 조선 시대의 구비 전승 문학, 예를 들면 야담집이나 설화, 소설, 판소리 등을 통해 그 내용을 살펴보면, 조선 후기의 현실 모순에 대한 사대부층이나 민중의 자각이 구연되었음을 알 수 있다(임완혁, 2008: 106~107). 구비문학은 1990년대 이래로 인문학의 위기와 구술사 방법론의 등장에 위기의식을 느끼며 연구의 활로를 찾아가고 있다(한국구비문학회, 2003). 그 모색 중 하나가 신동흔이 진행해온 도

되지 못한 채 단절되었다. 그러나 생애담을 통한 현지 조사 방법론은 연구자에게 문헌자료가 없을 때에 접근할 수 있는 질적 방법론의 하나로 계승되었던 것으로 보인다. 그러한 맥락에서 한국에서 먼저 구술사를 활용했던 것은 학계가 아니라, 현대사의 처절한 사건과 관련된 기억을 기록하기 위한 노력의 일환으로 조사를 시행했던 시민사회단체라고 할 수 있다. 1990년대까지만 해도 한국 학계는 실증주의 학풍이 주도해서 대학을 중심으로 제도화된 아카데미에 구술사 방법론이 정착하기는 어려워 보였다. 특히 일제 강점기 이래로 실증 사학이 굳건히 뿌리내려 있던 역사학계를 비롯한 여러 학계에서는 구술사 연구에 상당히 회의적 태도를 보이기도 했다.

그런데 2000년대가 되면서 학계나 사회 곳곳에 구술사 연구의 바람이 불고 있다. 폭풍이나 태풍은 아닐지 몰라도 그치지 않는 바람이 불어댄다고 묘사한다면 어울리는 표현일까? 한국연구재단이 지원해온 한국학 구축을 위한 기초 자료 수집 및 정리 사업을 포함한 여러 연구에 구술사 방법론이 동원되었다. 구술사 연구는 과거 청산과 관련된 현대사뿐만 아니라, 노동사, 일상사, 문화사 등으로 확장되면서, 기존의 정치사 중심의 역사를 넘어 거시사와 미시사를 연결하는 매개 방법론이 되었다. 그리고 그러한 과정에서 기존 학제의 벽을 허물고 연구 주제와 연구자가 소통할 수

---

시 전승 설화, 시집살이 이야기 찾기 등과 같은 작업이다(신동흔, 2009a, 2009b, 2012, 2013).
2 일제 강점기부터 발전해온 근대 민속학은 해방 후 두각을 나타냈고, 1969년에는 민속학회도 설립되었다. 그러나 1970~1980년대의 서구화 물결 속에서 학문적 위상이 약화되었다(김선풍 외, 2002).

있도록 하는 융합적 연구를 가능케 하고 있다. 또한 역사 자료가 없는 영역을 메꾸거나 새로운 사실을 발견할 가능성을 제시하시기도 했다. 이러한 가능성에 따라 구술사 연구는 2000년대 한국 사회에서 요구되어온 과거 청산을 위한 수단으로도 활용되었다. 개인 연구자나 대학 연구기관이 구술사 방법론을 활용하는 것은 말할 것도 없고, 시민사회단체, 정부의 과거 청산 관련 위원회 등도 문헌자료 외에 근거 자료를 확보하고자 구술사 방법론을 활용했다.

한국에서는 1980년대에 구술사 방법론이 처음으로 등장했고, 1990년대에 구술사 방법론을 활용한 몇몇 연구자가 나온 이래 20여 년의 시간이 지났다. 이를 통해 2000년대에 이르러서는 구술사 관련 연구 성과가 국내외에서 다양하게 나왔다. 최근에 구술사와 관련해 한국에서 거둔 중요한 성과 중 하나로 2009년에 한국구술사학회(초대 회장 함한희)를 창립한 일을 손꼽을 수 있다. 한국구술사학회는 구술사 관련 개인 연구자들의 연구 교류 활동뿐만 아니라, 한국학중앙연구원, 민족문제연구소, 민주화운동기념사업회 자료관, 대학 연구기관들과도 교류 활동을 주도하며 운영되고 있다.

한국구술사학회가 만들어질 당시의 가장 중요한 설립 목적은 학계의 수요와 사회적 요구를 연결하는 문제와 관련이 있다. 한국의 구술사 연구는 두 측면에서 영향을 받아 시작되었다고 할 수 있다. 한 측면은 미국의 구술사 연구의 영향이다. 미국에서 구술사를 수용하고 연마해온 구술사 연구자들은 대개 인류학이나 역사학의 배경을 지닌다. 미국 학계는 유럽보다 실증주의의 영향이 적어 구술사 방법론이 정착되는 데에는 큰 문제가 없는 편이었다. 미국의 구술사 연구는 한국의 구술사 연구를 방법론적

〈그림 2-1〉 한국구술사학회 홈페이지

자료: http://www.koha2009.or.kr(검색일: 2013년 1월 29일).

으로 세련되게 하고 향상하는 데에 중요한 영향을 주었다고 볼 수 있다. 그러나 그것이 한국적 토양에 뿌리내리려면 연구 주제에서 한국 현대사와 접목하고 연구자들과 만나는 것이 절실했다.

또 다른 측면을 보면 한국에서는 일제 강점기 이래로 최근까지 일본 학풍의 영향으로 실증주의 학풍이 굳건히 뿌리내려져 있었다. 실증주의적 전통은 학계에서 선택과 배제의 논리로 작동하기도 했다. 특히 해방 이후 한국의 학풍은 실증주의에 뿌리를 둔 채, 학문적 권위주의 풍조와 독재, 권위주의적인 국가(정권) 중심적 성격이 강한 편이었다. 그러한 학문적 풍토에서 학문의 자유는 보장되기 어려웠고, 역사 자료에 접근할 수 있는 자유도 보장되지 않았으며, 많은 기록자료도 훼손되거나 망실되었다. 심지어 국가 기록의 기본이라고 할 수 있는, 대통령과 같은 최고 지도자의 기록조차 사라졌다(이상민, 2001; 곽건홍, 2003). 한편 그러한 과정을 거쳐 형성된 협소한 학문적 보수주의는 새로운 학문 분야를 배척하는 경향이 있었다. 1990년대 이래로 구술사에 대한 학문적·실천적 요구는 커지고 다양해졌으나, 학문 세계에 뿌리내리기에는 환경이 척박했다. 대학 강좌에서 구술사 방법론은 질적 연구의 일부로서 간헐적으로 개설될 뿐, 정규 과목으로 제대로 자리매김하지 못하고 있다. 따라서 이러한 환경에서 개별화·비조직화된 구술사 연구자들의 교류와 상호 이해가 중요한 과제가 되었다.

한국에서 구술사 연구의 필요성은 한국 정치의 성격과도 긴밀히 연관되어 있었다. 한국의 국가중심주의와 결합된 실증주의적 학문 풍조는 일정 수준에서는 학문을 발전시키는 데에 기여했으나, 한국 학문의 내적 수준을 높이는 데에는 걸림돌이 되기도 했다. 특히 한국처럼 분단과 냉전, 독재와 반공으로 얽힌 사회에서 학문 역시 그러한 성격을 넘어서기는 어려웠다. 바로 이러한 형편에 국가의 기록에서 배제된 민중이나 여성, 많은 사회적 소수자 등의 기억을 역사화하는 작업은 시급한 과제가 되었다. 따라서 민중, 여성, 많은 사회적 소수자가 목소리를 내고 그들의 기억이 역사화되는 데에는 정치적 민주화가 중요한 환경적 요인으로 작동했다.

1987년의 6월 항쟁 이후 서서히 진행되어온 정치적 민주화로 말미암아 일제 강점기나 전후 독재 정권에서 망실되거나 왜곡되어온 자료를 복원하거나 발굴하는 것이 중요한 과제가 되었다. 그리고 억압되거나 침묵당했던 기억은 민주화 과정을 거치면서 2000년대를 전후로 해서 사회적 요청에 따라 당대를 경험한 개인들에게서 폭발적으로 분출되어 나왔다.

이에 시민사회단체들이나 일부 연구자는 왜곡되었거나 망실된 사실이나 피해의 기억을 복원하기 위한 도구로서 구술사 방법론을 활용하기 시작했다. 물론 그러한 절박한 필요로 구술사 방법론을 널리 활용하기 시작하면서 제대로 된 학문적 훈련을 받지 않은 연구자들이 구술사 연구를 엄밀하지 않게 한다는 문제가 제기되기도 했다. 또한 재조사가 어려운 상황에서 만들어진 많은 자료의 학술적 가치가 부족한 것도 커다란 문제로 지적되었다.

아무튼 그 수가 늘어난 구술사 연구자들이 좀 더 활발하게 교류하고, 현실적 요구와 소통해서 연구 수준이 지체된 한국의 구술사 연구를 한 단계 끌어올리기 위한 노력의 일환이 한국구술사학회의 출발이자 설립 목적이라고 할 수 있다. 이뿐만 아니라, 한국구술사학회는 구술사 연구를 통해 한국 학계에서 권력과 결합된 실증주의에 토대한 연구 성과를 보완하거나 대체하면서도 제도적 학문 틀에 갇힌 학문 분야를 통섭하고, 학문의 안팎을 소통해야 할 사명을 그 태생부터 지니고 출발했다.

이제 구술사 연구 현황을 시대별·학문 주체별로 살펴보면서 구술사 연구가 그간 어떤 내용으로 어떠한 역할을 했는지 고찰하고자 한다.


## 2. 한국 현대사와 구술사의 만남: 구술사 연구의 서막

한국에서 구술사 방법론을 활용하기 시작한 것은 학술적 연구를 위해서가 아니라 역사적 진실을 밝히기 위해서였다. 1970년대 독재 정권하에서는 어림도 없던 일이었으나, 1980년대 군부독재 정권하에서 1986년 서울 아시안게임과 1988년 서울 올림픽을 앞두고 정치적 유화 국면이 필요한 상황이 되면서 한국 현대사의 뼈아픈 사건들을 기억하기 위한 당사자와 시민사회의 노력이 광주와 제주에서 일어나기 시작했다.

구술사 연구를 광의로 볼 때 최초의 성과물은 시민사회단체 구성원이 진실 규명 운동의 일환으로 공동 조사를 거쳐 발표하며 발간한 몇 권의 구술 증언 자료집이었다. 먼저 진실 규명 운동을 주도한 것은 5·18 민주화운동 관련 단체와 제주 4·3 사건 관련 단체, 일제 강점기 일본군위안부 문제 관련 단체들이었다. 1980년대 5·18의 처절한 경험을 잊지 않고자 잡힐 각오와 매 맞을 각오를 하면서 세상에 나온 책인『죽음을 넘어 시대의 어둠을 넘어』는 구술 증언 조사를 토대로 했다. 처음에 이 책의 지은이는 황석영으로 되어 있었으나, 실제 집필을 주도한 사람은 당시 현대문화연구소[3] 소장이자 전남민주청년운동협의회 부회장이었던 정용화와 실제 조사 팀을 이끌었던 이재의, 기독교 관계 단체 일을 보던 조봉훈을 포함한 10여 명이었다.[4] 그리고 그러한 조사는 1970년대에 반독재 민주화운동을 주도했으며 '5·18 최후의 수배자'로 불리던 고(故) 윤한봉이 설립한 현대문화연구소와 전남민주청년운동협의회가 있었기에 할 수 있었다.[5] 광주의 청년 민주화운동가들은 여러 민간인이 후원한 자금을 토대

---

3 '현대문화연구소'는 광주와 전남 지역의 청년운동의 근거지로서 1979년 6월에 설립되었다. 지역의 여러 민주 인사의 기부금으로 운영되었고, 5·18 직전까지 광주 운동권의 회의장이자, 정보를 생산하고 보급하는 창구가 되었으며, 민중문화운동 조직인 '광대'나 여성운동회의 '송백회'도 그곳에서 활동했다고 한다(광주매일正史5·18특별취재반, 1995: 114~115).

4 정용화 전화 인터뷰(2013년 1월 10일)

로 5·18의 사실을 잊지 않고 국가 폭력에 대항하고자 공포를 무릅쓰고 고통스러운 기억을 구술 조사해나가기 시작했다.[6] 그리고 이때 만들어진 자료는 김영삼 정부 시절인 1990년대 중반에 '5·18 특별법'[7]을 제정할 때에 중요한 밑그림이 되었다고 말할 수 있다. 아무튼 5·18 민주화운동이 '광주 사태'로 불리던 1985년에 나온 책인 『죽음을 넘어 시대의 어둠을 넘어』는 당시에 불온서적으로 분류되어 회수 당했으나, 복사본만도 6만 권이상이 팔렸다. 풀빛 대표였던 나병식을 비롯한 관련자들이 연행당하는 비운을 겪기도 했으나, 5·18 민주화운동 증언자들의 생생한 증언을 통해 5·18 민주화운동의 10일간을 상세히 전달해서 광주 문제를 대중화하는데에 중요한 역할을 했다. 이 책에 담겨지지 못한 증언이 많았기에, 그 후 한국현대사사료연구소에서는 5·18 민주화운동 관련자 500여 명을 구술 조사해 『光州五月 民衆抗爭 史料全集』을 집필했다. 이 작업은 『5·18 그 삶과 죽음의 기록』으로 이어진다. 이 증언집들은 이후 광주를 이해하고 진상을 규명하는 데에 없어서는 안 될 성전이 되지만, 1995년에 '5·18 민주화운동 특별법'이 제정되면서 이후 진실 규명 운동은 '기념사업' 단계로

---

5 "실록민주화운동", ≪경향신문≫, 2004년 5월 11일 자.

6 정용화 전화 인터뷰(2013년 1월 10일).

7 5·18 민주화운동 기념과 책임자 처벌 운동을 주도한 것은 1994년에 출범한 재단 법인 5·18기념재단(초대 이사장 조비오)이라 할 수 있다. 5·18기념재단은 출범 직후부터 시민사회단체와 함께 5·18 학살 책임자 고소·고발운동을 전개해 1995년 12월 21일에 「5·18민주화운동 등에 관한 특별법」을 제정하고, 1996년에 전두환과 노태우 등 5·18 학살 책임자 8명을 내란 혐의로 기소하는 데에 기여할 수 있었다. 5·18기념재단은 2005년부터 국비보조사업으로 '민주·인권·평화 프로젝트 지원사업'을 추진하고 있다(http://www.518.org, 검색일: 2013년 2월 12일).

접어들었다(정호기, 2003). 증언집들은 독재 정권이 억압하는 상황에서 5·
18 민주화운동을 이해하는 데에는 중요한 역할을 했으나, 총체적으로 이
해하고 다가가는 데에는 일정 정도 제한으로 작용하기도 했다. 그리고 이
러한 인식이 2000년대에도 계속 구술자료집을 발간하는 배경이 되었다.

그러한 사정은 제주 4·3 사건 관련자들도 마찬가지였다. 제주 4·3 사
건에 대한 조사는 1989년에 제주4·3연구소가 설립되면서 진실 규명 차
원에서 가속이 붙기 시작했다. 그리고 증언 채록 사업에 구술사 방법론이
민속학 방법론과 함께 사용되었다. 제주4·3연구소는 1987년 겨울에 재
경 제주 출신이 만든 제주사회문제협의회와 1987년에 설립된 아시아·아
프리카·라틴아메리카연구소(일명 아라리)가 통합되면서 설립된 곳이다.
제주4·3연구소는 진실 규명 운동을 목표로 관련 문서를 수집하는 한편
관련자 증언을 채록하고 수집해 자료집을 발간했는데, 그 첫 결실이 『이
제사 말햄수다』[8]였다. 또한 ≪제주일보≫ 4·3 특별 취재반은 수십 개 마
을을 방문해 촌로들을 직접 인터뷰하며 생생한 증언 자료를 수집(김영범,
2004)했고, 이에 따라 소문으로 전해지던 이야기들이 구체화되기 시작하
며 진실 규명 운동도 탄력을 받았다. 그리고 그러한 활동이 모여 2007년
에는 「제주4·3사건 진상규명 및 희생자명예회복에 관한 특별법」이 제정
될 수 있었다. 그러나 그때까지만 해도 구술사 조사를 통해 체계적으로

---

8  이 책은 1989년 제주4·3연구소가 창립되면서 출간되었다. 이는 연구소가 창립되
기 전에 이 책을 준비하기 위한 구술 기록 조사가 진행되었음을 의미한다. 그러나
당시에는 구술사 방법론에 대한 인식이 없었고, 주로 무속을 조사하는 민속학적
현지 조사법에 따라 4·3 사건의 생존자나 유족들의 생애담을 구술했다고 한다.
문무병 제주4·3연구소 이사장 전화 인터뷰(2013년 1월 9일).

◆구술한국현대사
(이흥환 編)
日帝시대 부터 6·25까지의 한국 현대사에서 지금까지 잘 알려지지 않았던 여섯 가지 사건을 발굴, 역사의 현장에서 직접 그 사건을 겪은 사람들의 구술로 엮었다. 咸興 抗日학병 사건의 안팎을 다룬 「걸다르고 속다르니 내속이 탈밖에」, 北滿洲독립군 무력 투쟁 비화를 담은 「그럼 너도 조선놈이겠구나」 등.

**〈그림 2-2〉구술사 관련 최초의 개인 성과물인 이흥환의『구술한국현대사』**
자료: ≪동아일보≫, 1986년 9월 8일 자.

생존자들을 주체로 내세울 수 있을지에 대한 문제의식은 치열하지 못했다.

1980년대는 구술사와 관련한 개인적인 성과물이 세상에 막 나오기 시작한 시기였다. 최초의 저작으로는 당시 기자였던 이흥환의『구술한국현대사』를 들 수 있다. 당시 이흥환[9]은 잡지사 기자로 2년여에 걸쳐 전국을 다니며 취재했는데, 그 결과 여섯 명의 생애담을 통해 함흥 항일 학병 사건(태성옥), 북만주 독립군 무력 투쟁 사건(조남호), 하의도 토지분쟁 사건(제갈남출), 1·20 판문점 포로 사건(조윤하), 열다섯 명의 진주 학도병 사건(이명길), 거제도 포로 폭동 사건(김순화) 등을 정리해 이 책을 간행했다.

이흥환은 기자적 감각으로 현장을 누비며 사건사에서 잊혀진, 그러나 그 사건에서 잊어서는 안 될 사람들을 찾아 망실된 현대사를 재구성하려고 했다. 이 책은 기존의 구술사 연구 현황에서는 별로 언급되지 않으나,

---

9 이흥환은 ≪시사저널≫ 기자를 거쳐 현재 미국 워싱턴 인터내셔널 센터(KISON: Korean Information Service on Net) 프로젝터 선임 편집위원으로 재직 중이다. 저서로는『부시행정부와 북한』(삼인, 2002),『미국 비밀 문서로 본 한국 현대사 35장면』(삼인, 2002),『조선인민군 우편함 4640호』(삼인, 2012) 등이 있다.

1990년 이전 불모의 구술사 연구에서 놓쳐서는 안 되는 지위에 있다.

또한 정순덕이 구술하고 정충제가 기록한『정순덕』과 김진계가 구술하고 김응교가 기록한『조국』, 이인모의 구술을 바탕으로 신준영(당시 월간 ≪말≫ 기자)가 기록한『이인모』등을 꼽을 수 있다. 이러한 결과물들은 1980년대 중반에 불었던 '현대사 바로 알기', '북한 바로 알기' 등에도 자극을 주면서 현대사에 대한 대중적 관심을 형성하는 데에 중요한 역할을 했다. 그러나 그것들은 엄밀히 보면 픽션의 형식을 취해 대중적으로는 가독성이 높지만, 증언 자료집의 성격도 논문적 성격도 갖추지는 않았다.

1980년대에 연구자로서 구술사 연구를 열어나간 사람은 김성례. 김성례는 "Chronicle of violence, ritual of mourning: Cheju shamanism in Korea"라는 박사학위논문을 미국 대학에서 발표했다. 계속되는 무속 연구 속에서 4·3사건과 국가 폭력 문제를 연결해「원혼의 통곡: 역사적 담론으로서의 제주무속」이나,「한국 무속에 나타난 여성체험: 구술생애사의 서사분석」,「국가폭력과 여성체험」등을 발표했다. 또한 2002년에는「구술사와 기억: 여성주의 구술사의 방법론적 성찰」을 통해 여성주의적 구술사 연구의 의미와 여성해방 실천을 위한 전략적 유효성을 피력했다.

1980년대의 구술사 연구는 성과 면에서는 미미했고, 자리 매김하기에는 아직 시간이 필요했다. 그럼에도 향후 한국에서 구술사 연구가 개막될 수 있게 하는 전조가 되었고, 민주화 과정에서 과거 청산 운동에 시동을 걸었다고 볼 수 있다.

## 3. 1990년대: 구술사 연구의 도약기

1990년대의 한국 사회에서는 형식적 민주주의가 자리 잡혀갔다. 노태우 정부에서는 재임 기간에 해결하려는 의도로 1990년에 「광주민주화운동관련자보상등에관한법률」을 제정해 광주 문제를 금전적으로 종결하려고 했다. 1995년에는 김영삼 정부에서 「5·18민주화운동등에관한특별법」이 통과되어 전두환과 노태우 두 전직 대통령을 기소했고, 1997년에는 5·18을 국가기념일로 지정했다. 또한 1996년에는 「거창사건등관련자의명예회복에관한특별조치법」을 제정했다.

그러한 민주화 분위기는 1980년대의 현대사 바로 알기 운동에 이어서 1990년대에도 과거 정부에서 백안시되거나 불온시, 금기시되었던 지배적 역사에 낮은 목소리로 대항하며 역사적 진실을 드러내는 작업을 할 수 있는 배경이 되었다. 이 시기 연구의 또 다른 특징으로는 시민사회단체, 학계, 개인 연구자 모두 아직은 충분한 상호 연대 없이 단위별로, 개인별로 작업하고 발표했던 것으로 보인다는 점이다.

1980년대에 이어 1990년대에 과거 청산과 진실 규명의 작업을 이어나간 것은 일본군위안부 문제였다. 일본군위안부 문제를 조사하는 계기가 된 사건은 1990년에 김학순이 일본군위안부임을 커밍아웃한 일이었다. 이 사건을 주도한 곳은 한국정신대문제대책협의회(이하 정대협)와 한국정신대연구회로서, 그 시기에 발표한 구술사 조사를 통해 『강제로 끌려간 조선인 군위안부들』과 『중국으로 끌려간 조선인 군위안부들』 등을 간행했다. 1993년에 나온 『강제로 끌려간 조선인 군위안부들』의 제1권에는 19명, 1997년 제2권에는 15명, 1999년 제3권에는 14명의 증언이 수록되어 있고, 중국 잔류 피해 여성의 증언집인『중국으로 끌려간 조선인 군위안부들』에는 10명의 증언이 담겨 있다. 이 네 권의 증언집을 만들고자 정대협과 정신대연구소 구성원들은 열정을 바치며 헌신했고, 일본대사관 앞에서 매주 수요일 정오에 일제 강점기 '군 위안부' 여성들이 주축이 되어 '수요집회'를 진행함으로써 이 문제를 사회문제화하고 국제 연대화했다. 이 증언집들은 일본 제국주의, 그리고 1990년대 이후 일본 정부와 사회의 무책임성과 수구 보수화를 비판하는 데에 중요한 근거가 되지만, 구술에 대한 전후좌우 맥락에 따른 사실 관계 연구의 부족, 구술자들에 대한 비주체화, 재현의 부적절 등과 같은 한계가 있다고 평가되었다(고혜정, 2003).

다음으로 한국 교육사 재정립을 목표로 구술 조사 활동을 한 단체로는 서울대학교 한국교육사고(史庫)를 들 수 있다. 교육사고는 서울대학교 사범대학 교육학과 교수인 김기석의 주도로 1991년부터 지속적으로 구술 작업을 해왔다. 주로 관심 있는 주제는 서울대학교 사범대학 원로 교수와의 대화, 남북 교육 관련 문제(새교육 운동, 서울대 교육학과 50년, 김일성종합대학의 교육제도 등), 가나안농군학교, 노동자대학, 비전향 장기수 생애사 등이다. 이곳에서는『서울대학교 사범대학 50년 구술사 자료집』,『서울대학교 사범대학 교육학과 50년사』,『나는 조선노동당원이오!』[10] 등을 생산했다.

---

10 이향규가 비전향 장기수 김석형(2000년 9월 2일에 고향인 북으로 돌아감)을 1950년대 북한의 교육 및 사회 제도를 조사하기 위한 목적으로 40여 시간에 걸쳐 인터뷰했다.

이 시기 구술자료에 포함될 수 있는 것은 한국역사연구회 현대사증언반의 『끝나지 않은 여정』이다. 이 자료집에는 남과 공작원 출신 장기수 3명, 빨치산 출신 남녀 장기수 2명, 남로당 출신 좌익수 2명 등의 구술을 통해 시대상과 주요 활동 내용, 체포와 그 이후의 삶이 기록되어 있다. 이 자료집은 앞에 언급된 자료집들과는 다소 차이가 있다. 앞의 자료집들이 진실 규명을 주요 목표로 삼았다면, 이 자료집은 현대사 바로 알기 차원에서 '현대사의 사각지대를 메우고 암호를 푸는 하나의 디딤돌'(도진순, 1996)이 되는 데에 목표를 두었다. 이 자료집은 충실한 구술자료집의 면모를 갖지 못한 채, 7명 각자의 활동을 자신의 입장에서 서술했다는 한계가 있어, 이후 발전되어야 할 숙제를 안았다. 다만 이 자료집은 시대적으로는 금기된 영역에 도전함으로써, 이 책을 출간했던 대동출판사는 1998년 김대중 정부 출범 직후 문을 닫는 불운을 겪기도 했다.

1990년대에 발표된 개인 연구자의 연구 성과물은 학위논문의 성격을 띤다. 윤택림과 유철인의 박사학위논문은 미국 유학 중에 발표되었으나, 한국에는 좀 더 많은 시간이 흐른 뒤에 소개되었다. 윤택림은 "Koreans' stories about themselves: an ethnographic history of Hermit Pond Village in South Korea"를 발표한 이래 10여 년간 보완과 번역을 거쳐 한국에서 『인류학자의 과거 여행: 한 빨갱이 마을의 역사를 찾아서』로 발표했다. 윤택림은 이후에도 꾸준히 여성, 지방민, 사회적 소수자 등을 주제로 구술사 연구를 수행해왔다. 또한 2009년에 한국구술사학회를 창설하는 데에 함한희, 유철인, 김귀옥과 함께 견인차 역할을 하며 초대 총무이사를 역임했다.[11]

한편 유철인은 미국에서 유학하면서 구술 생애사 방법론으로 미군과 결혼해 도미했던 여성을 연구해서 박사학위논문인 "Life histories of two Korean women who marry American GIs"를 발표했다. 그리고 이를 「어쩔 수 없이 미군과 결혼하게 되었다: 생애이야기의 주체와 서술 전략」으로 수정하고 정리해서 국내에 발표했다. 이 글에서 유철인은 미군과 국제결혼했던 기지촌 출신 여성의 생애 이야기의 의미를 분석했다. 그 과정을 통해 여성이 자신의 경험 속에 개인과 가족, 팔자를 엮어나는 과정에서 부정적이고 고난에 찬 경험을 했는데도 면접자(연구자)에게 긍정적인 인정을 받으며 자신의 삶의 의미를 찾아나가고 있음을 밝혔다. 또한 유철인은 구술 생애사 연구에서 여성적 이야기 전략의 하나로서 신세타령이 갖는 학술적 의미를 규명할 수 있었다.

국내에서는 최경숙과 김귀옥이 구술사를 활용한 학위논문을 발표해 구술사 연구의 불모지였던 한국 학계에 구술사가 뿌리내리는 데에 중요한 역할을 했다. 최경숙은 「직장암 환자의 질병경험: 구술사적 접근을 통한 사례연구」로 직장암 환자와 가족의 질병과 투병 경험에 구술사적으로 접근해 종래 설문지법에서는 발견하기 어려운 심리 상태와 의지 등을 발견하고, 환자가 사회 심리적 어려움을 극복하는 데에 의료진이 줄 수 있는 치료와 도움이 어떤 것인지 제안할 수 있었다. 최경숙의 연구는 1990년대에 한국에 소개된 질적 연구 방법론과 구술사 방법론을 바탕으로 형성된 안젤름 스트라우스(Anselm Strauss) 등의 근거 이론(Grounded theory)의 맥락에 서 있었다.[12]

---

11 윤택림은 미국식 인류학 연구 방법론을 한국화할 목적으로 『문화와 역사연구를 위한 질적연구 방법론』(아르케, 2004)을 집필했다.

김귀옥은 「정착촌 월남인의 생활경험과 정체성: 속초 '아바이마을'과 김제 '용지농원'을 중심으로」에서 현지 조사와 구술사적 접근을 통해 월남인을 둘러싼 반공적 통념을 해체하고 월남인의 생활 경험의 새로운 역사적 사실과 정체성을 발견할 수 있었다. 김귀옥은 역사사회학의 맥락으로 한국 현대사에서 개인 행위와 거시 구조의 관련성을 찾아보고, 획일적으로 반공 이데올로기에 주입되는 개인 행위의 다층성과 복합성을 구술 생애사 속에서 발견해냈다. 또한 2000년대에는 본격적인 과거사 진실 규명을 위한 구술사 연구를 진행해 거시사 속에서 놓쳐버린 민중이나 여성, 노동자, 이산가족 등의 실체와 정체성을 규명해가고 있다.

한편 윤형숙은 「목포 지역 빈민에 관한 연구」, 「여성생애사 연구방법론」 등에서 여성과 지역민을 꾸준히 연구해왔다. 그리고 함한희는 1990년대에는 구술 생애사보다는 현지 조사를 통한 역사인류학 분야에서 지방민 연구를 진행해오다가 1990년대 말부터는 본격적인 구술 생애사를 통해 지방민, 생활사, 농민운동사 분야에서 연구를 수행해왔다.

1990년대의 구술사 연구는 한 축으로는 1980년대처럼 시민사회단체에서 당시에 절박한 목표를 갖고 구술 조사를 수행했고, 또 다른 한 축으

---

12 근거 이론은 간호학계뿐만 아니라 상담 분야에서도 널리 활용되고 있다. 한국에 소개된 저서로는 스트라우스·코빈, 『근거이론의 이해: 간호학의 질적 연구 수행을 위한 방법론』, 김수지, 신경림 옮김(한울, 1996); 안젤름 스트라우스, 『근거이론의 단계』, 신경림 옮김(현문사, 2001); 슈라이버·슈테른, 『근거이론 연구방법론』, 신경림·김미영 옮김(현문사, 2003); 글레이저·스트라우스, 『근거이론의 발견: 질적 연구 전략』; 이병식·박상욱·김사훈 옮김(학지사, 2011), 박승민 외, 『(근거이론 접근을 활용한) 상담연구과정』(학지사, 2012) 등이 있다.

로는 전문 구술사 연구자들이 수행했다. 그러나 그 시기에는 대개 상호 유기적으로 연계하지 못했던 것이 특징이라 할 수 있다. 연구 소재로는 과거 실증주의적 정치 주도의 거시사에서 누락되어 있었던 지방민, 여성, 일본군위안부, 월남인 등이 연구되기 시작했고, 역사의 진실 규명 작업도 간헐적이지만 꾸준히 이루어졌다. 또한 그 시기의 구술사 연구는 정치적 민주주의가 아직은 충분히 정착되지 못했고, 사회 분위기도 반공주의적 문화가 심해 구술자를 직접 대면해 진행되는 현대사 연구는 우회적이거나 조심스러울 수밖에 없었다.

## 4. 2000년대: 구술사 연구의 비약기

1990년대에 개별적으로 드문드문 이루어졌던 구술사 연구는 2000년 대에 들어 활성화되기 시작했다. 정치적·사회적 민주화는 학문의 민주 화를 어느 정도 가져왔고, 그 결과 구술사 방법론에 대한 수요가 급증했 다. 특히 국사편찬위원회나 한국학중앙연구원, 한국연구재단 등을 비롯 한 정부 관련 연구기관 등에서 한국학 연구를 위한 기초 자료를 구축하는 사업으로 구술사 방법을 활용한 프로젝트를 발주해 여러 연구자나 연구 기관에서 구술사 연구를 수행 중이다. 또한 기존 시민사회단체가 과거 청 산을 위한 진실 규명의 차원에서 구술사 조사를 시행했던 것을 정부에서 이어받아, 2000년대에는 민주화 계승과 과거 청산을 목적으로 설립된 민 주화운동기념사업회나 진실·화해를위한과거사정리위원회, 대일항쟁기 강제동원 피해조사 및 국외강제동원희생자등지원위원회[13] 등과 같은 기관에서도 구술사 조사를 시행하면서 진실 규명을 위한 자료로 활용하거나, 구술자료집을 발간하기도 했다. 또한 구술사 방법론을 활용한 연구는 1990년대의 현대사, 지방사, 여성사에 관련된 연구를 넘어 다양한 분야에서 생산되고 있다.

이제 집단별·단체별 구술사 조사와 개인별 구술사 조사 및 연구 현황으로 나눠 살펴보기로 한다.

## 1) 시민사회단체의 구술사 조사

### (1) 정대협의 성과

1990년대를 잇는 민간단체 공동 연구 조사 가운데 괄목할 만한 성장을 한 것으로는 정대협의 성과물을 꼽을 수 있지 않을까 싶다. 정대협은 일본 및 아시아 피해국의 시민단체들이 연대와 협력을 하고 세계적인 학자, 변호사, 운동가가 함께해 2000년 12월에 도쿄에서 개최된 '일본군성노예 전범 여성국제법정'에 주요 단체로 참가했다. 정대협은 이를 준비하려고 1999년부터 구술사 전문 연구자들과 함께 구술사 방법을 훈련받은 사회학, 여성학, 법학, 영화, 신학, 역사 등 다양한 전공자로 이루어진 증언팀을 구성했다. 그리고 증언 작업의 문제의식을 담아 2001년에는 『강제로 끌려간 조선인 군위안부들』 제4권을 발간했는데, 기존 자료집과 달리 '증

---

13 2004년 출범 당시에는 '일제강점하강제동원피해진상규명위원회'였으나, 2008년에 '태평양전쟁전후국외강제동원희생자지원위원회'로 이름을 바꾸었고, 2010년에 현재 이름으로 개명되었다.

인의 목소리가 들리게 하라'는 정신에 입각해 중인의 목소리를 충실히 재현하고 한국 노인 여성들의 기억이 어떻게 '공식' 역사와 경합할 수 있는가, 그리하여 이들이 어떻게 역사의 주체가 될 수 있는가를 시사했다. 제5권과 제6권도 이러한 문제의식에 공감해 만들어졌다. 제6권이 기존 자료집과 다른 점은 제5권까지가 관련자들의 헌신과 민간인들의 후원으로 조사를 했다면, 제6권은 여성부(현재 여성가족부)의 지원을 통해 조사·발간되었다는 점이다.

(2) 제주4·3연구소의 2000년대 성과

제주4·3연구소의 자료집 제1권과 제2권이 진상을 규명하려는 절박한 목표에서 나왔다면, 자료집 제3권에 해당하는 『(무덤에서 살아나온)4·3 '수형자'들: 제주4·3 인권유린의 기록』이나 『그늘 속의 4·3: 死·삶과 기억』은 1999년에 「제주4·3사건 진상규명 및 희생자 명예회복에 관한 특별법안(4·3 특별법)」이 국회를 통과한 이후에 나왔다. 이 자료집들은 수형자 중 생존자의 구술을 담았다는 점에서도 중요하지만, 조사를 하고 자료집을 발간하는 모든 과정 자체에서 진화를 보였다는 점에서 중요하다. 4·3 특별법이 통과된 현실적 조건과 앞서 나온 자료집 두 권이 충실한 중언으로는 부족하다는 반성 속에서 구술 생애사 전문가인 제주대 교수 유철인이나 제주4·3연구소 소장 박찬식이 지휘했다. 그들은 중언을 채록하는 과정과 녹취록을 만드는 과정, 편집 작업 과정 등 모든 과정에 어떻게 하면 생존자들을 역사의 주체로 내세울 수 있을지에 대한 수차례 토론을 거쳐 자료집을 만들었다.

(3) 전남대학교 5·18연구소의 성과

2000년대로 접어들면서 5·18 민주화운동 관련 증언 자료집은 2기의 시대적 요청에 따라 개인의 처지와 조건에서 1980년 5·18 민주화운동을 재구성하고 기억의 선택성, 개인적 기억 환경과 상황의 차이, 증언 당시의 개인적 환경의 차이, 기억의 정확성 차이가 존중되어 자료집화되었다. 또한 충실한 재현 방식을 택해 표준어보다는 방언이나 토속적 어투가 살아나도록 했고, 구어체 형태의 문장을 그대로 살렸다. 전남대학교 5·18연구소와 조지 카치아피카스(George Katsiaficas) 전남대학교 방문 교수가 면접 조사한 성과물을 보면 다음과 같다.

- 전남대 5·18연구소·카치아피카스 면접 조사. 나간채·이명규 엮음. 2003. 『5·18항쟁 증언자료집 I : 시민군들의 구술』. 전남대학교출판부.
- 전남대 5·18연구소·카치아피카스 면접 조사. 나간채·이명규 엮음. 2003. 『5·18항쟁 증언자료집 II : 시민군들의 구술』. 전남대학교출판부.
- 박병기 엮음. 2003. 『5·18항쟁 증언자료집 III』. 전남대학교출판부.
- 김양현·강현정 엮음. 2005. 『5·18항쟁 증언자료집 IV』. 전남대학교출판부.

또한 5·18기념재단은 자체적으로 2005년부터 구술 생애사 연구를 통해 5·18 민주화운동에 참여했던 사람들의 경험을 자료집으로 출간하고 있다. 성과물은 다음과 같다.

- 김동원 외. 2006. 『(구술생애사를 통해 본) 5·18의 기억과 역사 1: 교육

가 편』. 5·18기념재단.

- 강신석 외. 2006. 『5·18의 기억과 역사 2: 사회활동가 편』. 5·18기념재단.
- 노금노 외. 2009. 『5·18의 기억과 역사 3: 농민운동가 편』. 5·18기념재단.

이상과 같이 시민사회단체의 구술사 연구는 관련 사건의 진실을 규명하는 것이 1차 목적이고, 이 문제를 법 제도적으로 해결하는 데에 사용될 증거 자료를 수집하고 정리하는 것이 2차 목적이었다.

이러한 목적으로 구술사 조사가 진행된 다른 사례를 찾아보면 1948년 당시 여순 사건을 둘러싼 피해자나 유족들의 구술 증언을 중심으로 간행된 여수지역사회연구소의 『麗順事件 實態調查 報告書』와 순천시민연대가 엮은 『여순사건 순천지역 피해실태 조사보고서』, 고흥군여순사건조사위원회가 엮은 「여순사건으로 인한 고흥지역 민간인 피해 조사보고서 I: 여순사건과 고흥의 민간인 피해」 등이 있다. 또한 한국전쟁을 전후한 시기에 일어난 민간인 학살 문제의 진실을 규명하고 관련 법 제도를 만들기 위한 목적으로 진행된 한국전쟁전후 민간인학살 진상규명 범국민위원회[14]의 「증언으로 듣는 민간인 학살: 끝나지 않은 전쟁」과 『한국전쟁

---

14 한국전쟁전후 민간인학살 진상규명 범국민위원회에서는 전국의 한국전쟁을 전후한 시기의 민간인 피학살 유족회들과 함께 국가를 상대로 진상 규명을 목적으로 하는 과거 청산 위원회를 설치하도록 요구하는 일환에서 자체 조사를 통해 이 책들을 간행했다. 법 제정을 요구하는 유족들의 수년간에 걸친 노력 끝에 2005년 5월 31일에 「진실·화해를 위한 과거사정리 기본법」(4년 한시법)이 제정되었고, 진실·화해를위한과거사정리위원회(2006년 4월 25일~2010년 4월 2일)가 설립되어 항일운동이나 한국전쟁 전후 시기와 독재 정권 시기의 민간인 학살 사건 또는 가혹 행위 사건을 조사했으나 완수하지 못한 채, 4년의 일정을 마쳤다.

전후 민간인학살 피해 실태보고서』 등이 있다.

또한 한국전쟁납북사건자료원은 피랍 유족 70여 명의 증언담을 조사하여 『한국전쟁납북사건사료집』을 발간했다. 이 자료는 「6·25전쟁 납북피해 진상규명 및 납북피해자 명예회복에 관한 법률」이 2010년 3월 2일에 국회 본회의를 통과해 26일에 공포되고, 그해 연말에 위원회[15]가 구성되는 데에 중요한 역할을 했다.

그 외에 한국통신계약직노동조합의 이운재와 노동운동역사자료실의 정경원이 엮은 한국통신계약직노동조합의 투쟁 백서 『517일간의 외침』 등이 있다.

## 2) 정부 및 정부 투자 기관의 구술사 현황

### (1) 한국학중앙연구원(한국정신문화연구원 후신)

한국학중앙연구원(이하 한중원)은 1997년부터 한국 현대사 연구에서 전문 역사 연구자가 중심이 되어 현대사 복원을 목표로 구술 생애사 작업을 진행했고, 1999년부터 최근까지 구술자료집을 출간 중이다. 그 목록은 다음과 같다.

• 한국정신문화연구원 엮음. 1999. 『遲耘 金錣洙』 한국정신문화연구원.
  - 일제시대 ML계 사회주의자 김철수의 일대기

---

15 '(국무총리)6.25전쟁납북진상규명위원회'에 관해서는 홈페이지를 참고하기 바란다(http://www.abductions625.go.kr/introduce/introduce02.asp).

• 한국정신문화연구원 현대사연구소 엮음. 1999.『격동기 지식인의 세 가
  지 삶의 모습』한국정신문화연구원.

  - 김규민(해방 전후 고위 공직자의 삶)

  - 황용주(비판적 지식인에서 현실 참여자로)

  - 한승격(희망과 전향을 넘나든 삶)

• 한국정신문화연구원 한민족문화연구소 엮음. 2001.『내가 겪은 해방과
  분단』. 선인.

  - 조문기(일제 말 마지막 의열 투쟁인 '부민관 폭파 사건'의 주역)

  - 송남헌(해방 이후 좌우합작운동 및 4·19 이후 혁신운동)

  - 김선(해방 이후 김구의 한국독립당 부녀부장)

  - 백남권(군 장성. 해방 직후 통위부 인사국장)

  - 박경원(군 장성. 국가재건최고회의 내무장관, 1970년대 내무장관 역임)

  - 최하종(1950년대 후반 북한의 국가계획위원회 과장, 남파 공작원, 비전
  향 장기수)

  - 허영철(남쪽 출신 비전향 장기수. 해방 직후 남로당 지방 조직 간부)

  - 박용구(예술가. 예그린악단 단장 역임. 식민지와 현대 공연 예술 분야의
  이면사 증언)

• 한국정신문화연구원 엮음. 2004.『(내가 겪은)한국전쟁과 박정희정부』.
  선인.

  - 강측모(미군정청 재중 한인 동포 귀국 업무 담당)

  - 방원철(신경육군군관학교 출신, 박정희의 1년 선배, 간도조선인특설부
  대에서 항일 빨치산 소탕)

  - 한무협(육사 6기, 방첩대 부부대장)

- 임방현(제2공화국에서 제5공화국까지 언론계와 정치계 활동)

• 한국정신문화연구원 엮음. 2001.『내가 겪은 민주와 독재』. 선인.

- 김정강(인혁당, 노동운동 활동, 우 → 좌 → 우의 순으로 전향한 역사)

- 윤식(4월 혁명 당시 '신진회' 멤버, 5·16 군사 쿠데타 이후 교수 활동, 유정회 의원)

- 이항녕(식민지 전향 지식인, 최남선과 이광수와의 교분, 해방 후 학자 활동)

- 강성원(김종필과의 인연, 5·16 직후 중앙정보부 수립과 공화당 설립에 깊이 개입)

- 신영길(국회의원과 부흥부 장관을 지낸 김우평의 비서, '못살겠다 갈아 보자'는 구호 창안자, 5·16 후 경제개발 5개년계획 등을 증언)

• 한국정신문화연구원 엮음. 2004.『내가 겪은 건국과 갈등』. 선인.

- 조만제(삼균주의를 주장한 중도파 독립운동가 조소앙의 조카)

- 김인식, 원장길(제헌국회의원)

- 신경완(1980년대 초 북한에서 망명해온 고위급 인사)

- 김관수(월남 인사)


한중원은 1999년에 구술자료집을 출간한 이래 2004년까지 구술자료집을 지속적으로 발간했다. 2009년부터는 교육과학기술부나 한국연구재단과 협조해 종래에 한국연구재단이 발주했던 한국학 관련 토대 자료 구축 사업을 한중원으로 이관했고 관련 사업들이 진행 중이다. 그리고 이를 위해 한국학진흥사업단을 별도로 운영해 2009년부터 구술자료 아카이브 구축 사업을 진행하고 있다.

(2) 국사편찬위원회

국사편찬위원회(이하 국편)는 근현대 역사 연구에서 문헌 사료의 제약
과 공백을 보완하고, 수준 높은 구술자료를 축적하고자 기획, 수집, 정리,
보존의 전 과정을 체계화해 아카이브즈를 설립하고 운영하는 것을 목적
으로 추진했다. 이에 따라 구술 사업은 2004년부터 시작되어 현재 진행
중이다. 2004년에서 2012년까지 현대사와 관련된 인물들을 두루 조사하
는데, 정치, 외교, 정책, 군사, 학술, 경제, 노동, 교육, 지역사, 여성, 재외
동포, 민중사, 기술사, 일제 경험, 북한사, 다문화, 마이너리티 등을 망라
한다. 2009년까지 수집된 구술자료의 목록은 『구술자료 만들기: 수집, 정
리, 활용』에 상세하게 실렸으니 참고하기 바란다.

2004년 당시에 국편은 수집 자료의 원본은 DVD로 제작하고, 보고서
와 녹취록, '구술자료 공개, 이용 허가서', 녹음테이프 등은 언제든지 이용

〈표 2-1〉 국사편찬위원회 구술자료 수집 현황

| 연도 | 구술자 수(명) | 구술 시간 분량(분) |
| --- | --- | --- |
| 2004 | 54 | 18,533 |
| 2005 | 129 | 23,027 |
| 2006 | 159 | 25,598 |
| 2007 | 216 | 21,745 |
| 2008 | 115 | 33,422 |
| 2009 | 181 | 31,574 |
| 2010 | 128 | 23,551 |
| 2011 | 134 | 24,427 |
| 2012 | 132 | 24,054 |
| 기증분 | 382 | 48,415 |
| 총계 | 1,630 | 274,346 (4,572시간 26분) |

자료: 국사편찬위원회 제공(2013년 2월 27일 현재).

할 수 있도록 비치할 예정이었다(허영란, 2004). 이에 따라 현재 구술자료 시리즈를 발간하고 있고, 열람용 녹취록과 DVD는 2014년 이후 열람할 수 있도록 별도로 제작 중이다.

### (3) 민주화운동기념사업회

민주화운동기념사업회(이하 민주화)는 민주화운동을 역사화하려는 사업의 일환으로 2002년부터 구술 채록을 시작했다. 2002년에서 2012년까지 진행한 민주화운동 관련 구술 조사 사업의 주제는 민주화운동 원로, 학생운동, 노동운동, 농민운동, 반유신민주화운동, 여성운동, 도시지역운동, 문화운동, 교육운동, 인권·변호 활동, 도시빈민운동, 해외민주화운동, 4·19 운동 관련 민주화운동, 한일협정반대운동, 부마 항쟁 등이다.

〈표 2-2〉 민주화운동기념사업회 구술 채록 사업 현황(2002년~2012년)

| 연도 | 구술자 수(명) | 구술 시간 분량(분) |
| --- | --- | --- |
| 2002 | 48 | 11,418분 (190시간 18분) |
| 2003 | 100 | 13,806분 (230시간 06분) |
| 2004 | 30 | 6,280분 (104시간 40분) |
| 2005 | 43 | 7,861분 (131시간 01분) |
| 2006 | 0 | |
| 2007 | 53 | 3,394분 (56시간 34분) |
| 2008 | 63 | 7,691분 (128시간 11분) |
| 2009 | 29 | 5,533분 (92시간 13분) |
| 2010 | 170 | 16,816분 (280시간 16분) |
| 2011 | 14 | 3,033분 (50시간 33분) |
| 2012 | 27 | 7,438분 (123시간 58분) |
| 총계 | 567 * | 1,387시간 50분 |

자료: 민주화운동기념사업회 구술아카이브즈 (2013년 2월 27일 현재).

주 *: 민주화운동기념사업회의 자료에는 498명으로 기록되어 있으나, 정확하게 보면 498회이며, 집단 구술 면접에 참여한 구술자는 567명임.

구술 채록 사업의 현황은 〈표 2-2〉와 같다.

　민주화운동기념사업회가 출범해 2002년부터 민주화 관련 인사의 구술 생애사 조사를 시작한 이래로 2012년까지 498회(총 소요 시간 1,387시간 50분)를 조사한 것으로 되어 있다.[16] 이 가운데 1970년대 학생운동가 구술 증언을 총 7권으로 구성해 『1970년대 학생운동 민주화 항쟁 구술자료 열람집』으로 자료집을 발간했다.


(4) 대일항쟁기강제동원피해조사및국외강제동원희생자등지원위원회 구술기록집 등

　2004년에 일제강점하강제동원피해진상규명위원회가 출범한 이래 강제 동원 신고를 한 피해자들의 증언을 수집했고, 그 구술 증언을 토대로 2005년에서 2013년까지 총 12권의 강제동원구술기록집을 발간했다. 그 목록을 보면 다음과 같다.


제1권 『당꼬 라고요?』(2005): 규슈 지역 6명, 간사이 지역 2명, 간토 지역 5
　　　명, 주부 지역 3명, 일본 외 지역 3명
제2권 『검은대륙으로 끌려간 조선인들』(2006): 사할린 편 9명
제3권 『똑딱선 타고 오다가 바다 귀신될 뻔 했네』(2006): 가고시마 현 1명,
　　　나가사키 현 2명, 사가 현 2명, 후쿠오카 현 3명, 오이타 현 2명
제4권 『가긴 어딜가? 헌병이 총들고 지키는데』(2006): 야마구치 현 징용 3

---

16　민주화운동기념사업회의 구술 아카이브즈 홈페이지(http://archives.kdemo.or.
　　kr/Oralhistory)를 참고하기 바란다(검색일: 2013년 2월 27일).

명, 효고 현 2명, 가나가와 현 1명, 니가타 현 5명, 홋카이도 1명

제5권 『"갑자·을축생은 군인에 가야한다"』(2006): 12명

제6권 『수족(手足)만 멀쩡하면 막 가는 거야』(2007): 국내 징용 편 10명

제7권 『시베리아 억류 조선인 포로의 기억 1』(2007): 12명

제8권 『지독한 이별: 사할린 이중징용 진상조사 구술기록』(2007): 이바라
키 현 징용 2명, 나가사키 현 8명, 후쿠오카 현 4명

제9권 『조선이라는 우리나라가 있었구나』(2008): 일본 8명, 중국 및 동남
아 7명

제10권 『굴 파러 군대 갔어!』(2008): : 강제 징병 편 13명

제11권 『아홉머리 넘어 북해도로: 홋카이도 강제동원 피해 구술자료집』
(2009): 탄광 편 9명, 광산 편 4명, 군수 공장, 토목 공사 편 6명

제12권 『들리나요? 열두소녀의 이야기』(2013)


이 자료집들은 강제 징용과 징병의 실상을 생생하게 보여주는 자료로
1965년에 한일 협정을 맺는 과정에서 제대로 하지 못한 일본과의 과거 청
산을 수행하는 데에 중요한 근거 자료가 될 것이며, 민중사적 관점에서
일제 강점기를 재현하는 자료로서 계속 연구될 수 있다. 또한 이 위원회
에서는 강제동원진상조사구술자료집으로 분류해 『일하지 않는 자는 황
국신민이 아니다!: 제주도 군사시설 구축에 동원된 민중의 기억』(2008, 17
명), 『내몸에 새겨진 8월: 히로시마, 나가사키 강제동원 피해자의 원폭체
험』(2008, 20명) 등도 발간했다.

그 외에 국가보훈처는 독립유공자의 독립운동을 기록하고자 2001년과
2002년에 걸쳐 독립유공자 20명의 증언을 채록해 정리했다. 이를 통해

일제 강점기의 광복군 출신이나 중국 방면, 국내 항일, 학생운동, 일본 방면의 독립유공자를 선별했다. 그리고 그 작업을 바탕으로 해서 『독립유공자 증언자료집』을 발간했다.

그리고 사단법인 부산민주항쟁기념사업회 민주주주의사회연구소에서는 1979년의 부마민주항쟁 증언집 부산편으로 『치열했던 기억의 말들을 엮다』를 2013년에 발간했다.

또한 한국영상자료원은 한국 영화사를 정립할 목적으로 원로 영화인의 구술사 사업을 2004년부터 시작했다. 2005년 초에 내놓은 『한국영화를 말한다: 1950년대 한국영화』는 1950년대 한국 영화의 현장에 있던 원로 영화인 22명을 60회에 걸쳐 구술 채록한 첫 번째 성과다. 여기에는 감독이나 기획, 배우 외에도 영화에서 빠져서는 안 될 녹음, 미술, 시나리오, 음악, 저널, 평론 부문 등에서 영화사적으로 높이 평가받은 거장들의 구술과 다양한 사진 자료가 실려 있다. 이 책은 각 인물에 대한 개괄적 설명과 함께 연보를 실었으며 본문은 인터뷰 형식으로 구성되어 있다(김귀옥, 2006a).[17]

그 외에도 2000년대에 들어오면서 지역사 자료집이나 연구논문들이 지방자치단체들의 용역 사업을 통해 발간되고 있으나, 이 글에서는 다루지 않는다.

---

[17] 한국영상자료원에서는 이 조사를 토대로 원로 영화인 구술사 아카이브(http://www.koreafilm.or.kr/lab/verbal_intro.asp)를 운영하고 있다(검색일: 2013년 2월 27일).

### 3) 대학 연구기관의 구술사 연구 현황

2000년대 전후부터 대학 연구기관은 제주 4·3 사건이나 5·18 민주화
운동 외에도 다양한 주제의 연구 영역을 개척해나갔다. 주제는 한국전쟁,
여성사, 서울사를 포함한 지역사, 노동사 또는 노동운동사, 북한 이탈 주
민, 구비 전승, 여성의 시집살이담, 민주화운동, 외교사, 군대사, 사회운
동, 정당사 등으로 다양하게 전개되고 있다. 대학 연구기관의 구술사 연
구는 대개 한국연구재단(옛 한국학술진흥재단, 이하 학진)이나 한국학중앙
연구원의 구술사 연구 프로젝트 발주 사업과 연관되어 진행되었다.

구술사와 결합하여 지역사 연구에서 선봉에 이들로 전남대 연구진을
꼽을 수 있다. 학진의 후원하에 전남대학교 호남문화연구소의 틀 안에서
문화인류학, 사회학, 민속학, 역사학 등 다양한 학문적 배경을 지닌 연구
자들은 지역사를 한국전쟁이라는 코드로 풀어내었다. 그 성과물이『전쟁
과 사람들: 아래로부터의 한국전쟁연구』다.

또한 전남대학교 호남문화연구소에서는 학진의 중점 연구소 지원 프
로그램을 받아 장기 변동사의 관점에서 지방사를 연구해나갔다. 그 결실
은『구림연구: 마을공동체의 구조와 변동』과『지역전통과 정체성의 문
화정치: 장성 황룡연구』로 맺어졌다. 이 연구서들에서도 구술사 방법론
이 공동체와 주민들의 의식 등을 분석하는 데에 활용되었다.

그 외에도 지역 연구를 구술사와 결합해 진행한 성과물은 서울시립대
학교 부설 서울학연구소의『(주민생애사를 통해 본) 20세기 서울현대사:
서울 주민 네 사람의 살아온 이야기』를 꼽을 수 있다.

2002년에 들어서는 교육인적자원부와 학진의 기초학문육성사업의 일

환으로 박사급 전문 연구자들을 갖춘 대학 연구기관을 지원하는 용역 사업이 구술사 연구를 활성화했다. 이 사업이 본격화된 것은 2002년 가을, 학진 기초학문육성사업이다. 그 사업을 통해 구술사 방법론을 적극 활용하거나 구술사에 토대한 구술자료의 아카이브즈 구축을 진행하는 프로젝트는 다음과 같다.

성공회대학교 노동사연구소에서는 2002년에서 2005년까지 사회학, 경제학, 여성학, 역사학, 복지학, 대중문화, 신학 등 다양한 연구 배경을 지닌 전문 연구자들이 참여해 "1960~1970년대 한국산업노동자의 형성과 생활세계 연구"(연구 책임: 이종구)를 수행해왔다. 3년에 걸쳐 450여 명의 노동자와 관리자, 노동운동가, 노동문제 관련 활동가, 종교인 등을 면접했다. 그리고 이를 통해 성공회대학교 노동사연구소는 구술자료에 기초한 연구논문들을 묶어『1960-1970년대 한국의 산업화와 노동자 정체성』과『1960-70년대 노동자의 생활세계와 정체성』,『1960-70년대 노동자의 작업장 경험과 생활세계』,『1960-70년대 한국노동자의 계급문화와 정체성』,『1960-70년대 노동자의 작업장 문화와 정체성』 등을 발간했다. 또한 2006년부터 2년간 "1950년대 노동자 생활세계에 관한 연구: 전후 복구기 작업장 질서와 일상생활을 중심으로"를 진행해 구술자 70명의 증언을 토대로『1950년대 한국 노동자의 생활세계』를 발간했다. 2009년부터 노동사연구소는 노동자 구술 녹취록 자료를 연구소 내에서 열람할 수 있게 하고 있다.[18]

---

18 성공회대학교 사회문화연구원 노동사연구소 홈페이지(http://www.laborhistory. or.kr)를 참고하기 바란다(검색일: 2013년 2월 14일).

구술사 방법론을 일부 활용해서 연구 실적으로 생산하는 다른 연구기관으로는 숙명여자대학교 아시아여성연구소가 있다. 이 연구팀에서는 "한국 여성 근·현대사: 정치·사회사, 문화사, 인물사" 연구 사업 중에서 '인물사' 분야를 연구한다. 그리고 그 성과물로 『한국여성인물사』를 내놓았다.

학진 지원을 받은 경남대학교 극동문제연구소 연구팀은 2002년 8월부터 북한의 신의주, 혜산, 청진 출신의 북한 이탈 주민을 구술 조사해 공간 배치, 당정 관계, 지방 산업, 도시 여성, 사회복지 등 분야별로 쓴 연구논문을 『북한도시의 형성과 발전』으로 발간했다.[19]

또한 2002년부터 시작된 학진의 기초학문육성사업 가운데 가장 큰 규모로서 각종 자료집을 생산했던 '20세기민중생활사연구단(연구단장: 박현수 영남대학교 문화인류학과 교수)의 연구진들이 펴낸 『20세기 한국민중의 구술자서전』을 들 수 있다. 이 자서전은 어민, 농민, 상민, 노동자, 이주민, 김제 광활면 사람들 편 등 총 6권으로 구성되어 있다. 이 책들은 구술 생애사를 바탕으로 한 자서전의 의미도 있고, 향후 이 방면의 연구 주제로 활용될 자료로서 가치도 지닌다.

한편 한성대학교 사회과학연구원 부설 전쟁과평화연구소(소장 김귀옥)는 2005년부터 3년간 학진의 연구 용역 사업에 참가해 구술사 방법론에 기초한 "한국에서의 전쟁경험과 생활세계 연구"라는 과제를 수행했다.

---

19 북한 국경도시 연구팀에서도 구술사 아카이브즈를 구축하는 데에는 처음부터 관심이 없었던 것으로 보인다. 특히 북한 이탈 주민은 자신의 정보를 공개하는 것에 예민하므로 최대한 익명을 보장한 후에라야 조사할 수 있다.

그 과정에서 184명을 구술 조사해『전쟁의 기억·냉전의 구술』과『동아시아의 전쟁과 사회』라는 단행본을 생산했다.

제주대학교 탐라문화연구소의 '일제하 제주도 전적지 조사팀'은 2005년부터 1년간 일제시대 일본군 전쟁 유적지 조사를 시행했다. 그 가운데 문헌자료의 부족으로 구술 채록을 시행해 55명의 인터뷰를 바탕으로 한 구술자료집인『빼앗긴 시대·빼앗긴 시절』을 출간했다.

건국대학교의 시집살이 이야기 조사 연구팀(연구 책임: 신동흔)은 현지조사를 통해 구술자 109명의 시집살이담을 엮어 10권의『시집살이 이야기 집성』으로 간행했고, 연구서로는『시집살이 이야기 연구』를 발간했다. 신동흔 교수팀은 2011년부터 3년간 "한국전쟁 체험담 조사 연구: 현지 답사를 통한 한국전쟁 관련 구술담화의 집대성과 DB구축" 연구를 계속하고 있다.

이화여자대학교 '근대와 여성의 기억' 연구팀(연구 책임: 이재경)은 한국연구재단의 2010년도 인문사회분야 토대기초연구지원사업인 "여성 구술 생애사를 통해 본 한국의 근대: 분단·개발·탈식민의 경험과 기억"을 진행하고 있고, 그 성과 중 하나가『여성주의 역사쓰기: 구술사 연구방법』이다. 이 연구팀은 분단, 개발, 탈식민이라는 주제 속에서 여성의 문제를 구술사를 통해 살펴보며, 여성 구술사 아카이브를 구성하는 것을 목표로 한다.

한국학분야 토대기초연구진흥사업은 2008년까지는 한국연구재단에서 발주했으나, 2009년부터 한국학중앙연구원으로 이관되어 현재에 이르고 있다. 구술 관련 사업들의 목록을 보면 다음과 같다. 한국외국어대학교(연구 책임: 박병률)의 "고도성장기(1960~70년대) 경제외교사 구술아카이브 구축"(2009년~2012년), 한신대학교(연구 책임: 연규홍)의 "현대 한국사 발전의 내면적 동력을 찾아서: 민주화와 산업화를 이끈 종교인의 구술자료 수집과 연구"(2009년~2012년), 서울대학교(연구 책임: 정용욱)의 "한국 현대사와 군"(2009년~2012년), 명지대학교(연구 책임: 김익한)의 "세대로 본 역동의 한국정당정치사: 산업화, 민주화 세대의 증언(1945-2002)"(2009 년~2012년), 한국학중앙연구원(연구 책임: 이완범)의 "현대 한국 구술자료 관 구축 연구"(2009년~2012년) 프로젝트가 진행되었다. 이에 따라 해당 프로젝트 관련 연구 업적들이 조만간 쏟아져 나올 것으로 보인다.

2009년에 발주된 프로젝트의 성격은 엘리트 구술사 연구에 가깝다. 구술사 연구가 주로 기록자료가 없거나 부족한 분야를 보완하거나 대체할 목적으로 연구되었음을 생각해보면 엘리트 연구와는 다소 거리가 있다고 생각할 수 있다. 그러나 한국의 정치사에서는 수많은 배제와 선택, 은폐와 억압의 기제가 작동해옴으로써 권력 엘리트일지라도 수많은 야사를 지니기 마련이다. 엘리트 구술사 연구 역시 한국의 특수한 사정에서 한국 현대사를 보완하고 대체할 수 있는 중요한 내용을 지닌다고 할 수 있다. 그런데 엘리트 연구에서 보이는 문제점은 연구 주제나 내용에서 연구자(면접자)가 자율성을 지니기 어렵다는 점이다. 한국은 오랫동안 국가 보안이라는 이름으로 많은 정보가 통제되어 있었고, 수많은 금단의 연구 주제가 있었다. 물론 일반적으로 국가 보안(national security)의 영역도 여전히 존재하고, 개인 비밀(private secret)의 영역도 존재할 수 있다. 그러므로 엘리트 구술사 연구에서는 과연 국가 보안과 개인 비밀의 경계를 어느 정도 설정할지, 그리고 기존의 틀을 허물 수 있는지가 과제라고 할 수 있다.

한국연구재단이나 한국학중앙연구원이 발주하는 구술사 연구는 단기간에 많은 연구진이 한 가지 주제에 집중해 연구 성과물을 생산할 수 있다는 장점이 있다. 그러나 학문 후속 세대를 양성하고 방법론적 성숙을 통한 학문의 주체화와 한국화, 나아가 학문의 민주화에 기여할 수 있는지, 또한 국가사업으로 투자된 조사 결과물들을 얼마나 사회화할 수 있는지 하는 문제가 과제로 남겨져 있다.

## 4) 개인 연구자별 연구

2000년대에 들어서면서 구술사 연구는 더욱 활발하게 진행되었고, 연구 성과물도 하루가 다르게 생산되었다. 학문 내적으로 연구 주제도 다양화되고 분과 학문을 가로지르는 연구도 활성화되면서 구술사 방법론의 적용 범위도 넓어졌고, 구술사 방법론의 이용을 두고 조사자들을 훈련할 수 있는 체계들이 마련되기 시작했다. 이 시기에 일어난 중요한 변화로는 1980~1990년대에 소수 연구자나 '과거 진실 규명 운동'의 차원에서 소수 민간단체가 공동으로 진행하던 구술 조사의 외연이 확장되었다는 점을 꼽을 수 있다. 구술사 연구 분야도 역사학, 사회학, 인류학, 여성학 등을 넘어서 사회복지학, 영화학, 예술, 의학, 사회적 소수자 문제 등 다양한 분야로 확장되었다. 2009년에는 한국구술사학회가 창립되면서 구술사 연구를 위한 풀이 형성되었고, 이후 학술 대회 등을 통해 다양한 연구 성과물이 발표되고 있다. 그런데 그 성과물들을 모두 다루기에는 그 양이 매우 방대하므로, 이 책에서는 학위논문[20]과 저서 등의 결과물을 중심으로 살펴보고자 한다.

## (1) 학위논문

### 가. 박사학위논문

일반 연구 성과물들이 다양하게 배출되는 데에 반해, 학위논문의 수는 많지 않은 편이다. 특히 박사학위논문은 몇 편이 되지 않은 편이지만, 다양한 학문 분야에서 배출되었다.

우선 전순옥의 『끝나지 않은 시다의 노래: 1970년대 한국 여성노동운동에 대한 새로운 자리매김』은 영국 워릭 대학에서 제출한 박사학위논문을 보완해 국내에서 출간한 것이다. 전순옥은 통계 숫자에서 여성 노동력의 의미가 형해화되고, 남성 노동운동가나 지식인이 왜곡한 여성 노동운동의 역사를 복원하고자, 여성 노동자들을 상대로 구술 연구를 했다. 다만 중요한 연구인데도 구체적 사실에서는 전순옥 자신의 선입견이 강하게 작용해 맥락적 인식이 부족하기도 하고, 사실에 근거한 정보의 동원은 다소 떨어지는 감이 있다.

또한 이희영의 "Gespiegelte Utopien in einem geteilten Land: Eine biografie-rekonstruktive Studie zu politischen Sozialisationen in den 80er Jahren in Korea"는 독일 유학 중 박사학위논문으로 발표되었다. 이 논문은 1980년대 학생운동에 참여한 두 사람의 생애사 사례를 통해 학생운동 주체의 경험에 부모 세대의 좌파 정치의식과 경험이 어떻게 반영되는지, 나아가 좌절된 부모 세대의 정치의식이 어떻게 복원되는지를 보인

---

20 개인 학술 연구는 석사학위논문이나 일반연구논문까지 확장하면 너무 많으므로, 이 글에서는 박사학위논문에 국한 짓는다.

다(이희영, 2005).

다음으로 한모니까의 「한국전쟁 전후 '수복지구'의 체제 변동 과정: 강원도 인제군을 중심으로」는 본격적 구술사 연구라고는 할 수 없지만, 역사학 분야에서 최초로 구술사 방법론을 활용해 역사의 공백을 메워나간 학위논문이라고 할 수 있다.

한편 최근에 강원대학교 스포츠과학과에서는 구술사 방법론을 활용한 박사학위논문 세 편이 쏟아져 나왔다. 「유도인의 삶을 통해 본 한국 근현대사」의 김명권, 「용무도의 개발과 발전과정」의 윤대중, 「체육인 한상준의 생애사」의 김재룡은 지도 교수인 박기동과 함께한 다년간의 구술사 연구를 통해 한국 체육인의 역사와 한국 체육사를 재구성하고자 노력해오고 있다.

종교 분야에서 나온 박사학위논문으로는 김상희의 「이화여대에서 제적 처분된 통일교 학생들에 대한 구술사 연구」가 있다. 이 논문은 1955년 이화여자대학교에서 통일교 신도라는 이유로 제적당한 14명 중 9명의 구술 생애사를 조사한 것으로, 통일교를 중심으로 한 한국 종교사에 포함된다고 할 수 있다.

나. 석사학위논문

석사학위논문은 서지 사항을 중심으로 소개하도록 하겠다.

① 구술자료 생성 및 구술아카이브 관련

권미현. 2004. 「구술사료의 기록학적 관리방법 연구」. 명지대학교 기록과학대학원 석사학위논문.

한정은. 2007. 「대중적 이용을 위한 구술기록의 수집과 활용 방안」. 한국외국어대학교 대학원 석사학위논문.

정명주. 2007. 「아트 아카이브(Art Archives)에 관한 연구」. 명지대학교 기록과학대학원 석사학위논문.

권명숙. 2007. 「구술기록의 수집 절차에 관한 연구: 민간인학살사건 다큐멘테이션을 중심으로」. 경북대학교 대학원 석사학위논문.

김지수. 2008. 「대통령 구술기록 수집 방안: 김대중 대통령 구술 수집을 중심으로」. 명지대학교 기록과학대학원 석사학위논문.

이화은. 2009. 「구술기록의 기술에 관한 연구」. 이화여자대학교 정책과학대학원 석사학위논문.

조용성. 2009. 「구술기록의 수집정책에 관한 연구: 과거사 진상규명 관련 위원회의 면담조사기록을 중심으로」. 한국외국어대학교 대학원 석사학위논문.

김현승. 2009. 「해군 구술 기록의 수집 방안 연구」. 서울대학교 대학원 석사학위논문.

김민영. 2009. 「구술기록의 신뢰성 확보 방안 연구」. 신라대학교 대학원 석사학위논문.

② 교육 관련

전미란. 2007. 「1950년대 초등교육에 관한 구술사적 연구」. 청주교육대학교 석사학위논문.

이주은. 2007. 「구술사를 활용한 역사학습 방안」. 한국교원대학교 석사학위논문.

이선애. 2007. 「1930년대 중반 이후 식민지 초등학교 교육에 관한 구술사적 연구: 충북 괴산 지역을 중심으로」. 청주교육대학교 석사학위논문.

박진섭. 2008. 「일제 말기 교사양성 교육에 대한 구술사 연구」. 공주교육대학교 석사학위논문.

김정은. 2008. 「초등 여교사의 교직 사회화과정에 관한 구술사적 연구」. 서울교육대학교 석사학위논문.

유수정. 2009. 「1930년대 식민지 초등학교 교육에 관한 구술사적 연구」. 서울교육대학교 석사학위논문.

장효주. 2009. 「1960년대 초등학생의 학교생활에 대한 구술사적 연구」. 청주교육대학교 석사학위논문.

권성기. 2010. 「일제말기 초등교육에 관한 구술사 연구: 서울덕수초등학교를 중심으로」. 서울교육대학교 석사학위논문.

이윤희. 2011. 「1950년대 후반 이후 충주사범학교 교육에 관한 구술사적 연구」. 청주교육대학교 석사학위논문.

③ 여성 관련

이선형. 2002. 「일본군 '위안부' 생존사 증언의 방법론적 고찰: 증언의 텍스트화와 의미부여를 중심으로」. 서울대학교 석사학위논문.

홍정은. 2009. 「총련계 재일조선인여성의 민족정치학과 '어머니 정체성': 일본 오사카부 이주 여성등의 구술사를 중심으로」. 이화여자대학교 석사학위논문.

최혜윤. 2010. 「1910~1920년대에 태어난 후기노년기여성의 생애경험담」.

여화여자대학교 석사학위논문.

#### ④ 종교 관련

김상희. 2008. 「구술사와 그 실제에 관한 연구: 통일교의 구술사 기술을 중심으로」. 선문대학교 석사학위논문.

신종태. 2009. 「구술사를 활용한 통일교사 연구」. 청심신학대학교 석사학위논문.

허준. 2011. 「한국전쟁 경험이 교회의 역사 인식에 끼친 영향에 대한 구술사적 고찰」. 장로회신학대학교 석사학위논문.

곽원일. 2012. 「한국교회와 도시산업선교에 대한 구술사 연구: 1960, 70년대 여성 노동운동을 중심으로」. 한신대학교 석사학위논문.

#### ⑤ 방송 및 체육 관련

강재형. 2009. 「초기 방송 아나운서에 대한 미시사적 구술사 연구」. 고려대학교 석사학위논문.

임오경. 2011. 「구술사를 통해 본 스포츠 영화의 팩션: 영화 '우리 생애 최고의 순간'을 중심으로」. 한국체육대학교 석사학위논문.

석사학위논문들을 보면 일부는 2000년대 초에 발표되기도 했지만, 대부분은 2007년 이후에 발표되었다.[21] 석사학위논문 27편을 분야별로 나눠보면, 구술자료 생성 및 구술아카이브 관련 논문과 교육학 관련 논문이

---

21 석사학위논문은 국회도서관에서 검색되는 논문을 중심으로 정리했다.

각각 9편을 차지한다. 또한 구술사에 관련된 여성 분야 논문은 주제가 모두 다양하다. 한국 종교사 관련 논문은 통일교 관련 논문이 2편이고, 기독교를 한국전쟁이나 도시산업선교와 관련지은 논문이 각각 1편 발표되었다. 다음으로 방송인 관련 논문 1편, 스포츠 영화와 구술사를 통한 체육사 관련 논문 1편 등이 있다.

2000년대의 학위논문은 1990년대의 학위논문보다 주제나 연구 분야가 좀 더 다양하다고 할 수 있다. 1990년대의 학위논문은 논문 편수가 워낙 적기도 하지만 분야가 대개 현대사에 관련되는데, 2000년대의 학위논문은 현대사 외에도 구술 기록 관련 논문이나 교육학, 종교학, 여성학, 방송, 스포츠 등의 분야에서 생산되었다. 그 외에 구술사 연구의 동향을 살피려면 한국구술사학회가 펴낸 ≪구술사연구≫(2010년 창간호, 2011년 2권 1호, 2호)에 실린 일반논문들이 참고할 만하다.


(2) 구술사와 저서

구술사를 중심으로 한 개인 저서는 현대사를 재구성하는 역사 글쓰기가 다수를 차지한다.

한국전쟁에 대한 탈정치학적 연구 성과물로 제출된 김동춘의 『전쟁과 사회』는 본격적으로 구술사를 연구한 성과물은 아니지만, 구술사를 활용한 중요한 성과물이다. 기존의 한국전쟁에 관한 연구가 국제 관계나 전투사나 남북 정치 관계 등을 중심으로 접근했다면, 김동춘은 사회와 사람이라는 축을 세워 국가 폭력으로서 전쟁의 진정성을 고찰하는 데에 구술사를 활용했다. 다만 구술사 방법론적인 측면에서 보면 본인의 관심에 따라서 구술자를 선택한 연구라는 한계를 가진다.

한편 제2차 세계대전 당시 일본에서 원폭 피해를 당한 한국인의 기억과 증언을 담아 정근식이 엮고 진주가 채록한『고통의 역사: 원폭의 기억과 증언』도 이 방면의 새로운 연구와 역사를 기록하는 자료로서 주목받을 만하다.

김상조는 자신의 아버지의 생애담을 담은 구술자료집으로『내 땅에서 내 농사를』을 발간했다. 이 자료집은 섬세한 묘사와 기억을 바탕으로 한 아버지의 증언을 녹음한 10시간 분량의 테이프와 주변 분들의 아버지에 대한 증언, 저자 자신의 문학적 감수성이 혼합되어 있다. 한국에는 부족한, 가족사를 보여주는 귀중한 구술자료라고 할 수 있다.

또한 김창후의『자유를 찾아서: 김동일의 억새와 해바라기의 세월』은 제주 4·3 사건으로 말미암아 개인적으로는 가족 해체, 사회적으로는 민족 이산을 당했던 김동일의 생애담을 담은 구술자료집이다.

염미경과 김규리는 2007년에 제주외국인근로자센터와 서귀포종합사회복지관이 운영하는 프로그램에 참여하는 여성 결혼 이민자들의 생애담을 구술 조사해『제주사회의 여성결혼이민자들: 선택과 딜레마, 그리고 적응』을 발간했다. 이 책에는 중국, 필리핀, 베트남, 몽골에서 제주도로 결혼 이민을 온 여성 15명의 생애담이 실려 있다.

이임하의『전쟁미망인, 한국현대사의 침묵을 깨다: 구술로 풀어 쓴 한국전쟁과 전후 사회』는 한성대 전쟁과평화연구소의 구술사 연구 결과물을 바탕으로 전쟁미망인의 경험을 통해 현대사에서 배제된 여성사를 재구성했다.

『마을로 간 한국전쟁: 한국전쟁기 마을에서 벌어진 작은 전쟁들』은 박찬승이 구술사를 활용해 마을을 무대로 한국전쟁에 관해 쓴 책이다. 기존

의 연구 중에도 한국전쟁을 다룬 지역사 연구들이 있는데, 윤택림(2003)
이나 김귀옥(2003, 2006b, 2008), 김경학 외(2005), 최정기 외(2008)의 연구
에서도 거시사에서는 기록을 거의 찾기 어려운, 마을에서 벌어진 전쟁의
경험과 변화, 고통과 트라우마를 구술사를 통해 보여준다. 박찬승은 다섯
마을에서 한국전쟁 전의 여러 가지 갈등 요인이 어떻게 나타났는지 촘촘
하게 보여주면서도 국가권력과 미시사가 어떻게 연결되는지를 잘 보여
준다.

김병희와 윤태일의 『한국광고회사의 형성: 구술사로 고쳐 쓴 광고의
역사』는 한국 광고계의 산증인이라 할 수 있는 원로 6명을 인터뷰해 광고
회사가 창립되어 성장하고 변천해가는 과정을 촘촘하게 보여준다. 기존
의 광고사는 객관적 사실 위주로 설명하다 보니 관계사적인 생생한 경험
이 배제되어 있었는데, 이 때문에 저자들은 원로들을 통해서 대안의 광고
사 쓰기를 했다.

또한 함한희가 엮은 『새만금사업과 어민들』은 현지 조사 과정에서 수
집한 문헌자료나 구술자료를 바탕으로, 22년째 계속되는 새만금간척개
발사업을 둘러싼 사회적 변화, 정치권과 미디어의 움직임, 생태 환경과
어로 작업의 변화 등을 다룬다.

구술사 연구의 다양한 결과물에 비해 연구 방법론을 둘러싼 글은 상대
적으로 부족한 편이다. 구술사 방법론을 먼저 짚어보면서 쟁점과 과제를
제출했던 것은 1999년에 열린 문화인류학회의 구술사 관련 워크숍이었
다. 그 주제인 "한국문화연구의 방법론 모색: 구술사적 접근을 중심으로"
에서 구술사 방법론의 이론과 실천을 둘러싼 여러 가지 쟁점과 성과가 소
개되었다. 그중 한 편이 함한희의 「구술사와 문화연구」다. 또한 김귀옥

의 「지역 조사와 구술사 방법론」, 「한국 구술사 연구 현황, 쟁점과 과제」, 「구술사 쓰기의 방법과 절차: 사례에 기초한 이론화의 시도」가 있다. 그리고 염미경의 「전쟁 연구와 구술사: 아래로부터의 한국전쟁 연구를 위한 새로운 방법론」, 김성례의 「한국 여성의 구술사: 방법론적 성찰」 등도 방법론 실천 과정에서 발표된 것이다. 한편 구술사 방법론을 포함한 질적 연구 방법론의 종합서도 발간되고 있다. 윤택림의 『문화와 역사연구를 위한 질적연구방법론』, 윤택림과 함한희의 『새로운 역사쓰기를 위한 구술사 연구방법론』, 한국구술사연구회의 『구술사(방법과 사례)』, 이재경 외의 『여성주의 역사쓰기: 구술사 연구방법』 등이 지금까지 나온 한국 구술사 방법론을 정리하면서 동시에 앞으로 제시될 방법론적 과제를 다루었다.

제3장

:

질적 연구 방법론의 개요

구술사 방법론은 크게 보면 질적 연구 방법론의 하나다. 구술사 연구는 전형적인 질적 연구에 속한다고 할 수 있다. 또한 질적 연구 방법론은 인류가 지상에 나타난 이래 계속 존재해왔던 방법론이라고 할 수 있다. 인간이 인간이나 사회, 사물을 보면서 생각하고 말하고 글을 쓰는 과정은 연속되어서, 대상을 연속적으로 사유하는 인식 체계가 일찍이 발전했다. 구술사 방법론 역시 그 기원을 보면 동서고금에서 발견되는 방법이라고 할 수 있다. 소크라테스나 공자는 진리를 발견하기 위한 수단으로 대화라는 방법을 찾아냈다. 특히 문자 없는 공동체에서 역사는 기억과 언술을 통해 계승되었다. 예수의 역사나 부처의 역사 등도 기록되기 전까지는 구비 전승으로 기억되고 이야기되었다. 한 국가의 기원이나 역사뿐만 아니라 마을과 사물들의 기원과 역사도 무당이나 권위 있는 사람들이 혹독한 훈련을 거쳐 구비 전승했다. 이처럼 오랫동안 질적 방법론은 국가적 정치

속에서 뿐만 아니라, 개인들의 생활 속에서도 익숙하게 사용되었다.

　한편 양적 연구 방법론은 19세기에 근대 학문이 성립되는 과정에서 발전해 20세기 중엽에 기능주의적 인식이 시민권을 획득하는 과정에서 자리매김하고 발전할 수 있었다. 양적 연구 방법론은 연구 대상의 대중화와 연구의 민주화에 중요한 역할을 했다. 과거 전통 시대에는 왕족이나 귀족, 국가의 법 제도, 정책 속에 민중적 욕망, 동기, 필요 등은 중시되지 않았다. 그런데 근대가 열리면서 시장이 대중화되고, 민주주의가 국가의 작동 원리가 되면서, 국가나 기업은 대중적 정당성을 필요로 했다. 따라서 대중의 행위, 동기, 행위 방식을 파악해 이를 국가나 기업 활동의 정당성이나 아이디어에 연결해야 했는데, 이때 좀 더 많은 사람을 동원해야 했다. 양적 연구 방법론, 즉 사회조사(social survey) 방법론은 좀 더 많은 사람의 행위 방법이나 태도 등을 파악하기 위한 목적으로 발전했다. 그리고 20세기 중반에 이르러 양적 연구 방법론이 근대 인문사회과학계의 대세로 되면서, 그 방법론을 통해 다양한 조사 기법이 발전했다. 그러나 사람과 사회적 관계를 숫자로 대변하게 되면서 심연의 동기나 심층 구조를 발견하기가 어려워졌다. 특히 권력관계가 불균형적인 인간관계에서 피지배층이나 일반 시민들은 자신의 동기를 제대로 드러내지 않음으로써, 국가 엘리트가 문제의 원인이나 사람들의 동기를 파악하기는 어려웠다. 그러한 과정에서 미국에서는 1960년대 이후, 한국에서는 1990년대 이후에 구술사 방법론을 적극 수용하기 시작했다.

　이 장에서는 질적 연구 방법론을 개관해보고, 방법론적 특징을 중심으로 구술사 연구를 이해해나가기로 한다.

# 1. 질적 연구 방법론과 양적 연구 방법론의 비교[1]

인간 사회를 연구한다는 것은 연구 대상을 마주하는 것에서 시작한다. 대상을 마주하는 것, 다시 말해 대상화를 어떻게 하느냐가 바로 방법론이고 인식론이다. 예를 들어 신제품이 나왔는데, 그 제품을 사람(구매자나 예비 구매자)들이 어떻게 생각하는지 내가 알고 싶다고 가정해보자. 예비 구매자가 그 제품을 인지하는 과정, 제품에 접근하는 동기, 사용 빈도와 사용 만족도, 만족 내용과 불만 사항, 향후 사용 의향과 동기 등을 조사하고자 한다. 제품에 대한 (예비) 구매자의 사용 빈도나 만족도 등은 사회조사 방법, 즉 설문지 조사나 앙케트[2] 등을 통해서 접근할 수 있다. 사용 빈도라면 예컨대 한 달에 0번, 1번, 2번 등으로 질문해 빈도를 파악할 수 있다. 그러나 동기나 만족 또는 불만 사항은 간단한 양적 조사로는 알기 어려운 부분이다. 이럴 때에는 구매자를 인터뷰해보아야 그 내용을 제대로 파악할 수 있다. 이렇게 숫자로 분석해낼 수 있는 연구를 흔히 양적 연구

---

1 이 책에서는 양적 연구 방법론을 다루지 않는다. 이 방면의 책들은 다양하게 출간되어 있는데, 사회조사 방법론에 관련해서는 사회학은 말할 것도 없고 심리학, 경영학, 광고학, 의학 등 사람을 대하는 여러 학문에서 대부분 발전해서 특별히 소개할 필요는 없을 것이다. 다만 기본적 독서가 될 만한 책을 몇 가지 소개하면 다음과 같다. 홍두승, 『사회조사분석』(다산출판사, 2012[1987]); 홍두승, 『사회조사분석의 실제』(다산출판사, 2003); 얼 바비, 『사회조사방법론』(그린, 2007[2002]) 등을 볼만하다. 특히 유명한 대작인 바비의 책은 양적 방법뿐만 아니라 질적 방법에도 간략하게나마 언급한다는 점에서 질적 연구 방법론이나 구술사 방법론을 처음 공부하는 학생이나 연구자라면 필독하기를 권하고 싶다.
2 앙케트(enquete)는 설문지 조사의 일종이다. 비교적 간단한 질문표로 응답자의 의견이나 태도를 조사하므로 시장조사에 잘 이용된다.

방법론(quantitative research methodology, 이하 양적 방법)이라고 한다면, 연구 대상을 연속적이며 흐름으로 파악하려 하는 연구는 흔히 질적 연구 방법론(qualitative research methodology, 이하 질적 방법)이라고 정의할 수 있다.

두 방법론은 인문사회과학 방법론의 대표적 방법론이다. 두 방법론은 상호 보완(mutual supplementary)적이지만, 대체하기는 어려운 방법론이다. 다시 말해 빈도수나 양, 경향성을 조사할 때에는 양적 방법이 적합하지만, 동기나 맥락적 지식을 조사할 때에는 질적 방법이 적합해 하나의 사회나 사람들의 행위나 관계를 파악하는 데에 두 가지 방법론이 모두 필요할 때가 많다. 전체 사회나 사회적 관계를 파악할 때 다른 면을 보므로 서로 부족한 면을 보완할 수 있다. 그러나 두 가지 방법론은 상호 대체하기에는 어려운 측면이 있다. 즉, 개인이나 집행 행위의 동기나 구조적 측면을 파악하는 데에는 양적 방법으로는 어렵고, 행위 결과나 빈도 등을 파악하는 데에는 굳이 양적 방법 대신 질적 방법을 택할 필요는 없다.

이러한 두 가지 방법론을 상대적 관점에서 이념형(idealtypus)적으로 비교해보면 〈표 3-1〉과 같다.

두 방법을 비교하면 첫째, 질적 방법의 사용자는 대가적인 연구자라야 원활하게 사용할 수 있는 반면, 양적 방법은 초보 연구자라도 주 사용자가 될 수 있다.

둘째, 연구 방식에서도 질적 방법은 다년간 연구해온 장인적 연구자가 수행하고 연구자 수나 연구 기간이나 비용 등의 한계로 말미암아 많은 연구 대상자를 목표로 하지 않는다. 반면에 양적 방법은 연구 목적과 연구 비용에 따라 연구 대상자의 표본 수는 결정할 수 있다. 즉, 전체 모집단을

〈표 3-1〉 질적·양적 연구 방법론의 비교

| | 질적 연구 방법론 | 양적 연구 방법론 |
|---|---|---|
| 연구자 수준 | 대가 | 아마추어 |
| 연구 방식 | 장인생산(craft production) | 대량생산(mass production) |
| | 단순한 도구<br>+ 장기간의 고도로 숙련된 노동력 | 대규모의 설비와 사전 디자인<br>+ 단순한 노동력 |
| 표준화<br>가능성 | 표준화 곤란<br>숙련도에 따른 결과의 커다란 편차 | 표준화 전략 |
| 연구자의<br>개입 | 연구자의 개입 정도에 따라서 다른 대답이<br>나올 가능성이 큼 | 개입도가 낮음. 응답자의 대답의 차이가 클<br>가능성이 낮은 편 |
| 자료/분석 | **자료 수집 중심**: 자료를 모으는 방법에 초미<br>의 관심을 가짐. 응답자의 심리적 변화와 갈<br>등, 거짓으로 의심되는 응답에 대한 관찰,<br>활용 방법에 대한 이론에는 주저 | **분석 중심**: 모아진 자료로부터 작업 시작.<br>각종의 통계 기법에 능숙해야 함."데이타가<br>사실을 말하게 하라." 즉, 실증주의적 입장<br>인 "사실이 말하게 하라." |
| 자료 성격 | soft data | hard data |
| 분석적 장점 | 타당도 중심 | 신뢰도 중심 |
| | 타당도의 관건: "윌리엄 텔의 활" 쏜 화살이<br>정말 아들의 머리 위에 얹힌 과녁(사회)를<br>맞추느냐 | 신뢰도의 관건: 연구 절차대로 다른 사람이<br>똑같이 반복해도 같은 결과를 낳느냐 |
| 일반화 전략 | 자료의 일차적 의미 파악 | 일반화에 유용 |
| 연구 대상 | 개별적 전형성 | 대표성 |

자료: 이재열(1998).

조사하거나 표본 수를 조절하는 것은 주로 연구 비용에 달려 있다.

셋째, 연구 과정과 결과의 표준화에서 질적 방법은 어려운 반면, 양적
방법은 기본적으로 표준화 전략을 취한다. 다시 말해 질적 방법은 연구자
의 수준에 따라 연구 진행 과정이나 해석과 그에 따른 결과의 수준이 달
라지지만, 양적 방법은 연구자의 수준과는 무관하게 진행 과정이나 결과
가 유사할 것이라고 전제한다.

넷째, 연구자의 개입 정도와 연구 결과의 상관관계에서 질적 방법은 영
향을 받고, 양적 방법은 영향이 적다고 전제한다. 질적 방법은 대개 연구
자와 연구 대상자의 관계가 대면적이고 인격적이기 쉬우므로, 연구자가
연구 대상자에 대해 취하는 태도에 따라서 응답의 질적 수준이 달라질 수

있다. 또한 그 역도 성립한다. 그러나 설문지 조사법과 같은 양적 방법에서는 연구 대상자가 연구자의 영향을 덜 받고 응답할 수 있다.

다섯째, 자료 수집과 결과 분석에 대한 강조점에서 질적 방법은 자료를 수집하는 과정 자체가 어렵다. 특히 현지 조사나 구술사 조사와 같은 질적 연구에서 연구 대상자를 직접 대면하면서 인지적·정서적 과정을 거치므로, 신뢰를 형성하지 않은 상태에서 조사한다는 것은 대단히 어렵다. 반면에 양적 방법은 자료 수집 과정보다는 정확한 통계 기법을 구사해 타당도가 높은 사실을 분석하는 과정이 좀 더 어렵다고 할 수 있다.

여섯째, 자료의 성격은 앞에서 설명한 것과 같은 사실에 따라, 질적 자료는 연구자가 개입하는 정도나 연구자와 연구 대상자의 관계에 따라 차이가 있다는 점에서 유연한 편이다. 반면에 양적 자료는 연구자가 누구이든, 대상자와 관계가 어떠하든 간에 별로 차이가 없다는 점에서 경직된 편이다.

일곱째, 분석상의 장점에서도 둘은 차이가 있다. 질적 방법이 질문에 대한 응답의 정확성을 잘 파악할 수 있다는 점에서 타당도가 높은 반면, 연구의 일관성이 보장되기 어렵다는 점에서 신뢰도는 낮은 편이다. 반면에 양적 방법은 연구의 일관성을 일정 정도 유지할 수 있으므로 조사의 신뢰도는 높은 편이지만, 응답의 정확성이 보장되기 어렵다는 점에서 타당도는 낮은 편이다.

여덟째, 질적 방법에서는 연구 대상에 대한 연구 결과를 다른 대상에도 일반적인 것으로 간주할 수 없다는 점에서 해석 결과는 그 대상에 한정 짓는 것을 원칙으로 한다. 반면에 양적 방법에서는 표집의 결과를 모집단에도 일반화할 수 있다고 간주하는 점에서 일반화의 특성을 지닌다.

마지막으로 앞에서 설명한 것과 같은 점에서 질적 방법에서는 연구 대상을 독특성을 가진 전형적 인물로 간주하는 반면, 양적 방법에서는 표집이 모집단을 대표한다고 간주하는 경향이 있다.

그렇다면 질적 방법은 어떤 유용성이 있는지를 살펴보도록 한다.


## 2. 질적 연구 방법론의 유용성

질적 방법은 인간관계나 사회관계에서 빚어진 다양한 현상을 구체적으로 파악할 수 있게 해주는 특징을 지닌다. 또한 역사적으로 위치 지어진 현상학적 경험의 연속적이고 살아 있는 흐름을 통해 그러한 경험이 지닌 모든 모호함, 다양성, 유연성, 경험의 고유성 등을 다룰 수 있다는 점은 양적 방법으로는 대체할 수 없다. 다음은 질적 방법의 유용성을 구체적으로 정리해본 것이다.

첫째, 이 방법론은 개인의 주관적 경험에 접근할 수 있다. 양적 방법에서는 개인의 경험은 숫자로 환산되어 개인의 독특한 경험이나 인식, 동기 등이 사상된다.

둘째, 이 방법은 행위의 결과보다는 과정을 중시해 인간의 모호한 욕망이나 모순적 행위, 또는 변화를 다룰 수 있다. 인간의 독특성이나 개별성을 중시하므로 개별 사례를 과도하게 일반화하면 일반화의 오류를 범할 수 있다. 따라서 개별성의 전략을 취해야 한다.

셋째, 질적 방법은 한 개인의 삶과 행위 과정을 변수별로 파악하기보다는 총체적 관점에서 조망할 수 있다는 유용성을 지니며, 특정 시점에서 파악하기보다는 생애사적 · 전기적 과정에서 한 사람의 경험에 주목할 수 있다.

넷째, 질적 방법은 연구의 탐색 단계에서도 유용성을 발휘한다. 질적 방법에 속하는 참여관찰법(participant observation)과 심층면접법(in-depth interview) 등을 통해 사회적 이슈와 문제점을 발견할 수 있다는 점에서 질적 방법은 문제에 대한 민감도 측정 도구(sensitizing tool)가 될 수 있다. 그러한 점에서 질적 방법은 이론적 논의를 명료화하는 도구로 사용된다.

다섯째, 질적 방법의 가장 큰 유용성의 하나로서, 판에 박힌 작업을 파괴하도록 도와준다. 질적 방법, 특히 현지 조사나 구술사 조사를 포함한 심층면접법 등은 연구 대상과 끊임없이 상호작용(interaction)하면서 연구자가 여러 가지 영감과 창조성, 상상력을 얻을 기회를 가진다. 그 결과 질적 방법은 현장성과 창조성을 통해 과학과 예술의 경계도 파괴해, 연구자가 삶의 특수성과 이론의 보편성 사이를 종횡무진하도록 하는 이상적 수단이 될 수 있다.

여섯째, 질적 방법은 대개 인간주의적 가치를 지향한다. 인간은 사회적 산물이며 사회관계, 제도, 규범, 의식 등을 통해 정체성이 형성되는 존재다. 그런데도 인간은 객관 환경과 거시 구조 속에서 사회와 자연을 상대로 상호작용을 거치면서 상대적 자율성을 지니고 능동성과 창조성을 발휘할 수 있다. 특히 질적 방법은 연구자가 연구 대상, 또는 연구 환경을 상대로 상호작용 속에서 '능동적이고 창조적인 존재'임을 확인해가는 과정을 갖도록 해주는 유용성을 지닌다.

## 3. 질적 연구 방법론의 종류

질적 방법에는 문헌분석법(documentary analysis), 참여관찰법, 심층면
접법, 구술 생애사 등이 있다.

### 1) 문헌분석법

문헌분석법은 문헌자료를 분석하고 해석하는 과정을 거치는 연구 방
법이다. 이 방법이 모든 연구의 기본이자 마지막이라고 할 만큼 중요함은
강조할 필요가 없을 것이다. 그 어떤 현지 조사나 구술사 조사일지라도
문헌자료를 수집하고 분석하는 것은 기본이다.

이 방법은 기원으로 보면 질적 연구 방법론 가운데 가장 오래된 것이라
고 할 수 있다. 예컨대 고대 중국이나 한국, 일본 등의 훈고학은 유교의
주요 경서 텍스트를 깊은 연구를 통해 해석하고 이해하는 인식 체계로서,
치열한 논쟁과 주장을 거쳐 이루어지는 연구 방법이다. 또한 유대인들의
탈무드 역시 고대 (구약)성경에 대한 해석서이면서도, 동시에 성경 텍스
트를 치열하게 토론을 통해 연구한 결과물이다.

현대에 들어 문헌분석법은 기본 자료(1차 자료)를 텍스트로 삼아 분석
하는 방법이라고 할 수 있다. 따라서 개인의 편지, 일기장, 비망록 등과
같은 개인 기록을 분석하는 연구물들이 꾸준히 나오고 있다. 특히 이러한
연구들이 의미 있는 것은 과거에는 국가적 서한이나 기록물이 아니면 사
적인 것으로 간주되어 여담 거리나 되었던 것이 이제는 연구의 소중한 대
상이 되었다는 점이다. 예컨대 안대회는 『정조의 비밀편지: 국왕의 고뇌

와 통치의 기술』에서 정조 대왕이 신하와 주고받았던 서찰을 통해 정조의 고민이나 통치술, 리더십 등을 분석해냈다. 또한 정병욱과 이타가키 류타(板垣龍太)는 자기 증언의 사료라 할 수 있는 개인들의 일기를 분석해 『일기를 통해 본 전통과 근대, 식민지와 국가』를 발표했다.

간혹 현지 조사나 구술사 조사 과정에서도 연구에 중요한 기본 자료를 발견하게 된다. 구술자가 소장한 편지, 일기, 사진, 토지대장, 호적 자료, 정부 문서, 가계부 등을 발견했을 때에는 가능하다면 수집하고, 그렇게 하지 못하면 빌려서 복사해야 하는데, 만약 복사도 곤란하다면 현장에서 촬영하는 방식을 취해 하나의 텍스트로 사용할 수 있다. 그리고 이러한 자료들의 텍스트화 여부는 연구자의 연구 민감성(research sensibility)에 달려 있다.

과거에 문헌분석법에서는 현지 조사와 같은 경험 연구를 배제하는 실증주의적 태도가 강했으나, 최근에는 문헌분석법 연구에서도 경험 연구를 보조적으로 병행하는 사례가 많아졌다.

## 2) 참여관찰법

참여관찰법은 직접 참여해서 현상을 관찰하고 기술하는 방법이다(홍두승, 1992: 44). 이는 모든 사회조사의 기초이자 대표적 질적 방법인데, 그 관찰이 대개 일반인이나 연구 대상자들이 사는 곳에서 일어나므로 현지관찰(field observation)이라고도 한다. 이때 현지 조사(field research, field survey)의 도구로 상황이나 연구 목적에 따라 참여관찰법이나 심층면접법(대화) 등의 수단을 사용할 수 있다.

참여관찰법은 여러 가지 유용성을 지닌다. 첫째, 참여관찰은 질적 조사에서는 말할 것도 없고, 양적 조사에서도 유용성을 발휘할 수 있다. 설문지 조사를 하는 과정에서도 응답자의 생활환경이나 태도 등을 관찰하면 설문지의 타당도를 이해하는 데에 도움이 된다. 또한 인터뷰 중심의 심층면접을 하는 과정에서도 참여관찰법은 피면접자(또는 구술자)의 상황을 이해하고 구술 내용의 타당도를 파악하는 데에 도움이 된다. 둘째, 참여관찰은 본 조사 전에 연구 주제를 명확히 하고 연구 내용을 발굴하거나 점검하기 위한 수단으로서 선행 조사에서도 사용될 수 있다. 질적 연구나 양적 연구를 위한 연구계획서를 작성하고 본 조사를 하기 전에 사전 답사나 예비 조사를 하면 연구 목적이나 연구 내용을 적절히 기획했는지를 파악할 수 있다. 그러한 사전 답사나 예비 조사에서는 현지를 관찰하거나 예비 조사 대상자와 대화해봄으로써 본 조사에 임하기 위한 마음의 자세도 준비할 수 있다. 셋째, 에스노그래피 또는 문화기술지[3]에서는 참여관찰 자체가 본 조사가 되기도 한다.

그런데 일회적 조사의 결과로 일반적 경향이나 규칙을 추출하는 일은 위험하므로, 사람의 행위나 관계 등을 반드시 장기적으로 관찰해야 하는 것이 참여관찰의 조건이다. 그래야만 경향성이나 규범, 사람들의 의식이나 무의식, 사회관계, 심층적 사회구조 등을 발견할 수 있다. 또한 참여관찰의 어려운 점은 참여와 관찰의 균형을 잡는 것이다. 참여란 조사자가 연구하는 사회의 일상생활에 참여하면서 내부인의 시각으로 바라보는

---

3 에스노그래피라는 용어는 한국에서 다양하게 번역되었는데, 주로 민족 기술지, 민속 기술지 등으로 해석되다가, 1990년대 이래로는 '문화 기술지'로 통용된다.

것을 말한다. 반면 관찰은 그 사회와 거리를 두고 객관적으로 바라보는 것을 말한다(윤택림, 2004: 28~29). 관찰만을 중시하면 조사 대상자 또는 구술자와의 관계가 멀어지거나 낯설어지고, 참여를 강조하면 객관적 조사가 어려워지거나 심지어 연구자적 지위를 버리게 될 수도 있다. 따라서 참여관찰에서는 연구 주제나 내용 등에 따라 연구자가 어느 정도로 연구 상황에 개입하는지를 정해야 할 필요가 있다. 개입 정도에 따른 참여관찰의 유형을 제임스 스프래들리(James Spradley)는 다음처럼 다섯 가지로 구분했다.

- 비참여: 연구 대상인 사람들의 활동에 전혀 개입하지 않고 관찰 여부를 알리지도 않은 채, 완전히 관찰만 하는 유형
- 수동적 참여: 행동의 현장에 있기는 하되, 다른 사람들과 서로 깊이 관계를 맺거나 참여하지는 않는, 구경꾼, 방관자, 배회자의 유형. 현지 조사의 초기 유형으로, 다른 유형으로도 바뀔 수 있다.
- 보통 참여: 완전 관찰자와 완전 참가자로서 균형을 이룰 때, 즉 개입은 허용되지만 참가하지 않은 채 관찰만 하는 유형
- 능동적 참여: 참여를 허락받을 뿐만 아니라 다른 사람들이 하는 바를 그대로 '행하면서' 행태의 문화적 규칙을 좀 더 충실히 배우는 유형. 이 유형도 처음에는 앞의 다른 유형들을 거친다.
- 완전 참여: 조사자가 이미 일상적 참가자로서 연구하는 유형(Spradley, 1988: 81~85).

첫째, **비참여 유형**은 수사관의 잠복근무나 특정 목적으로 위장 잠입을

하는 유형이라고 할 수 있다. 다른 문화나 사회에 대한 에스노그래피 조사에서는 비참여 유형의 참여관찰이 도입되는 사례가 간혹 있다. 특히 개방 정도가 낮은 집단, 예를 들면 정신장애인 집단, 동성애자 집단, 마약이나 알코올 중독자 집단과 같은 특수 목적의 집단을 연구할 때 위장하고 잠입해서 관찰할 수 있다. 그러나 현대의 연구자 윤리에서는 이러한 종류의 연구를 허용하지 않는다.

그뿐만 아니라 한국 사회에서는 낯선 연구자가 비참여적 유형으로 현지 조사하기란 거의 불가능하다. 남북 분단 속에서 반공 이데올로기가 강력히 작동하는 가운데, 낯선 사람은 수상한 사람이나 간첩으로 간주되던 사회에서 구술자와 구술자가 속한 공동체에 미리 알리지도 않은 채 관찰하려고 한다면, 머지않아 간첩으로 신고될 소지가 다분하다.

둘째, **수동적 참여** 유형은 현지 조사에서 연구자(또는 면접자)가 많이 취하는 유형이다. 관련자에게 조사한다는 사실은 알리지만, 그들과 거의 관련되지 않은 위치에서 조사하는 유형으로, 일종의 구경꾼이나 방관자, 배회자의 역할을 하게 된다(Spradley, 1988: 82). 이 유형의 구술사 조사에서 연구자(또는 면접자)는 구술자의 주변을 배회하거나 구술 생애담을 듣지만, 구술자가 속한 사회에는 참여하지 않는 사례가 많다.

셋째, **보통 참여** 유형은 연구자(또는 면접자)가 참가자와 관찰자로서 균형을 이룰 때에 나타난다. 구술사 연구에서 연구자(또는 면접자)가 구술자의 세계를 관찰하는 동시에, 구술자가 속한 사회에서 현지 조사를 하는 유형이다. 윤택림의 충청남도 예산 연구나, 김귀옥의 김제 용지농원 월남인 연구와 인천시 강화군 교동면 연구는 대체로 현지 조사를 바탕으로 한 보통 참여 유형으로 분류할 수 있는 연구다.

넷째, **능동적 참여** 유형은 연구자(또는 면접자)가 현지인들에게 알려져 있을 뿐만 아니라, 현지인 사회의 규범이나 문화를 따르면서 현지 조사를 하는 유형이다. 연구자(또는 면접자)가 현지를 조사하고 현지인들과 깊은 이야기를 나눈다고 해서 현지인들에게 그 사회의 구성원과 유사한 지위를 인정받기는 쉽지 않다. 김귀옥은 속초 청호동을 연구할 당시 '청호동 청소년 야간 공부방'의 자원 교사를 하면서 그곳의 규칙을 배우고 함께 생활해서 현지 사정을 이해함으로써 높은 수준으로 참여할 수 있었다.

다섯째, **완전 참여** 유형은 연구자(또는 면접자)가 현지 사회에 일상적 참여자로 생활하면서 연구를 진행하는 유형이다. 이 유형은 자신이 살고 있는 사회를 관찰하고 조사하므로 다른 현지인들은 연구자(또는 면접자)를 같은 생활 세계 사람으로 여기며, 연구자가 연구 중이라는 사실을 반드시 의식하지도 않는다. 이 유형은 누구나 다 할 수 있는 방법이지만, 자신이 속한 사회를 연구하는 사례는 의외로 많지 않다. 사람들 대부분은 자신이 속한 사회를 잘 안다고 생각하지만, 익숙한 상황에서 인식적 발견을 하는 것은 오히려 어렵다. 또한 자신이 속한 사회의 연구 결과물에 대해서 그 구성원들이 동의하지 않는다면 내부 비밀을 공개했다는 이유로 문제를 제기당할 소지가 많다. 완전 참여 유형의 연구 중 하나로는 황해도 연암면 출신의 월남인 생애사 자료집으로 이보근이 엮은 『연암면 사람들의 기억: 해방전후에서 휴전직후까지』를 들 수 있다.

질적 연구나 구술사 연구에서 다섯 가지 유형 중 어느 것이 더 좋다는 기준은 없는 듯하다. 물론 연구라는 점에서 비참여 연구는 연구의 공개성 원칙에서 볼 때 윤리 문제가 있어서 피하는 것이 적절하다. 그 외에 참여 관찰 유형은 조사의 성격과 단계에 따라 참여 정도가 결정되는 듯하다.

참여관찰법은 현지 조사 과정에서 문화기술학 또는 에스노그래피의 주요 수단이다. 사람들의 생활 방식이나 규범과 규칙, 즉 다른 사람들의 문화를 주로 연구하는 것이 에스노그래피(Brewer, 2000)다. 서구 근대 학문에서 발전시킨 에스노그래피는 서구인의 관점에서 소수민족이나 집단을 보고, 느끼는 대로 기록하는 연구 방법이라 할 수 있다. 그리고 이는 내용 면에서 보면 타민족, 소수민족, 타자를 연구자라는 주체의 관점에서 이해하는 방식이라고 할 수 있다. 즉, 에스노그래피는 타민족의 생활이나 상호작용, 사회적 관계, 의식적·무의식적 행위나 태도 등을 참여관찰로 기술하는 방법이다. 따라서 참여관찰하는 대상은 타민족, 소수민족, 타자의 생생한 생활 현장이자 의미화된 세계다. 텔레비전의 토착민 탐사 프로그램처럼, 낯설지만 인간이 지닌 공통성을 발견하면서 감동하는 과정이 드러난다. 또한 서구 사회보다 다소 단순하다고 할 수 있는 토착민의 사회과정을 관찰하는 과정에서 문화적 차이로 말미암아 연구자들은 숱한 위기에 봉착한다. 그러한 과정을 거쳐 나온 연구에는 대작이 여러 편 있는데, 최고봉의 연구로는 레비 스트로스(Claude Lévi-Strauss)의『슬픈 열대』, 마거릿 미드(Margaret Mead)의 *Growing Up In New Guinea*와『세 부족사회에서의 성과 기질』, 루스 베네딕트(Ruth Benedict)의『문화의 유형』등이 있다. 한국에서는 한경구의『공동체로서의 회사』, 박순영·한경구의『시화호 사람들은 어떻게 되었을까』, 영국의 한국계 교수인 권헌익의『학살 그 이후: 1968년 베트남전 희생자들을 위한 추모의 인류학』등이 이 방면의 중요한 저서라고 할 수 있다.

### 3) 심층면접법, 질적면접법

심층면접법은 질적면접법(qualitative interviewing)이라고도 할 만큼 질적 방법의 동의어로 쓰인다(윤택림, 2004: 65). 그러나 질적 방법에는 문헌분석법이나 참여관찰법, 구술사 방법론 등도 있어서 심층면접법은 질적 방법의 중요한 방법 중 하나일 뿐이다.[4]

심층면접법은 여러 가지 점에서 유용하다. 첫째, 이 방법은 그 어떤 조사에서도 사용할 수 있다. 모든 양적 방법이나 질적 방법에서 심층면접법은 필수적이다. 연구자는 피면접자(구술자)에게 연구 목적이나 연구 내용을 제대로 설명해줄 책무가 있다. 그러한 설명은 문서로 제시할 수도 있지만, 피면접자(구술자)에게 제대로 이야기해야 피면접자가 조사에 응할 수 있다. 둘째, 이 방법은 다른 조사 방법에서도 적용된다. 설문지 조사에서는 조사 전에 설명하는 일뿐만 아니라, 설문지 조사 후 응답자의 불확실한 설문 응답에 대해 보완 면접을 해서 타당도를 높이는 데에 유용하다. 소비자 만족도 조사나 광고나 각 분야의 마케팅 조사에서도 설문지 조사로는 파악하기 어려운 구매자의 심리적 요인이나 동기 등을 파악하는 데에 유용하다. 셋째, 이 방법은 참여관찰 때에는 물론이고 문서를 창출하거나 활용할 때에도 적용된다. 문서를 작성하는 과정에서도 문서나 심지어는 통계자료의 불확실한 사항에 관해서는 관련자를 상대로 심층

---

4  심층면접법에서는 일반적으로 인터뷰어(interviewer)를 면접자나 조사자로, 인터뷰이(interviewee)를 피면접자나 응답자로 칭하는 것이 통례다(홍두승, 2012). 반면 한국의 구술사 방법에서는 전자를 면접자로 호칭하는 것은 동일하지만, 후자는 인터뷰이로 부르기보다는 구술자로 호명하는 것이 관례다.

면접법을 통해 확실시하거나 보완할 수 있다. 예컨대 정부나 공공기관의 발간 자료나 특정 저자의 글을 참고할 때에도 불확실한 부분에 대해 면접해서 잘못을 정정하거나 부족한 사실을 보완할 수 있고, 때에 따라서는 면접 과정에서 새로운 추가 자료를 발견할 수도 있다. 넷째, 이 방법은 학술적 조사뿐만 아니라 입학, 입직, 오디션(audition) 과정에서도 사용되어, 지원자의 지원 의사나 해당 방면의 지식, 인성, 태도 등을 파악하는 데에 도움이 된다.

심층면접법의 특징은 첫째, 설문지 조사와는 달리 상대적으로 비공식적·비구조적 형태의 대화로 이루어진다는 점이다. 둘째, 일상적 수다와 달리, 대화 주제가 화제 중심적이거나 구술 생애담이어서 전기(傳記)적 방식을 취하기도 한다. 셋째, 심층면접법은 연구자의 기획을 통해서 출발하지만, 그 결과 자료는 피면접자(또는 구술자)와의 상호작용으로 만들어진다.

심층면접법에는 다음과 같은 종류가 있는데, 그 내용을 간단하게 살펴보기로 하자.

첫째, 일대일 면접법이다. 일대일 면접 조사법은 특정 주제에 관해 연구자(또는 면접자, 인터뷰어)와 피면접자(구술자, 인터뷰이)가 대화식으로 이야기하는 방식을 취한다. 예를 들면 소비자 만족도 조사에서 면접자와 피면접자 간에 신제품을 알게 된 계기나 사용 후 소감, 불만 사항과 개선점 등을 이야기하는 것이다.

둘째, 구술사 방법론은 일종의 일대일 면접 조사다. 구술사 연구에서는 대개 구술자의 생애담을 이야기한다는 점에서 구술사 방법론은 심층면접법의 일종이지만, 그 역은 반드시 성립되지 않는다. 그리고 구술 생애사를 조사한다고 하더라도 화제를 어디에 맞추느냐에 따라 동일한 생애담이 나오는 것은 아니다. 따라서 구술사 조사를 하더라도 대개는 주제별 생애사 연구가 된다. 예컨대 여성의 전쟁 경험을 조사할 때와 시집살이 여성의 전쟁 경험을 조사할 때에는 그 결과가 다르다. 전자에서는 여성이 구술자로서 자신의 생애를 회고하면서 전쟁 시기에 자신이 목격한 것이나 피난살이를 한 것 등을 자연스럽게 이야기한다(김귀옥, 1999). 그러나 후자에서는 연구자가 시집살이 이야기를 중심으로 생애담을 풀어 나가려 하면, 구술자인 시집살이 여성 자신은 전쟁과 시집살이가 무관한 것으로 판단해 전쟁이나 피난살이 문제를 별로 언급하지 않은 채 생애담을 전개하는 것을 볼 수 있다(김귀옥, 2012).

셋째, 일대다 면접(focused group interview)이다. 이 조사법은 특정한 주제에 관해 그룹을 구성해 토론 방식으로 조사하는 것이다. 예를 들어 지역 개발을 둘러싸고 해당 지역 주민들과 토론해서 지역 개발에 대한 인식, 기대감, 문제점을 발견하고, 나아가 지역 주민들이 지역 개발을 둘러싸고 정부나 기업, 사회단체, 개인 간에 어떤 관계를 맺는가를 발견할 수 있다. 김귀옥과 윤충로는 1980년대 민주화운동에 참여했던 사람 10여 명을 상대로 한 집단토론 면접에서 1980년대 민주화운동의 성격이나 386세대에 대한 논쟁, 민주화운동 이후 명예와 보상 문제, 향후 민주화운동의 전망 등을 둘러싸고 면접을 진행했다(김귀옥·윤충로, 2007). 토론에 참여한 사람들은 모두 할 말이 많았으므로 사회를 민주적이면서도 공정하게 수행하는 것이 중요했다.

넷째, 면접 항목의 성격에 따라 반구조화된 면접법과 비구조화된 면접법으로 나눌 수 있다. 설문지 조사가 구조화된 면접법의 예라면, 반구조화된 면접법은 특정한 주제의 질문을 구성해 그 순서대로 진행하되, 설문지 조사처럼 답이 주어져 있지 않은 방식이다. 비구조화된 면접법은 큰 주제만 있을 뿐 질문과 응답은 거의 하지 않고 피면접자의 이야기를 중심으로 조사하는 것을 말한다.

제4장

:

구술사 방법론의 정의와 특성

# 1. 구술사의 정의

구술사 방법론(oral history methodology)은 질적 연구 방법론(qualitative research methodology)[1]의 하나다. 우선 구술사 방법론은 구술사를 과학적으로 접근하고 분석하기 위한 인식 틀이자 수단으로, 사람과 세계를 이해하기 위한 과학의 일환이라고 할 수 있다.

구술사 방법론에 관한 이론서들을 보거나 구술사 관련 연구 보고서를 보아도 구술사를 가장 잘 정의한 것을 찾기란 쉽지 않다. 게다가 한국의

---

1 '사회조사법'을 중심으로 진행되는 양적 연구 방법론보다는 질적 연구 방법론에 포함되는 방법론이 더 포괄적인 편이다. 언어와 기억을 매개로 하는 구술사 방법론 외에도 1·2차 문헌자료를 중심으로 하는 텍스트 분석법(text analysis), 영상물 분석법 등 다양한 방법론이 있다.

구술사 연구는 아직 일천해, 아직까지는 대체로 서구의 구술사 논의나 한국의 구술사 초기 연구자들이 내린 정의를 취하는 것을 볼 수 있다. 밸러리 요우(Valerie R. Yow, 1994)는 구술사(oral history)라는 말을 생애사(life history), 자기 보고서(self-report), 개인적 서술(personal narrative),[2] 생애 이야기(life story), 구술 전기(oral biography), 회상기(memoir)[3], 심층면접법, 구술 증언(testament; Hoope, 1995[1979]) 등을 포괄하는 개념으로 사용한다. 한편 구술사는 생애담을 전제하므로, 구술사와 구술 생애사(oral life history)는 대체로 중복어라고 할 수 있다(윤택림, 2004: 99).

또한 구술사는 구술자와 연구자(또는 면접자)[4]와의 끊임없는 상호작용을 통해 이루어진다. 우선 구술자(interviewee)는 자신의 생애담을 말하는 '화자'에 해당한다. 구술사 연구의 대부분은 연구자가 기획하고 주도하지만, 구술자가 없다면 성립할 수 없다. 현대사 연구에서 구술자는 많은 경우 노인층이기 쉽다. 그러나 구술자는 연구자의 기획에 따라 누구라도 될 수 있으므로 구술자의 자격에 제한은 없다.

구술자와 직접 구술 생애담을 주고받는 사람은 면담자(interviewer)와 구술사 연구자(oral history researcher), 구술사가(oral historian), 스토리텔

---

2 개인적 서술이란 생애사, 자서전, 전기보다 더 포괄적인 개념으로, 구술자의 개인적 경험과 자신과 타자들에 대한 개념을 그 주제로 하는 자기 성찰적인 1인칭 서술을 의미한다(윤택림, 1994).
3 회상기는 보고되거나(reported) 녹음된(taped) 것이다(Yow, 1994).
4 대개 구술사 연구에서는 연구자와 면접자가 일치하는 사례가 많으나, 현지 조사를 하는 면접자와 연구자가 분리되는 사례가 있어 연구자(또는 면접자)라고 표현했다. 따라서 이하에서는 연구자로 명명한다.

러(story-teller) 등으로 불린다. 일반적으로 구술사 연구에서 연구자 자신
이 구술자와 직접 면담한다면 연구자와 면담자는 일치하지만, 연구자와
면담자로 각각 역할을 나누었을 때에는 연구자와 면담자가 협력관계에
있되 불일치하게 된다. 불일치할 때에도 대개는 연구자가 구술사 연구를
기획하고 주도하므로 그 연구자는 구술 연구자라고 불릴 수 있다. 또한
구술자료를 대상으로 연구하는 사람도 광의의 구술사 연구자라고 할 수
있다.

또한 구술자에 대응하는 사람에는 구술사가라는 용어도 있다. 구술사
가는 구술 생애담을 기초로 하는 역사가로 정의할 수 있다. 만일 연구자
자신이 구술사 연구를 하는 역사가로서 정체성을 가진다면 구술사가라
는 용어를 채택하겠으나, 역사가적 정체성이 없다면 구술사가라고 할 수
는 없을 것이다.

또한 스토리텔러는 우리말로는 이야기꾼이나 강담사(講談師), 또는 재
담(才談)꾼이라고 할 수 있다(임형택, 1975). 스토리텔링을 이야기를 만들
어 전달하는 내용과 기술, 매체를 아우르는 서사 방식(윤유석, 2010)이라
고 한다면, 스토리텔러는 서사를 담화하는 사람[5]이라고 할 수 있다. 『아
라비안 나이트(The Arabian Nights)』는 중동 지역의 전형적 스토리텔러의
구전문학(정성연, 2010)이라고 할 수 있다. 그리고 한국의 이야기꾼은 '이
야기 구연 능력을 잘 발휘하는 유능한 화자'(신동흔, 2011)라고 할 수 있다.

---

5  2000년대에 들어 한국에서도 스토리텔링이 문화콘텐츠학과 함께 보급되고 있다.
   이는 1990년대까지 한국의 학풍이 이성을 바탕으로 한 논리적·인과적 설명을 중
   시했던 것에서, 디지털 시대에 들어서는 감성을 바탕으로 한 묘사와 즐거움을 공
   유하는 방식으로 변화하고 있음을 의미한다.

현대의 스토리텔링은 생애담을 토대로 지역사, 문화사, 소설, 드라마와 같은 대중매체의 소재가 되는데, 그러한 매체의 콘텐츠를 이야기하는 사람이 바로 이야기꾼, 즉 현대의 스토리텔러라고 할 수 있다.

구술사의 정의는 연구자마다 조금은 차이가 있으나, 이 글에서 구술사는 구술자의 기억이 연구자와의 구술 과정을 통해 이야기되고 문자화되면서 역사적 자료로서 지위를 부여받는 것으로 정의하고자 한다.


## 2. 구술사의 특성

구술사의 특성은 두 가지 차원에서 살펴보는데, 구술사의 일반적 특성을 살펴본 후, 한국 구술사의 특성을 살펴보도록 한다.

### 1) 일반적 구술사의 특성 1: 장점

일반적으로 구술사는 어떤 특성을 갖는가? 여기에서는 구술사의 특성을 장점과 단점으로 나눠 살펴볼 것이다. 먼저 장점을 중심으로 구술사의 특성을 살펴보도록 하자.

우선 구술사의 가장 큰 장점은 역사적 기록을 남기지 못한 사람들을 연구하는 데에서 발휘된다. 예컨대 극소수의 상층을 제외한 여성, 노동자, 사회적 약자(장애인, 동성애자, 노인, 어린이, 노숙자, 소수민족, 사회적 사각지대에 놓인 다양한 사람들), 외국인이나 이주민과 디아스포라와 관련된 자료는 정부 기관에서 제출하는 통계자료나 신문 등의 언론 기사를 통해 드러날 뿐, 그들의 삶과 행동, 동기, 일상생활, 국가와의 관계 등에 대해서는 잘 기록되어 있지 않다. 예컨대 전쟁에 관해서는 오랫동안 국가적 입장에서 외교 정책이나 군경 부대의 활동과 전투, 전쟁의 기원과 결과 등을 중심으로 연구되었을 뿐이다. 반면에 전쟁이나 구체적 국가 폭력에 대응하는 민중의 모습이나 피해, 민중적 관점에서 본 전쟁의 실상이나 결과, 예를 들면 대량 학살의 실상과 결과, 피난과 경제 생활상, 가족의 이산 상황 등 사회적 관계의 변화상, 변화된 문화 등은 제대로 기록되어 있지 않다. 그리고 그러한 문제에 접근하는 방법론 중 강력한 방법론으로는 서구에서나 한국에서도 구술사만한 것이 없다.

또한 사회적 약자에 대해서도 정부의 자료는 주로 통계 수치로 처리되는 경우가 많다. 예를 들면 정부 통계에서 발표되는 장애인 또는 특정 병자의 규모와 지원 정책 내용을 현지 조사 과정에서 발견되는 장애인의 규모와 실제 지원 내용과 비교하면 큰 차이가 있음을 알 수 있다. 구술사 조사는 장애인의 전체 규모를 드러내는 데에는 약하지만 지역 차원의 실태를 보고하는 데에는 유용하다.

한편 구술사는 엘리트 연구에도 장점을 보인다. 미국이나 유럽에서 구술사가 1960~1970년대에 본격적으로 연구될 때, 구술사는 비엘리트를 지향해 아래로부터의 연구(김봉중, 2003: 254~256)를 주로 해왔다. 그러나 정치적으로 억압당한 엘리트(Hoope, 1995[1979]) 역시 역사의 전면에 오르지 못함은 비엘리트와 유사하다고 할 수 있다. 예컨대 민주화운동가나 식민지의 민족해방운동가, 독립운동가, 반체제 활동가, 혁명가 등의 운동에 대한 기억에서 일상생활에 이르기까지 전반적 활동이나 의식, 무의식의 문제에 접근하는 데에는 구술사만한 방법론을 발견하기 어렵다. 특히 한국처럼 식민지 정권과 독재 정권을 거치는 과정을 통해 국가에서 생산한 1차 자료들조차 왜곡되거나 은폐되고 분실되어 훼손이 심한 경우라면, 해방이나 민주화 과정의 비지배적 엘리트 구술사 연구는 역사적 사실을 복원하는 데에 중요한 방법론이 될 수 있다.

둘째, 구술사 연구는 쌍방향적 과정을 특징으로 한다. 구술 생애사 외의 심층면접법이나 참여관찰법과 같은 질적 현지 조사도 쌍방향 연구를 할 수 있지만, 연구자와 구술자의 관계가 구술 생애사만큼 쌍방향적이지는 못하다. 뒤에서 구술 조사 과정을 자세히 언급하겠지만, 연구자가 조사 기획 단계에서 연구 주제를 결정하더라도 구술자의 구술 과정에 따라 결론이 수정되는 것은 말할 것도 없고, 연구 가설이 수정되는 사례도 많다. 심지어 연구 주제도 구술 과정에 따라 바뀌며, 연구자가 구술자의 삶에 동화되어 현지화하는 일도 드물게 있다. 이처럼 구술사 연구는 쌍방향적이므로 연구자는 구술자에 대해 그만큼 책임이 크다.

셋째, 구술사 연구는 한 사람이나 한 집단의 행동에 대한 내면의 동기, 이유 등을 파악하는 데에 탁월하다. 문헌자료에서나 통계자료에서는 드러난 현상의 인과를 파악하려면 행간을 읽는 과정, 논리적 판단 자료의 수집, 분석과 상상력을 통한 추론 과정 등이 필요하다. 반면에 구술사 연구에서는 연구자가 구술자에게 행동의 동기나 이유를 질문할 수 있다. 물론 이 경우에도 구술자가 생각하는 내면의 동기에 대한 묘사와 객관적 상황에는 거리가 있을 수 있다. 구술자의 주관적 생각과 이해와 객관적 조건 사이에 있는 '거리'를 연구자가 읽어내려면 이론적 민감성(theoretical sensibility)이 필요하다.

넷째, 구술사 연구는 문화사, 일상사, 지방사, 부문사 등에 탁월하다.

대체로 정부기관이나 언론기관을 포함한 공식 부문에서 생산한 1차 자료들은 공식 정책이나 최고 의사 결정자들의 공식 발언이나 통계자료 등에 토대한다. 그러한 자료에 기초한 실증주의적 연구는 공식 역사, 국가 중심의 역사, 제도사나 정책사와 같은 거시사가 되기 마련이다. 그러다 보니 사람의 역사, 민중, 여성, 노동자, 지방민, 사회적 약자들의 삶과 활동은 역사에서 배제되거나 기록되더라도 국가에서 동원하는 존재로 기록될 뿐이다. 반면에 구술사는 사람들의 생활과 국가 정책과 지배 이데올로기의 수용과 일탈, 복종과 저항, 일상생활, 의식이나 정체성의 형성 과정에 접근하도록 해준다.

다섯째, 구술사는 침묵의 기억에서 구술자를 해방하거나 치유하는 역할을 할 수 있다. 일반적으로 이야기는 아무리 슬픈 이야기일지라도 말하거나 듣는 사람이 공유하는 과정에서 즐거움과 시원함을 준다. 전제 왕조시대에 억울함이 많은 신분층들은 이야기를 통해 모순된 세상을 꼬집고 자신의 무용담을 통해 자긍심을 회복할 수 있었다. 이야기 중에는 경천동지(驚天動地)할만한 내용을 담은 이야기도 있다. 소설가 황석영이 말하듯 동학과 천도교의 최제우와 최시형은 '사람이 하늘이다'라는 선언을 이야기를 통해 전달했다. 그러므로 '큰 이야기꾼'(황석영, 2012: 494)일지도 모르겠다. 임형택은 조선조 후기 이야기꾼의 사회적 역할은 '양반에 대한 야유로서 저항적인 민중 의식을 신랄하게 표현한 것'이었고, 민중이 '저항적인 민중 의식'을 갖도록 하는 데에 있었다고 본다(임형택, 1975: 300). 이렇게 이야기는 개인적으로나 사회적으로 시원한 해방감을 가져다줄 수 있다.

구술사의 내용이 되는 구술 생애담 자체가 반드시 해방적 내용을 갖는 것은 아니다. 그런데도 구술자는 자신이 주인공이 되어 자신의 생애담을 이야기하고 침묵화되어온 사연을 발화하는 가운데 자존감을 회복하거나 공포와 억울함, 고독감에서 일정 정도 탈피할 수 있다. 특히 사회적으로 정치적으로 억압당해온 사람일수록 구술 증언을 하는 과정에서 해방감을 크게 가질 수 있다. 왜냐하면 그러한 사람이 구술 증언을 한다는 것은 그 사람이 겪은 경험이 공론화될 수 있거나, 역사적으로 조망받고 있기 때문이다. 이 문제는 아래에서 좀 더 논의해보기로 한다.

## 2) 일반적 구술사의 특성 2: 단점

이러한 장점에도 구술사는 많은 단점과 한계를 가진다.

첫째, 구술사 방법론이 가장 많이 도전받는 문제는 기억의 **정확성** 문제다. 구술사 연구를 한다고 하면 "기억이 정확한가?"나 "기억이 믿을 만한 것인가?" 같은 질문을 빠지지 않고 받는다.

일반적으로 신체적 노화와 기억은 반비례한다고 한다. 그러나 이 말이 항상 옳지는 않다. 일정한 나이까지는 나이가 들어도 어린 시절이나 젊은 시절의 인상적인 일, 충격적인 일, 처음 시작하는 일의 기억이 명확한 편이다. 또한 젊더라도 일상화되거나 타성화된 일은 얼마 되지 않아 기억이 흐려진다. 노화의 정도도 사람마다 차이가 심하다. 비록 70~80대의 노인일지라도 기억이 활성화된 사람은 기억력이 반드시 약화되지는 않는다.

또한 학력과 기억은 정비례한다고 보는 편이지만, 경험적으로 반드시 옳지는 않다. 예를 들어서 구술사 조사를 하다보면 낮은 학력의 빨치산 출신 노인들이 자신의 경험을 소상히 묘사하는 편임을 알 수 있다. 반면에 인텔리 출신의 빨치산은 생생한 묘사보다는 추상화된 설명이 앞서고, 연상적 기억을 회고하는 경향이 강해, 사실적 묘사나 구체적 기억을 재현하는 것은 어려운 경우가 많았다. 또한 노동사 과정에서도 비슷한 경험을 했는데, 지식인 출신 노동운동가의 기억은 비구체적이고 정확성이 떨어지는 부분이 많은 반면, 노동자 출신 노동운동가의 기억은 구체적이고 생생한 편이었다.

기억의 정확성과 관련한 예로 1951년에서 1954년까지 속초 지역에서 시행된 군정(軍政)[6] 관련자 조사를 살펴보도록 하자. 1952년경에 속초 지역에 있던, 1군단의 종군신문사로 알려진 ≪동해일보≫[7]의 기자였던 사람을 면접하는 도중이었는데, 그가 부지불식간에 당시 속초 지역에 주둔했던 민사처장의 이름을 말했다. 그 민사처장이었던 사람을 조사하려고 충남 계룡대에 있는 육군본부 자료실에서 이름을 조회하자 같은 이름을 가진 사람이 나왔다. 당시의 주소는 알 수 없었지만, 대신 육군사관학교 몇 기라는 정보를 다행히 얻을 수 있었다. 그런 다음 육군사관학교 동창회 측과 통하는 사람에게 부탁해서 육군사관학교 동창 명부에서 연락처를 알아낼 수 있었다. 마침내 그에게 연락했을 때, 그는 군정 당시의 민사처장 경력을 잊고 살았으나 면담 과정에서는 당시 상황을 생생하게 기억

---

6 한국전쟁 당시 미군이 중심이 된 연합군은 속초 지역과 양양 지역을 포함한 38도 이북을 점령하면서 그 지역을 3년간 군정으로 통치한 후, 그 통치권을 1954년에 대한민국 정부에 이양했다(김귀옥, 2000a; 한모니까, 2009).

7 ≪동해일보≫는 1950년대 초 무렵에 속초 지역에 주둔했던 육군 1군단의 종군신문사로 출발했다. 그 후 ≪동해일보≫는 민간신문사로 바뀌었으나 얼마 못 가 폐간되었다(김귀옥, 2000a).

해서, 군정과 관련된 여러 가지 사실을 접할 수 있었다. 그리고 그러한 과정에서 나는 기억의 놀라운 역할을 접했다. ≪동해일보≫의 기자였던 사람은 그 민사처장이었던 사람을 1952년에 1년 남짓 만난 후, 한 번도 만난 적도 연락을 나눈 적도 없이 잊고 살았지만, 구술 조사 과정에서 불현듯 그 민사처장이었던 사람의 이름을 정확하게 기억해냈다. 이러한 일이 우연이었을까? 만일 그런 경험을 단 한 번만 했다면 우연이라고 하겠지만, 20년 가까이 구술 조사를 하는 동안 평범한 사람들의 세밀한 기억에 감탄한 일이 한두 번이 아니었다. 따라서 기억을 완전무결한 것으로 받아들이기는 곤란하지만, 기억은 1차 자료의 하나로 취급할 수 있다.

한편 우리가 구술 연구를 하는 가운데, 구술 내용에 어떠한 의미를 부여할지에 관해 민감해야 할 때가 많다. 때로는 '정확한 사실'을 좇기도 하고, 또 다른 때에는 '재현적 상황'을 좇는다. 구술자가 한국전쟁 당시 월남한 날짜나 장소, 사람의 이름을 정확하게 기억하지 못하거나, 빨치산이 지서를 공격한 날짜나 과정을 정확히 기억하지 못하거나, 어떤 개인이 자신이 이사한 날짜나 과정을 정확하게 기억하지 못한다고 해서 잘못된 기억이라고 하기보다는, 구술자가 말한 핵심은 월남한 사실, 공격한 사실, 이사한 사실 그 자체에 있다고 이해할 필요가 있다.[8] 그러나 학자라면 구술을 듣고 재현하는 것에서 그쳐서는 안 된다고 생각한다. 사실의 차원이

---

8 함한희가 강조하는 부분도 바로 여기에 있다. 즉, "우리가 구술사에서 취할 수 있는 것이 정확한 연대나 사건발생의 장소와 같은 것은 아니다. …… 구술한 내용의 핵심은 몇 십 년이 지나도 같았다. 바로 그러한 것이 구술자가 말하고 싶은 것이었다. 그의 이야기에서는 싸운 대상이 문제가 되는 것이 아니라 그 전쟁 자체였다"(함한희, 2000).

건, 맥락의 차원이건, 구술자가 얘기한 핵심에 최대한 근접하려는 노력이 필요하다. 때에 따라서는 구술 현장을 벗어난 후 구술자들이 말하는 지점이나 시간에 대해 전후좌우를 밝히는 연구도 추가적으로 수행해야 한다.

둘째, 기억의 신뢰도에도 늘 문제가 제기된다. 신뢰도란 한 번 조사한 것을 반복해서 조사해도 일관성 있는 결과를 얻을 때 보장될 수 있다(Kirk and Miller, 1992). 양적 조사에서도 신뢰도는 늘 문제가 되지만, 구술사 연구에서는 신뢰도 문제를 완벽히 보장한다는 것은 사실 불가능하지 않을까 싶다.

예를 들어 나는 속초에서 현지 조사차 6개월간 생활하면서 그곳의 노인이나 주민들에게 비교적 높은 신뢰관계를 형성했다고 느꼈다. 그런데 그때 나와 인터뷰했던 한 노인은 구술 과정에서 한국전쟁 당시 월남하게 된 것은 "총을 멘 국방군(국군)이 원산까지 델버 나와 달라고 해서"라고 했다. 즉, 상세하게 묘사된 상황을 보건대, 그 노인은 1950년 12월 4일에 유엔군이 북한 지역 철수를 명령한 직후 그 지역에 일시 주둔했던 한국군의 철수 작업을 지원하지 않을 수 없는 조건에서 월남도 피난도 인식하지 않은 상황에 부닥쳐 있었고, 그래서 월남 동기는 없었다. 그런데 문제는 묘한 지점에서 발생했다. 어느 방송사 기자가 속초 청호동에 찾아와 그 노인과 인터뷰하면서 "할아버지, 왜 월남했어요?"라고 묻자, 아무 망설임 없이 "빨갱이 싫어서 왔지"라고 대답하지 않는가. 다시 "할아버지 누가 제일 보고 싶으세요?"라고 묻자, "시집도 못 보내고 온 막내 여동생 ……" 이라고 대답했다. 나에게는 "'잠시 갔다 올게'라는 말도 못한 마누라와 첫 아이가 늘 눈에 밟힌다"라고 얘기했었다. 이러한 예를 피상적으로 보면 그 노인의 답에는 일관성이 없고, 따라서 신뢰도가 없다고 말하게 된다.

그런데 그러한 경우 신뢰도 문제를 보장하지 못하는 것은 사람의 기억력이 지닌 한계 때문인가? 자신의 경험을 일관성 있게 진술하지 못하는 것은 기억력의 한계나 망각에도 일정한 원인이 있겠지만, 정치적으로 예민한 문제이거나 다른 사람과의 관계에서 영향을 받는 문제일 때, 즉 '생존 본능'이나 '정치적 판단' 등에 영향을 받는 문제라는 점에 기인하는 바가 크다. 특히 한국처럼 반공주의 독재 정권하에서 수십 년 동안 반공주의를 내면화한 민중은 상황에 따라서 자신의 경험을 직설적으로 언급할 수도 있으나, 스스로 '자기 검열'을 해서 왜곡하기도 하고, 상황에 의해 억압당할 수도 있다.

한편 신뢰도 문제에서 일관성 있는 대답이 반드시 중요한가 하는 문제도 제기될 수 있다. 일반적으로 사회조사에서는 신뢰도를 높이는 방법으로 반복을 통한 일관성을 중시하지만, 대면성을 전제하는 구술 조사에서는 기대하는 만큼의 반복을 통한 일관성 확보가 어려울 때가 많기 때문이다. 구술자와 면담자 간의 라포(rapport)의 형성 정도와 권력관계나 객관적인 사회정치적 상황의 영향력 등에 따라 응답은 달리 나타난다. 어떤 문제나 어떤 사람은, 특히 인터뷰에 많은 경험을 가진 사람일수록 질문에 대해 '정답'을 가진 사례가 종종 있다. 그러나 구술사 조사를 장시간 하다 보면 웬만큼 천재가 아닌 이상, 장시간에 걸쳐 반복적으로 체계적인 거짓말을 지속할 수 있는 사람은 드물다는 것을 발견한다. 따라서 숫자로서 경험이나 의식을 표출하는 양적 방법보다는 질적 방법이 이러한 문제를 극복하는 데에 장점이 있고, 질적 방법론 중에서도 참여관찰을 할 수 있고 장기간 체류할 수 있는 현지 조사와 구술사 조사를 결합하는 것이 가장 큰 장점을 가진다.

셋째, 말과 사물의 일치성에 관한 문제도 제기될 수 있다. 언어가 갖는 기표와 기의가 불일치하는 것은 이미 많은 연구에서 지적되어왔다. 월터 옹(Walter J. Ong, 1997[1982])이 지적하듯, 문자가 없는 일차적인 구술성[9]에 기초한 사회에서라면 전문적인 구술 전승자를 양성함으로써 말과 사물의 일치도를 높여나갈 수 있다. 그러나 오늘날과 같은 문자 사회에서 1차적 구술성을 가진 사람이나 비지식인적 삶의 방식을 취하는 사람은 기억 훈련의 경험이 부재하거나 적으므로 말과 사물의 일치도를 어떻게 보장하는지가 과제다.

다소 극단적 예이기는 하지만, 영화 〈황산벌〉(감독 이준익, 2003년 작)처럼 구술자가 "거시기할 때까지 갑옷을 거시기한다!"라고 말할 때, 면담자가 전라도 출신이 아니라면 '거시기'를 일종의 암호로 여기게 된다. 또한 경상도 사람이 말하는 "가가 가가?"라는 말은 맥락을 모르는 한, 뜻을 알수 없는 음성 부호에 지나지 않는다. 그리고 일제 강점기 민중에게 권력의 화신으로 통하는 '순사'나 분단 시대의 '빨갱이'라는 말에서, 순사가 직위로서 순사를 가리키는지, 또는 '빨갱이'의 정확한 기준이 무엇인지는 대단히 모호하다. 시간을 가리킬 때에도 대개 "네다섯 시쯤 된다"라고 말하지만 부정확할 때가 허다하다. 일반적으로 한 집단에서 통용되는 문화에 대해 알지 못하는 문화권 밖의 사람은 그 집단의 문화가 낯설 수밖에 없다. 또한 민중이 구사하는 구어는 표준어나 공식적 어휘보다는 일상생활어, 사투리와 방언, 비문(非文)투성이로 이루어졌을 가능성도 높다. 대

---

9  일차적인 구술성은 옹의 용어다. 옹은 일차적인 구술성을 "쓰기(writing)를 전혀 알지 못하는 사람들의 구술성"으로 명명했다(Ong, 1997[1982]: 14).

체로 표준어와 표준 문법에 익숙한 면담자가 구술 맥락을 이해할 때까지는 그 뜻을 파악하기 어렵다.

그 맥락을 이해하려면 우선 구술자가 속한 문화를 이해하려는 노력을 선행해야 하고, 말 이상의 의사소통 체계를 활용할 필요도 있다. 그림이나 몸짓, 눈짓도 중요하다. 심지어 한숨, 눈물, 침묵도 중요한 의사소통 도구다. 또한 현지를 조사하는 사람이라면 그의 집안 환경이나 가족 관계를 제대로 아는 일도 중요하고, 가족들과 식사하는 시간이나 이야기를 나누는 시간을 갖는 일이 필요하다.

넷째, 말과 기억의 주관성(subjectivity) 때문에 말과 기억을 학술자료로 다루기 어렵다는 주장들은 구술사 연구에 대한 도전 중 가장 광범위한 도전이다(Thompson, 1988[1978]). 사람들은 각자의 의식과 능력에 따라 같은 사물이나 사람 또는 사건을 주관적으로 평가하고 기억하는 경향이 있다(Yow, 1994). 말에 대한 이러한 평가로 말미암아 사실상 실증주의 역사나 학문은 말이나 말로 된 자료를 무시하는 태도를 취해왔다. 이에 얀 반시나(Jan Vansina)는 기억과 구술사 자료뿐만 아니라 모든 역사적 자료에는 처음부터 주관성이 들어가 있다고 지적하며, 순수한 객관성이란 존재하지 않는다는 태도를 취했다. 왜 어떤 기억은 기록되어 문헌화되는데, 또 다른 기억은 탈역사화·비사실화되는가? 이 근본적 물음의 대답은 미셸 푸코(Michel Foucault)에게서 찾을 수 있다. 역사란 지식과 권력의 형태 중 하나다. 역사적 사실이 사회와 역사의 영향을 받듯이, 역사가의 의식도 사회와 역사의 영향을 받는다. 그러한 역사가가 집필한 역사는 객관적이기보다는 주관적 사관이나 여러 담론 중 하나에 기초한다(김기봉, 2008: 29). 이러한 인식이 바로 포스트모던적 역사관에 깔려 있다.

최근에는 우리 삶 가까이에서 사실과 허구의 경계를 무너뜨리려는 시도가 일어나고 있다(김현식, 1998, 1999; 김기봉, 2008). 근대 이성에 갇힌 사실은 이미 권력화·전체화해서 또 다른 절대주의를 낳았다. 근대 이성이 낳은 기형아의 하나인 반공주의는 그 기준에 부합하지 않는 역사나 사실을 억압하고 왜곡했다. 오히려 주관성이야말로 절대주의화한 객관주의의 신화에 도전하는 중요한 에너지를 가진다. 이러한 점에서 구술자료의 주관성은 다른 문헌자료의 타당성에 도전하는 패러다임으로서 기능한다(Leydesdorff, Passerini, and Thompson, 1996).

다섯째, 연구자가 지닌 해석권의 자의성도 문제가 된다. 구술 조사 과정이나 구술 음성을 자료화·보고서화하는 데에 연구자의 해석이 개입되는 것은 어쩔 수 없다. 구술자의 의식이나 구술 내용에 연구자가 개입하는 정도는 연구의 목적이나 조건에 따라 상이하지만, 어떠한 경우에도 연구자의 해석이 절대적으로 정확한지를 입증하기는 곤란하다.[10] 해석자의 능력과 처지에 따라 같은 기억도 다각적으로 해석될 수 있고, 자의적인 문제도 심각하게 존재한다. 그래서 해석자의 위치는 항상 세밀히 검토해보아야 하는 문제다(윤택림, 1994). 이는 구술사를 둘러싸고 지적되기 쉬운 문제이나, 학문과 이론의 권위에 대한 근본적 물음과 관련되어 있기도 하다. 결국 해석권 자체는 일종의 학문적 헤게모니 투쟁이다.

여섯째, 구술사 자료가 '빙산의 일각'이지 빙산 전체는 아니라는 점에서

---

10 해석권은 지식과 사물을 둘러싼 중요한 권력의 하나다. 해석이 정당성을 가지려면 연구자의 연구에 대한 권위, 관련 연구에 대한 충실한 수집과 분석 등 여러 가지 요소가 요구된다.

일반화 전략의 차원으로 보면, 구술사 방법론은 약점을 가진다. 그럼에도 일각으로서 개인의 삶과 생활 세계는 역사와 사회구조의 반영물이자 사회의 구성물이다(Lefebvre, 1992). 그러한 인식의 출발 속에서 빙산의 일각이 의미 있는 전체의 부분임을 파악하려면 스프래들리가 충고한 대로 '반복하는 것'과 충실한 연구와 연구자의 통찰력이 절실하다.

그 외에도 기존 연구자들이 구술자료의 사용을 꺼려왔던 이유로는 제3자가 그 자료를 검토할 수 없는 점도 들 수 있다. 그러나 현대 사회에서 좋은 녹음기와 캠코더, 디지털카메라, 트랜스 스크립터, 인터넷 등과 같은 현대적 기계 장비[11]들이나 통신시설 등이 발달하면서 그러한 우려를 불식했다(Caunce, 1994). 그리고 이러한 현대적 장비나 통신시설로 말미암아 구술자료 아카이브즈를 구축하는 일이 상당히 용이해지고 있다.

결론적으로 구술사 방법론은 자기 완결적이지 않다. 문헌자료에 기반을 둔 일정한 이론 틀이나 분석 틀, 개념 틀이 먼저 제시되어야 한다. 또한 질적 연구 방법론의 가장 기초가 되는 참여관찰법이 동반된 구술사 방법론의 수행이 되어야 한다. 면대면 조사 역시 일대일 조사뿐만 아니라, 필요하다면 집단 조사도 시행할 수 있다. 나아가 질적 연구 방법론과 쌍을 이루며 발전해온 양적 연구 방법론, 즉 사회조사 방법론과 함께 보완적으로 사용할 필요가 있다. 그러한 가운데 구술사 자료는 새로운 발견이나 기존 가설을 검토하는 지렛대가 되어줄 것이다(이재열, 1998; Yow, 1994).

---

11 기계 장비는 구술사 방법론을 확산하는 데에 중요한 역할을 했다. 그러나 기계 장비가 좋으면 좋은 구술에 도움되지만, 반드시 구술사의 질을 높이는 것은 아니므로 목적과 수단을 전치해서는 안 된다(Caunce, 1994).

## 3) 한국 구술사의 특성

우선 1980년대 한국 구술사는 비학문적 배경에서 출현했다. 초창기 한국 구술사의 관련 기록이 발표된 것은 앞에서 언급한 것처럼 1980년대다. 당시 한국 사회에서 구술사는 국가적 기록이 부재하거나 왜곡되었던 현대사의 진실을 규명하는 역할을 수행하며 등장했다. 일제 강점기 이래로 실증주의 사학이나 학문 풍토가 나름대로 뿌리내렸던 학문 분야에서는 한국 현대사나 민중사 등을 기피하는 분위기가 강했다. 그러다 보니 1980년대의 5·18 민주화운동은 말할 것도 없고, 해방 이후의 역사조차도 연구할 수 없었다. 그러한 토양에서 현대사를 기록하려면 문헌 기록만이 아니라 사람들의 기억을 수집하지 않을 수 없는 분위기가 강했다. 1980년대에 구술 증언을 주도했던 광주 5·18 팀이나 제주 4·3 팀들이 구술사를 조사했던 것은 구술사가 무엇인지 알아서가 아니라, 국가에서 금기시하는 분위기에서도 당시 사건을 잊지 않기 위한 수단으로, 즉 일종의 '감각'적으로 동원한 수단이었다.

이와 동일한 연장선에서 초창기 한국 구술사의 실천 주체는 공고한 아카데미적 경력을 가지지 않은 사람들이라는 특징이 있다. 이는 미국의 초기 구술사가 시카고학파의 거두인 로버트 파크(Robert E. Park)나 컬럼비아 대학교의 앨런 네빈스(Allan Nevins), 스터즈 터켈(Studs Terkel) 등과 같은 저널리스트 출신들이 주도했던 것(Thompson, 1990: 58; 김봉중, 2003: 255)처럼, 한국에서 구술사를 매개로 현대사의 진실을 기록하는 데에는 정용화(≪광주매일≫ 기자 출신, 현 광주전남민주화운동동지회 상임 대표)나 이재의(≪광주일보≫ 기자)와 같은 기자 출신들이 중요한 역할을 했다.

1990년대 이래로는 학계에서도 구술사와 관련한 업적을 생산하고 있지만, 언론사의 심층 취재는 여전히 구술사와 만나는 가능성을 열어놓고 있다. 그 한 예로는 한국방송공사가 해방 60년을 기념하고자 제작한 "우리는 8·15를 어떻게 기억하는가" 시리즈의 1부로, 총 4편이 방영된 〈TV 구술사〉를 들 수 있다. 문화방송의 〈이제는 말할 수 있다〉 역시 구술사 방법론을 적극 활용한 예라고 할 수 있다. 또한 민족문제연구소는 국가보훈처 프로젝트로 2005년 4월부터 독립운동가 280명이 구술하는 〈영상기록, 생존 독립운동가의 일상(가칭)〉을 제작할 것을 기획한 바 있다(연합뉴스, 2005.3.31).

또한 초창기 한국 구술사가 자리매김하는 데에는 민속학이나 중요한 구비 전승학이 중요한 영향을 미쳤다. 한국의 민속학은 실학에서 내려온, 현지 조사를 토대로 한 연구 계통과 일제가 이식한 근대 민속학의 연구 계통이 결합해 내려오고 있다.[12] 민속학은 대개 전통문화를 발굴하고 복원하면서 설화, 판소리, 굿, 민요, 농요, 구비 전승 문학 등 급속한 산업화

---

12 민속학계의 오래된 쟁점 중 하나가 한국 민속학의 자생성이다. 박계홍(1988)은 한국 민속학이 일제의 민속학에 영향을 받아 1920년대에 최남선이나 이능화 등을 통해 본격적으로 연구되었다고 보는 입장이다. 반면에 인권환(1997)은 한국 민속학이 17~18세기의 실학에 뿌리를 두고 싹텄고, 1900년대 초의 선각적 국학자들에게 계승·발전되어 1930년대에는 일본을 통해 서구의 과학적 민속학과 접목한 것으로 본다(인권환, 1997: 4). 남근우(2008)는 '조선 민속학'은 한국인의 민족정신을 말살하려는 식민지 정책 수립의 한 방법인 지배 담론과 식민지 민속학에 대한 소극적 저항 담론의 변증법 속에서 형성되었다고 본다. 한편 한국의 민속학은 해방 후의 부진 속에서 역사학과 국문학의 사이에 놓여 정규 학제로 성장하지 못하다가 1979년에서야 안동대학교에 민속학과가 생기면서 한국의 전통문화를 발굴하고 정리하는 일에 주력하게 되었다.

속에서 사라지는 민속자료를 수집해 정리하는 일을 주로 해오고 있다. 그러한 과정에서 제주 4·3 팀들은 제주의 굿 연구를 빌려 무당의 굿 속에 배인 제주 4·3 사건의 진실을 조사하면서 『이제사 말햄수다』를 발간했다.[13] 김성례는 문화인류학적 현지 조사와 무속 연구를 결합해 제주 4·3 사건에 접근하는 성과를 보이기도 했다.[14] 민속학은 비록 현대사 문제를 직접적으로는 드러내지는 못했으나, 민속이라는 양식을 통해 그러한 관심에 접근할 수 있는 방법론이 되기도 했다.

다음으로 한국 구술사 연구의 주제를 살펴보면, 초창기에는 한국 현대사, 전쟁과 학살, 일본군위안부, 여성, 탈북자 등의 주제에 한정되었다. 그러나 2000년대에 이르러 강제징용이나 항일운동, 해방과 전쟁기 등을 포함한 현대사 문제에서 일상생활에 걸친 주제를 다루었고, 사회적 소수자로서 노인, 동성애자, 장애인, 비전향 장기수, 양심수, 외국인 이주민 등의 문제를 다루었으며, 체육, 의료, 복지, 과학, 대중매체, 영화를 포함한 예술 분야에 이르는 다양한 분야와 연구 주제도 다루어, 한국학의 주제를 넓혀나갔다. 또한 1990년대까지는 구술자료를 수집하고 보고서를 남기는 데에 주요 관심이 있었다면, 2000년대에 이르러서는 구술자료를 수집하고 관리하는 일에 관심을 보이며 구술기록관리학에 관련한 주제를 다룬 연구서를 생산하기 시작했다.

---

13 문무병 제주4·3연구소 이사장 전화 인터뷰(2013년 1월 9일).
14 인류학적 현지 조사에 토대한 최초의 구술사 연구라 할 수 있는 것으로는 Seong Nae Kim, "Chronicle of violence, ritual of mourning: Cheju shamanism in Korea"(doctoral dissertation of Anthropology, University of Michigan, 1989)를 들 수 있다.

## 3. 구술사의 구성 요소

구술사는 말과 글, 기억과 망각 등으로 이루어진다. 우선 구술사의 기본 구성 요소인 말과 글의 특성을 살펴보도록 한다.

### 1) 구술사와 말과 글

구술사는 말로 시작한다. 연구자와 구술자는 질문을 던지고, 구술자는 그 질문에 따라 자신의 생애담을 이야기하는 방식으로 구술사 조사 과정이 이루어진다.

말은 구술자와 연구자를 잇는 매개물인 동시에, 구술의 형식이다. 말은 인류가 의사소통을 할 수 있는 보편적 매체인데, 그 내용은 사회적·역사적으로 구성된다. (거의) 모든 사람은 인간과 교류하면서 말을 하지만, 어떤 특정한 말을 함으로써 집단적 정체성을 갖게 된다. 또한 말은 의식과 구분될 수 없는 것(Ong, 1997[1982]: 19)이지만, 특정한 말은 의식을 구조화한다. 예를 들어 한 아이가 세상에 태어나 최초로 습득한 언어가 한국어라면, 사고와 의식을 한국어로 구성하고 그 말을 통해 한국의 문화, 규범, 관습 등을 배우며 한국인이라는 정체성을 획득하는 것이다.

이야기(서사, narrative)를 하는 것, 즉 구술을 행하는 구술자에게 구술언어는 자신의 인생이며 의식이자 기억이다. 기억을 100% 언어화할 수는 없다. 기억을 구술하는 과정에서 구술자는 기억을 재현하려고 말 외에도 여러 가지 수단을 동원한다. 즉, 이야기 외에도 감탄사, 몸짓, 손짓, 표정, 침묵, 웃음, 눈물 등의 수단을 동원한다. 이러한 과정에서 구술자의 고통에 찬 이야기는 하나의 재현적 서사가 되어 듣는 사람에게는 일종의 재미를 전달하기도 한다.

이러한 점에서 구술자의 이야기는 이야기꾼의 이야기와도 유사하다. 구술자의 이야기나 이야기꾼의 이야기는 모두 어떤 사람의 생애나 사건이 전개되는 과정을 이야기한다는 것에서 공통점이 있다. 또한 두 이야기 모두 즐거움을 준다. 때에 따라서는 이야기에 치유의 기능도 있다.

그러나 이야기꾼[15]의 이야기는 전문 이야기꾼이 풀어나가는 재미있는 이야기(임형택, 1975: 286~287)라고 할 수 있는 반면, 구술자의 이야기는 전문성을 전제로 하지는 않는다. 또한 이야기꾼의 이야기는 반드시 자신의 경험과 직접 관련이 있을 필요는 없는 반면, 구술자의 이야기는 자신의 경험에 토대한 자신의 생애담이다. 또한 전통 시대의 이야기꾼은 대개 훈련을 통해 전문적·직업적으로 활동했고, 조선 시대에 그들은 일종의 예능인(임형택, 1975: 287)에 해당했다. 반면에 구술자는 연구자의 기획에 따라 호명되어 구술에 동의하면서 존재하게 되고, 민중에 속하는 사람이 많다. 두 이야기 모두 즐거움을 줄 수 있지만, 이야기꾼이 구연하는 이야기의 주요 역할과 목적 자체가 청자에게 재미를 주는 것이라면, 구술자가 하는 이야기의 원래 목적은 재미와 무관하다. 또한 이야기가 지닌 치유의 기능 역시 다르다. 이야기꾼의 이야기는 청자를 치유할 수 있는 힘[16]을

---

15 임형택(1975: 286)에 따르면 조선 시대 이래로 이야기꾼은 강담사, 강창사(講唱師), 강독사(講讀師)로 나누어진다. 그중 구술자의 역할과 가장 가까운 것은 강담사라고 할 수 있다.

16 연암 박지원의 소설, 「민옹전」의 주인공인 민옹(閔翁), 즉 민씨 노인은 강담사였는데, 오랜 병환에 시달린 박지원의 병든 심신을 달래주어 상쾌한 마음을 회복할

지닌 반면, 구술자의 이야기는 구술자 자신을 치유할 가능성을 지닌다.

구술사로서 이야기는 구술자와 연구자(면담자) 간 대화의 일종이다. 그러나 구술자와 연구자라는 역할이 없이 이루어지는 일반적 대화와 달리 구술사로서 이야기는 구술자료를 만들기 위한 목적으로 이루어지는 대화이므로 구술자와 연구자라는 지위와 역할이 비교적 분명하게 주어진다. 대개 연구자는 구술자의 생애담을 청취하기 위한 질문을 하고, 구술자는 그 질문에 따라 자신의 생애담을 풀어나간다. 구술자의 조건에 따라 질문의 수가 적기도 하고 많기도 하다.

구술사는 말로 시작해 글로 맺어진다. 즉, 구술사 연구에서 구술 기억을 조사하는 목적은 구술 음성을 채록하고 보존하려는 것이 아니라, 역사 기록으로 만들려는 것이므로, 구술 음성을 구술기록자료로 만들어야 한다. 다시 말해 구술 기억은 연구자(면담자)에 이르러 녹취 과정을 거치면서 구술 기록으로 바뀐다. 구술 음성이 구술 문자로 기록되는 과정에 대해서는 제6장을 참고하기 바란다. 구술 문자는 구어체 문자라 할 수 있고, 구술 음성과 일반 문어체 문자의 중간에 있다고 할 수 있다. 구술 문자는 문법에 따라 작성된 문어체의 글과는 다소 거리가 있지만, 이야기인 구술 음성 그 자체는 아니다. 구술 음성을 녹취 기록해서 초벌로 나온 녹취 기록문은 대개는 음성에 최대한 가깝게 기록되도록 하는 편이다. 그러나 녹취 기록문도 목적에 따라서는 윤문을 거쳐 문어체 문자에 가깝게 작

───────────

수 있게 했다고 전한다(임형택, 1975: 288). 또한 『아라비안나이트』에서 화자에 해당하는 샤라자드(Shahrazad)는 여성혐오주의적 사이코패스 유형의 왕을 1,001편의 이야기로써 치유했다고 전한다(정성연, 2010: 121).

성하기도 한다.

## 2) 구술사와 라포 형성, 정보 제공자

라포란 면접이나 상담, 조사를 위한 전제로 신뢰를 맺은 인간관계를 말한다. 일반 상담이나 치료, 교육 등은 특성상 상호 협조가 중요해 신뢰가 바탕이 되면 소기의 목적을 달성하는 데에 유리한 조건을 확보할 수 있다. 라포를 형성하지 않은 채 조사하기란 매우 어려운데, 특정한 이해관계를 성립하면 조사할 수 있을 때도 있다. 예를 들면 구술자는 정보를 주고 연구자는 구술자가 원하는 것, 이를테면 금전이나 특정한 것을 주는 것이다.

구술사 연구는 일차적으로 구술자와 연구자의 만남으로 형성되지만, 그들 사이에 라포를 형성하지 않으면 구술을 원만하게 전개하기는 어렵다. 연구자의 연구 주제가 아무리 좋더라도 구술자가 만나주지도 않을 수 있으며, 설령 만났더라도 연구자가 원하는 정보를 제공하지 않는다면 소기의 목적을 달성하기 어렵다. 구술자와 연구자가 소통할 수 있으려면 라포가 필요하다. 그러나 현지 조사자 또는 구술사 연구자 대부분은 라포가 중요하다는 것을 알지만, 라포를 형성하는 일은 만만치 않다.

라포를 형성하는 방법을 소개하면 다음과 같다.

첫째, 정보 제공자 또는 조사 협력자를 만나는 것이다. 현지 조사나 구술사 조사에서는 연구자가 구술자와 직접적으로 만나서 순조롭게 조사를 진행하기는 어려우므로 구술자와 연구자를 이어줄 사람, 즉 정보 제공자나 조사 협력자를 통해 구술자를 소개받는 방법을 흔히 택한다.

나의 경우 정보 제공자는 다양한 편이었다. 현지에서 체류할 때에는 하숙집 주인에게 조사 협력자가 되어달라고 요청하는 일이 많다. 하숙집 주인은 현지 사람이므로 지역민들에게 나를 소개해주기 쉽다. 서울에서 월남인 조사를 했을 당시에는 이북5도청을 방문해 그곳에 소재한 ○○도 민회, △△군민회 등의 대표를 만나 조사 취지를 설명하고, 내가 연구자 임을 입증할 수 있는 여러 가지 자료를 제공해 공식적 수준에서 라포를 형성한 후 조사에 협조받기도 했다.

둘째, 구술자를 상대로 친밀감을 형성하면서 라포 관계를 형성하는 것 이다. 구술자와 어떻게 친해지는지를 설명하기는 친구 사귀기를 설명하 는 일만큼 어렵다. 단순히 첫인상(윤택림, 2006, 2007)으로 라포가 시작되 기도 하므로, 연구자가 생면부지의 구술자를 만날 때에는 외모를 단정히 하고 밝은 태도를 취해, 자신의 연구 목적이나 연구 내용을 구술자가 이 해하기 쉽게 설명하고 또박또박 말하는 자세가 필요하다. 또한 구술 과정 에서 정성을 기울여 구술자의 불편을 헤아리면서 최대한 편한 마음으로 구술에 임하도록 도와야 한다.

나의 경우에는 구술자 가운데 리더십이 있는 사람을 만나 라포가 형성 되면, 그 구술자 자신이 정보 제공자가 되어 다른 구술자를 소개해주거나 관계된 여러 가지 귀중한 정보를 제공해주는 일을 경험해왔다.

정보 제공자와 형성한 라포 관계는 대체로 조사에 긍정적 영향을 주지 만, 의외로 부정적 영향을 주는 일도 있음을 잊어서는 안 된다. 예컨대 정 보 제공자가 해당 주제와 관련된 사람들에게 부정적 인물이거나, 해당 주 제에서 편벽진 위치에 있어서 연구자의 조사에 부정적 영향력을 줄 수 있 음을 기억해야 한다. 연구 주제로 보았을 때 정보 제공자가 바람직하지 못한 사회적 위치에 있을 수도 있는데, 연구자가 그러한 사실을 발견하려면 성찰적 노력이 필요하다. 그리고 연구자는 정보 제공자의 역할을 객관화하도록 노력해야 한다.

### 3) 구술사와 기억과 망각

구술자의 기억은 구술사의 중요한 구성 요소다. 그런데 앞에서 언급했듯이 구술사 연구를 둘러싸고 가장 널리 지적되는 문제는 '신뢰'의 문제다. 실증주의적 입장에서는 기억 훈련이 되지도 않은 민중의 구술 기억은 종종 '불확실'해 믿기 어렵다고 지적해왔다. 기억을 둘러싼 신뢰의 문제에는 몇 가지 문제가 있다. 그중 하나는 기억이라는 의식의 원래 성격에 기인한다. 기억하는 방식에 선행해 '본다'고 하는 의식 자체가 분절적이고 자기중심적이기 쉽다는 것이다. 전체를 보기보다는 부분을 보기 쉽고, 장시간 보기보다는 순간적으로 보게 되고, 360도를 보기보다는 자신의 각도와 관점에서 보기 마련이다. 인간이 본다는 행위는 어떤 의미에서 사물 그 자체(the thing itself)로 보기를 포기함으로써 가능한지도 모르겠다. 그러한 과정에서 사물이나 사건을 보는 구술자의 기억은 불완전하다.

또한 대체로 평범한 구술자는 구술하는 시점에서 권력이 없거나 권력이 약한 존재이다 보니, 기억하는 행위는 훈련되지 않은 상태로 남아 있기 마련이다. 설령 잊지 않으려고 혼자서, 또는 비밀스럽게 기억 훈련을 했다고 하더라도, 그 과정을 사건 그 자체로서 기억하지는 않는다. 그보다는 어떤 기억은 강조되거나 왜곡될 수도 있고, 또 어떤 기억은 사상되거나 잊어버릴 수도 있는 것이 보통이다. 이러한 점에서 기억은 또한 불안정하다. 나아가 구술하는 단계에서 구술자가 기억을 떠올리는 과정을 보면 사건 또는 사물 그 자체로서 연행하거나 시간 순서대로 기억하기는 거의 어렵다. 연상되거나 과장되거나 사상되는 일이 기억 연행 과정에서 반복되어 일어난다.

또한 기억에는 '망각'이 작용한다. 망각은 기억의 노화, 착오와 오류,[17] 건망증 등에 기인한다고 할 수 있다. 또한 인간의 의식은 현재의 더 많은 기억을 축적하려고 오래된 기억을 지워버리는 습성이 있다(마이어-쇤베르거, 2011)고 한다. 그리고 극심한 스트레스나 정신적 충격으로 비롯된 불안과 고통을 피하고자 특정 기억을 지우고, 그러한 불편한 기억을 스스로 억압해 의식 저변으로 밀쳐두기도 하는 현상으로서 나타나는 망각도 있다. 일종의 부분적 기억상실증으로서 해리성 장애(dissocialtive disorders)나 심인성 기억상실증(psychogenic amnesia)[18]이라고 할 수 있다. 심지어 사람은 자신의 행위를 합리화하거나 변명하는 경향이 강하다. 불편한 진실을 실제로 망각했을 수도 있으나, 의도적으로 '거짓'을 말할 수도 있다.

기억을 말하는 과정은 기억 훈련과 연관되는데, 기억을 연출하는 훈련

---

17 기억에 대해 말할 때에는 '그때 그일'을 정확하게 말하기보다는 착오나 오류를 범하며 말하기가 다반사여서, 기억 연구자들에게 기억 오류는 대단히 중요한 일이다(Schacter, 2006: 8). 구술 연구자들이 놓치고 있으나 진심으로 관심을 기울여야 할 일은 왜, 어떤 상황에서 착오나 오류가 발생하는가 하는 문제다.
18 심인성 기억상실증은 과거의 모든 기억이 아니라 심리적으로 충격을 받은 사건만 잊는 것이 일반적이라고 한다. 심인성 기억상실증은 해리성 장애의 일종이기도 한데, 해리성 장애는 어린 시절에 당한 성폭행이나 신체적·성적 학대를 비롯한 정신적 외상(trauma)이나 과도한 스트레스로 발생한다고 한다(강현식, 2010: 96; Allen, 2010: 287).

이 잘되어 있을수록 기억력은 발달할 수 있다. 그러나 모든 기억을 표출하기보다는 자신의 행위나 동기를 합리화할 수 있는 의식의 연출이 발달하기 쉽다. 특히 한국처럼 반공과 냉전에서 비롯된 자기 검열 기제가 발달해온 사회에서는 구술자 개인도 반공적 기억의 재구성력이 높아졌을 수 있다. 그리고 역으로 자신에게 불리한 기억은 '망각'하게 하는 힘도 발달했다고 볼 수 있다. 물론 나는 정신분석학이나 심리학을 제대로 전공하지 않은 구술 연구자일 뿐이므로, 구술자가 기억을 말하는 과정에 어떤 요소가 작용해 망각의 힘이 작동하는지 제대로 분석하기는 대단히 어려운 일이다.

자신의 인생을 회고할 때, 고통과 공포로 얼룩진 기억이 조금이라도 없는 사람은 드문 편이다. 특히 그간 구술사 방법론을 활용해온 한국 현대사 연구의 주제를 보면, 구술사 방법이 고통스럽지 않은 역사적 사실과 만나기란 쉽지 않다. 특히 일제 강점기와 분단, 전쟁 등을 보면 그렇다. 그간 내가 주로 연구해온 이산가족(월남, 월북), 탈북자, 납북자, 한국전쟁기 한국군 위안부, 1905년에 멕시코로 간 한인 이주자의 후예, 조선족, 재일교포, 남파 공작원, 북파 공작원, 피학살자 유족, 노동자, 분단 접경 지역민, 민주화운동을 포함한 사회운동가 등의 주제에서 어느 주제이건 개인들은 거시 구조에서 자유롭지 않았다. 그뿐만 아니라 척박한 현실에서 개인들의 삶은 한편으로는 고난을 이겨나가는 소영웅적 삶이기도 하지만, 그 이면을 들여다보면 여전히 해소되지 않고 위로되지 못한 과거의 문제가 현실적 문제와 함께 얽혀 있음을 깨닫는다.

내가 만난 사람 중에 해리성 장애나 심인성 기억상실증을 앓는 사람들이 얼마나 되었는지 아직 나로서는 알 수 없다. 한국전쟁기 부분을 결코 기억할 수 없다고 말하는 사람들을 간혹 만나기도 한다. 어떨 때는 대답하기를 '회피'한다고 간주해 재차 질문하면 화내던 노인들도 있었다. 부분적 기억상실증에 대해서는 다 파악할 수 없었으나, 종종 구술자로 하여금 놀라울 정도로 진실과 직면하게 한다.

몇몇 구술자에게서 공통적으로 발견하는 몇 가지 사실은 나이 문제와 학력 문제 등이었다. 여러 남성 노인은 한국전쟁기에 군 입대(정규군이나 비정규군, 즉 군 징용자)를 기피하려고 여러 가지 방법을 모색했던 것으로 보인다. 그 방법 중 하나는 1950년대 초반에 주민등록이 되어 있지 않던 사정을 이용해 나이를 조작하는 방법, 이른바 '고무줄 나이'였다. 나이를 조작한 문제는 군 기피를 의미하고, 국가의 명령에 순종하지 않는 것을 의미한다. 따라서 평범한 민중으로서 실제 나이를 말한다는 것은 군대 문제뿐만 아니라 국가에 대한 공포까지 드러내는 문제가 되었다. 또한 그들이 국가에 느끼는 공포에 대처하는 방법은 국가의 수많은 정책에 가급적이면 순종하거나 국가기관(심지어 말단 동사무소, 면사무소 직원)을 상대로 갈등을 일으키지 않고 사는 것이었다. 그야말로 숨죽이며 사는 것이었다. 그래서인지 그러한 구술자와 만나 구술을 통해 생애사를 회고하는 과정에서 우리는 종종 그들의 무의식을 만나게 된다. 구술자 역시 얼마간은 긴장해서 조작된 나이에 따라 재구성된 삶을 회고하려 했겠으나, 장시간에 걸쳐 생애담을 구술하다보면 그러한 긴장을 유지하는 일은 쉽지 않은 문제인 것 같다. 생애담을 회고하는 과정에서 개인이 자신의 기억을 얼마나 통제하는지 발견하게 되기 때문이다. 자신의 조작된 나이가 노출될 때면 대개는 당황해서 웃으며 변명하거나, 간혹 화를 내기도 한다. 나이와 관련해 진실을 털어놓아서 시원하다고 말하는 사람은 별로 보지 못했다.

나이만큼 많이 위중하는 주제 중 하나는 학력 문제다. 학력 인플레가 심한 한국 사회에서 학력만큼 사람들에게 콤플렉스를 주는 문제는 많지 않은 듯하다. 그리고 학력 문제는 하층민보다는 중간층이나 고위층일수록 더 심한 듯하다. 1970년대에 민주화운동을 했던 한 여성 지도자 A는 자신의 구술 기록에 실명 공개를 허용했다. 그래서 발표된 논문에서 실제 학력을 기재하게 되었다. 그랬더니 논문을 발표한 후 A가 연락해와서 분노의 목소리를 냈다. 왜 학력을 가감 없이 그대로 내보냈느냐는 것이었다. 나는 A가 실명 공개를 허락했고, '초등학교 학력밖에 없더라도 민주화운동을 했으며 조직원 수백 명을 동원할 수 있던 탁월한 능력'을 가진 것을 강조하고 싶었다. 그러나 A로서는 수십 년이 지난 과거의 일이지만, 자신의 학력이 드러나는 일을 참을 수 없었던 것으로 보인다. 학력 트라우마라고나 할까. 이러한 트라우마를 가진 사람이 A만은 아니다.

학력 문제 못지않게 사람들이 잊고 싶어 하는 것은 가족 내력이다. 과거 일제 강점기에서는 말할 것도 없고, 1950년대에도 우리 사회에는 축첩이 상당히 많았다.[19] 실제 조사 과정에서 보면 적지 않은 사람들이 축첩 가족 속에서 살고 있음을 발견한다. 근대적 가족 관계 속에서 자란 나와 같은 연구자는 구술자의 가족 관계를 조사할 때에 근대적 일부일처제의 틀에 맞춰 그림을 그리기 마련이다. 그러다 보니 구술자의 실제 가족 관계의 아귀가 맞지 않음을 발견하는 사례가 종종 있다. 그래서 처음에 들

---

19 축첩의 규모는 전혀 제대로 밝혀진 바가 없다. 1957년의 정부 통계에서 서자의 수가 발표된 바 있다. 통계에 따르면 1956년에 5,898명, 1957년에 4,551명 정도의 서자가 호적 계출되었다고 한다. 이러한 수치를 바탕으로 볼 때, 첩이나 내연의 처가 2만여 명 있는 것으로 추론해볼 수 있다고 한다(이임하, 2003: 126).

었던 형제자매 관계가 실제 관계와 안 맞는다고 운을 떼면, 구술자는 어색한 미소를 흘리며 사실은 자신이나 다른 형제자매의 어머니가 '둘째(부인)'라고 말한다. 이렇게 개인의 불편한 가족사를 건드릴 수밖에 없는 상황은 한국의 가부장적 사회구조와 긴밀히 연관되어서 피하기 어렵다. 이렇듯 개인의 세세한 삶 하나하나에는 거시적 구조가 침투해서 불편한 사회적 관계와 기억을 만들어낸다.

불편한 가부장적 성 문화는 개인의 관계 속에서 성과 관련된 기억을 말하는 데에서도 작동한다. 특히 이러한 기억의 구술에서는 젠더적으로 작동(gendered oral performance)하는 경향과 자기와 타자의 경험 말하기가 분리되는 경향이 뚜렷하다. 한국의 가부장적 성 문화 속에서 남성이 부부 관계를 벗어난 성행위를 말하는 일은 부끄럽고 불편하기는 하나 금기시되지는 않았다. 그러나 여성 대부분에게 부부 관계를 벗어난 성행위는 그것이 설령 성폭력의 결과일지라도 결코 허용되지 않은 듯하다. 구체적으로 한국전쟁기의 '한국군위안부'(김귀옥, 2011b) 조사는 말할 것도 없고, 식민주의와 국가가 저지른 성폭력 문제라 할 수 있는 일본군위안부를 조사하는 과정에서도 금단의 영역을 만나게 된다. 어렵기는 하나 이러한 불편한 진실에 대해서도 남성들의 말하기는 나오는데, 여성들의 말하기는 '생략표'와 '눈물', '분노'로 얼룩져 있다. 또한 남의 경험을 말하는 것은 비밀스럽지만 허용되는 데에 반해, 자신의 경험에 대해서는 말하기가 억압되어 있다. 그래서인지 자신의 경험을 타인의 경험처럼 말하는 방식도 작동한다.

한국 현대사의 불편한 기억은 여기서 그치지 않는다. 분단과 전쟁과 관련된 한국 사회의 금단의 영토 속 기억에 부딪칠 때에도 사람들의 불편한 태도를 만날 수 있다. 반공주의가 침윤된 한국 사회에서 사회주의 단체 및 활동과 연관성을 인정하는 것은 반공 이데올로기에 가장 예민한 60~80대의 노인층에게는 사회적 죽음을 의미하는 것으로 보인다. 1990년대 이전까지 레드 콤플렉스에서 자유로웠던 사람들은 비전향 장기수 출신자 정도가 아닐까 싶다. 해방 후 남한 내에 불었던 사회주의적 열풍[20]은 청소년에서 장년층까지, 사회 각 부문에 걸쳐 확산되어 있었다고 볼 수 있다. 해방 시기에 민족주의적 입장을 견지했던 소극적 여대생이었던 류춘도(1927~2010)가 해방기와 한국전쟁기의 경험을 담은 책, 『잊히지 않는 사람들』(시집)과 『벙어리새』(회상기)를 내놓았을 때, 책에 등장하는 많은 친구로부터 비난과 외면을 당했던 일도 있었다고 증언했다.

나의 구술 과정에서도 이러한 일은 비일비재했다. 1996년에서 1997년에 걸친 강원도 속초와 전라북도 김제 지역의 조사 과정에서 부딪혔던 문제들은 말할 것도 없다. 심지어 2000년대에 들어서도 이러한 일은 비일비재해서, 2007년에 강화 지역을 조사하면서도 엉뚱한 일을 여러 차례 겪었다. 한국전쟁이 발발한 후 사회주의 계통의 단체에 협조했던 구술자의 아버지가 수복 과정에서 죽었다. 그 구술자는 처음에는 아버지가 좌익에게 살해당했다고 하다가, 구술이 장시간 진행되자 그 지역 우익 청년들에게 살해된 사실을 무의식중에 토로했다. 그리고 그날 그 자리에서는 구술

---

20 그 열풍은 여러 가지로 해석할 수 있을 것이다. 일제 말기까지 항일운동의 명맥을 이었던 사람들은 사회주의 계열이었으므로 해방 후 민중으로부터 신뢰받은 사람들이 사회주의자들이라는 사실, 해방 후 토지(농지)개혁 등 민중의 열망을 주장한 그룹의 구성원들이 사회주의자들이라는 사실, 친일 민족 반역자에 대한 전 민중적 거부감 등이 작동했던 것으로 보인다.

을 원만하게 마무리 지었으나, 끝내는 나를 간첩으로 면사무소에 신고했다.[21] 또한 (우익에게) 무고한 죽임을 당한 아버지를 두었다는 소문을 듣고 어떤 집을 찾아갔는데, 내게 대문도 열어주지 않은 채 되돌려 보내는 일도 있었다.

그러고 보면 구술이 말할 수 있는 기억은 어디까지인가? 구술 연구자들은 구술 과정에서 수많은 기억을 만난다. 그리고 그 기억 속에서 역사적 증언 자료, 개인의 빛나는 역사와도 조우하지만, 고통에 찬 기억들, 수많은 '말줄임표'와 '몸짓', 추측으로만 표현되는 알 수 없는 기억 저편의 기억, 망각과 합리화, 거짓말 등으로 얼룩진 기억과도 조우한다.

20년에 가까운 시간 동안 구술사 연구를 하다보면 기억의 목소리인 말을 듣기보다는 마음의 소리와 움직임에 먼저 반응함을 느낀다. 즉, '망각'의 움직임이다. 그리고 그 움직임에는 현재까지도 진행 중인 고통과 트라우마의 흔적이 담겨 있다.

---

21 구술자가 신고하기 전에 면사무소에 조사 계획과 신분을 미리 밝혔으므로 아무런 오해 없이 그 해프닝은 마무리될 수 있었다.

## 4. 구술사와 기억, 트라우마

### 1) 구술사와 트라우마[22]

한국 현대사에서 사회적으로나 개인적으로 가장 깊은 상처를 준 기간과 사건은 일제 강점기와 한국전쟁이라고 할 수 있다. 그중 일제 강점기는 일본 제국주의와 친일 민족 반역자라는 구조적이면서도 실감 나는 상대가 있으므로 문제의 원인을 보는 일은 어렵지만 불가능하지는 않다. 그러나 한국전쟁과 관련된 상처와 고통의 원인을 직시하는 것은 대단히 어렵고, 경우에 따라서는 불가능하기도 한 것 같다.

구술사 조사과정을 회고해보면, 구술사 방법론을 통해 한국전쟁과 민중의 기억을 드러내겠다는 작정을 하고 시도했던 구술사 방법론을 잘 몰라서였을 것이다. 그래도 한국전쟁을 경유하는 과정에서 민중의 반공적 경험이 지닌 허구성을 드러낸다거나 전후에 '절박한 생존의 이유'로 반공을 수용했던 것을 구술사로 드러내는 데에는 어느 정도 성공하지 않았나 생각한다. 그러나 현대사 관련 기억에 달라붙어 있는 트라우마를 만나리라고는 생각하지 못했다. 이 점은 그 밖의 모든 구술사 연구 과정에서도 그러했다.

한국전쟁과 고통, 또는 트라우마와 관련된 제대로 된 연구서는 아직도 없다.[23] 2000년대 중반에 오수성과 전남대학교 심리건강연구소팀이 진

---

22 이 글 중 일부는 김귀옥, 「구술사와 치유: 트라우마치유의 가능성을 모색하며」, 《통일인문학논총》, 제55집(2013), 131~165쪽에 포함되어 있다.

실·화해를위한과거사정리위원회의 용역 과제로「심리적 피해현황 조사 보고서: 조사의 신뢰성 제고와 치료 및 재활 측면의 화해방안 모색」을 발표한 바 있다. 아직 본격적인 연구는 아니지만, 한국전쟁과 트라우마의 관련성을 언급한 첫 보고서가 되지 않을까 싶다. 이 보고서에서는 진화위 신청자 중 권위주의 통치기 반민주적 행위의 피해자, 한국전쟁 민간인 집단 희생 유족, 의문사 사건의 피해 그룹 등 3개 그룹의 527명을 조사했다. 그 결과 한국전쟁 당시 미군 관련 민간인 피해자의 외상 후 스트레스 장애(PTSD: Post Traumatic Stress Disorder)가 5·18 피해자보다 더 높게 나타났다(전남대학교 심리건강연구소, 2007: 131). 이 문제에 관련해서는 더 많은 연구가 필요하다.

20년에 가까운 현대사 구술 생애사를 주업으로 삼아오면서 가장 참기 어렵다고 느낀 때는 구술자들이 겪은 고통의 경험이 나의 고통처럼 생생하게 다가올 때다. 두려움에 밤잠을 깨는 일이 한두 번이 아니다. 그들은 그러한 고통을 겪고 어떻게 미치지 않은 채 살아갈까 하고 종종 스스로에게 묻기도 한다. 최근에 진행 중인 심리학계의 트라우마 연구는 많은 지적 자극을 주는 반면, 그 연구 결과는 개인적으로 많은 생각을 하게 한다. 측정되는 수치는 수면 위에 떠 있는 의식이어서, 불편한 질문에 대해 '정

---

23 직접 연관이 있는 연구는 아니지만 정신분열증과 냉전 상황이 연관된 조사로는 이병윤·민병근,「한국인 정신분열증 환자의 망상에 관한 연구」(1962)를 들 수 있다. 이에 따르면, 1956년에서 1961년까지 피해망상증 환자 가운데 피해망상의 대상으로는 수사기관이 제일 많았고, 다음으로 빨갱이가 많았다고 한다. 이러한 단서적 수준에서 분단이 우리 사회에 끼친 트라우마 문제의 단면을 볼 수 있다(이병윤·민병근, 1962: 38).

답'이 나오기 쉬움을 알기 때문이다.

이는 구술사도 마찬가지로, 종종 인터뷰에 노출되는 사람들은 정답을 알 가능성이 커서 연구자가 원하는 대답을 잘할 수 있다. 반면에 인터뷰에 노출된 적이 없는 사람인 경우에도 타자를 믿지 못할 때에는 진실에 접근하기가 어렵다. 다만 장시간에 걸쳐 구술하면서 구술자의 의식의 줄기를 찾아가던 중에 불연속면 또는 간극을 만날 때가 있다. 이때는 질문에 대해 구술자 대부분이 질문을 좇아 답하고, 그 과정에서 은연중에 억압되어 있던 부분, 즉 '사실'을 드러내는 것을 여러 번 경험했다.

그럼에도 구술 생애사는 과연 트라우마, 즉 심연의 고통에 접근할 수 있을까 하는 질문을 스스로에게 던지게 된다. 그리고 좋은 구술 조사를 통해 구술자에게 해방감을 줄 수 있는 것이 구술사의 장점 중 하나라 생각하고 그렇게 믿어왔지만, 과연 정말로 그러한지를 종종 의심하게 된다.

구술 조사는 1990년대의 연구뿐만 아니라, 2000년대에도 몇 번 위기를 겪었다(김귀옥, 2009).

첫 번째로, 구술자 B(1933년생, 여)의 일화를 살펴보자. B는 최근의 농촌 노인들이 그렇듯이 자식들은 모두 도시에 나가 살고, 자신은 1년간 먹고 살 식량을 생산할 토지를 임대해 살았다. 처음에 B와 인터뷰할 때에는 동네 친구들이 구경이나 나온 듯 네댓 사람이 함께 인터뷰에 참여해 거의 시장 분위기였다. 그런데 친구들이 점심을 먹으러 떠난 뒤에 얘기의 질이 달라지는 것을 느꼈다. 집안의 슬픈 경험과 가정사까지 나왔고, 전쟁 얘기를 한참 했다. 그 후 끝날 무렵에 구술자에게 최근 '진실·화해를위한과거사정리위원회'가 생겼으니 집안에 억울하게 죽은 사람이 있으면 신고하라고 말하자, 구술자는 눈을 반짝이며, "사실은 내 동생이 아랫녘에 끌려가 억울하게 죽었다"[24]라고 털어놓았다. 몇 마디를 더 나누고 헤어졌는데, 그날 저녁부터 다음날까지 계속 나를 찾아다녔다. 그리고는 "비밀로 해달라", "내가 잠을 자지 못했다"라고 말했다. 구술자의 얼굴이 수척해진 것 같아, 어머니인 듯 안아드리며 손을 잡아드리는 수밖에 없었다.

두 번째로 C의 일화를 보자. C(1933년생, 남)는 고생 끝에 성실한 태도를 인정받아 동네일을 많이 맡아보았던 사람이다. C는 어려서 가난으로 밥도 제대로 못 먹던 이야기나 부모가 고생하던 이야기를 눈물겨워 하며 구술했다. 그러던 중에 연좌제의 해악을 이야기했는데, 자신이 감시해봤으니 잘 안다며 얼마나 나쁜 것인지 강조했다가, 과거에 좌경 경력이 있는 동네 사람이 지금도 의심스럽다고 말하곤 했다. 구술을 시작하기 전부터 술에 취한 상태여서 그런가 보다 생각하면서 얘기를 들었는데, 한국전쟁 당시 아버지의 족적에 관해 전혀 언급하지 않다가 문득 비밀스러운 어조로 "아버지가 강화에 나가 죽었다"라고 말했다. 그리고 "단지 빨갱이들이 짐을 실어달라고 해서 할 수 없이 일을 했을 뿐인데……'라며 몇 차례 강조했다. 어쨌든 그날은 구술을 잘 마쳤다. 그런데 며칠 후 면사무소를 방문했더니, 면장이 내게 "간첩 신고가 들어왔다"라고 전해주었다.

세 번째로 D(1950년생, 남)의 일화를 살펴보자. D의 큰아버지가 월북했고, 동네 유지였던 할아버지는 한국전쟁 때 부역 혐의자로 찍혀 동네 사

---

24  1950년의 9·28 수복 후 10월경에 이르러 교동에 치안력이 회복되면서, 치안대들이 기왕에 잡아들인 부역자 중 일부는 자체 학살해 처리했고, 일부는 강화읍 경찰서에 송치했던 것으로 보인다. 그 가운데 상당수는 인천에 보내져 복역했는데, 일부는 석방되어 귀향했으나 당시 상당수는 섬 주변의 앞바다에서 사라졌다(수장 혐의)고 한다(최태욱, 2012: 134).

람들과 함께 죽임을 당했다. 그로 말미암아 D의 아버지는 하류 인생으로 전락해 술로 지새우다가 요절했다. 그리고 D 자신도 육군사관학교를 지망했으나 연좌제에 걸려 실패했다고 인식했다. 아버지 생전에 계속 요시찰 인물로 동태를 조사받던 기억과 공포를 말하며 국가에 대한 미움도 사무친다고 했다. 그러나 D는 선거철만 되면 여당을 지지했다. 선거는 비밀선거이건만, 도둑이 제 발 저리는 심정에 자기 검열이 발동하면서 그러지 않았을까 싶다.

그 외에도 고통스러운 모습을 발견할 때가 한두 번이 아니다. 자신의 이름이 적힌 기록을 자신이 있는 앞에서 모두 지워달라고 요청하는 사람도 있었고, 세 번을 약속했다가 취소하는 사람도 있었다. 심지어 나를 자신의 집 안에 발을 들여놓지 못하게 하려는 시골 사람(주지하듯 그래도 마당이 넓은 시골 마당에 발을 들여놓고 이야기하기란 쉽지 않음)도 있었다.

구술자가 자신의 가족이 겪은 경험을 이야기하면서 정황상 '자진 월북'이지만 '납북'이라는 말을 쓰지 않으면 안심하지 못한다거나, 군과 경찰이 수많은 월남인을 '소개(疏開)'했을 때에 피난했지만 자진 월남했다고 말하는 것은 생존 논리 속에서 당연하다고 할 수 있다. 그러나 정말 구술자의 기억 속에서 어떠한 일이 일어나는 것인지는 알기 어렵다. 기억상실증이거나 기억의 왜곡일 수도 있다. 아니면 사실은 두 가지가 동시에 일어난다고 말할 수도 있지 않을까. 해리성 기억상실증에 걸린 듯이 행동하는 사람도 적잖이 있었다. 즉, 흔히 자신이 살아온 이야기를 책으로 쓴다면 '10권 분량'이라고 말하는 많은 사람을 만나봤지만, 불편한 이야기에 직면하면 대개 "생각이 안 나는데"라고 말하는 것을 듣는다. 그러한 경험은 외국에서도 한다. 중국이나 일본의 이산가족을 조사할 때에 동포들 스스로 자신의 말은 반만 믿으라고 한다. 자신을 못 믿어서이기도 하고, 세상을 못 믿어서이기도 하지만, 더 근본적으로는 기억과 망각의 원리와 함께 국가 문제도 작동하기 때문으로 보인다. 이런 식으로 구술사가 온전한 기억에 도달하는 데에 실패하는 것은 구술자 자신이 기억을 회피하기 때문이다. 이는 바로 전형적인 피해자의 트라우마이며, 깊은 상처가 내면화된 상태(Herman, 2007[1997]: 26~27)라고 할 수 있다.

## 2) 구술사와 트라우마의 치유

과연 구술사는 개인의 트라우마나 사회적 트라우마를 치유할 수 있을까? 2000년대에 한국에서 구술사와 문화사 연구가 진행되면서 트라우마를 치유하는 문제에 관한 연구도 함께 소개되었다. 한국은 20세기 전반에 걸쳐 일제 강점기와 분단, 전쟁기의 국가 폭력을 집단적으로 경험했고, 정전 이후에도 수많은 반공 이데올로기와 「국가보안법」 등에서 비롯된 피해 사건이 발생했다. 그뿐만 아니라 산업화 과정에서도 노동자, 민중, 여성 등 무수한 사회적 약자가 피해를 봤다. 2000년대에 들어서는 '민주화운동 관련자 명예회복 및 보상심의위원회'[25](2000년 설립)나 각종 과거 청산 관련 위원회들이 설립되어 진실을 규명함으로써 신원을 회복하는 일도 있었다. 그런데 이러한 위원회에서도 '민주화운동 과정에서 상이자로 인정되는 사람'에 한해 기지급 치료비를 지급했을 뿐, 국가에 희생

---

**25** 이 위원회는 「민주화운동 관련자 명예회복 및 보상 등에 관한 법률」(민주화운동 보상법, 1999년 12월 제정)에 따라 2000년 8월에 설치되었다.

당한 사람들의 트라우마를 직접 치유하려고 운영하는 사업은 아직 없다.

남아프리카공화국이나 중남미 지역에서는 국가 폭력에 피해당한 사람들의 외상을 치유하고자 트라우마 치유 활동을 하고 있다. 그러나 아시아에는 이런 곳이 없었는데, 시민들의 노력을 통해 2012년 10월에 한국뿐만 아니라 아시아에서는 처음으로 세워진 곳이 '광주트라우마센터'(센터장 강용주)다. 센터장인 의사 강용주 자신도 국가 폭력의 희생자인데, 그곳에서는 5·18 관련자뿐만 아니라 고문, 수감, 의문사, 반인권적 공권력 집행 등에 따른 국가 폭력 피해자, 생존자, 열사, 그 가족들이 국가권력에 당했던 트라우마에서 회복해 공동체 안에서 다시 일상적 삶을 꾸려갈 수 있도록 도울 예정이라고 한다(≪뉴시스≫, 2012.10.18). 이렇게 한반도에는 아직도 냉전의 분위기가 남아 있으나, 지난날의 국가 폭력을 치유하려는 노력도 진행 중이다.

실제로 트라우마를 치유하기란 일반 외상을 치유하는 것만큼 단순하지 않다. 트라우마는 과거가 현재 속으로 끊임없이 침습하는 것이다. 외상을 겪은 사람은 고통스러운 기억과 플래시백(flash back), 악몽에 시달릴 뿐만 아니라, 냉소, 원한, 불신, 소외감, 미움, 복수심, 사기 저하, 신념의 포기, 희망의 상실과 같은 현상을 보인다. 그리고 이러한 트라우마는 'PTSD'나 해리성 장애에 모두 나타난다(Allen, 2010: 25, 265, 287). 게다가 트라우마를 얻은 상태에서 오랜 세월이 흐르면 이러한 PTSD 문제에 다른 스트레스가 누적되어 인성이나 태도, 습관 등과도 결합하면서 최초 원인을 발견하기 어렵게 되어, 치유하기는 더욱 요원하다.

트라우마를 치유하려면 환자와 의사가 함께 의식적으로 노력해야 한다. 스스로 환자임을 인정하는 사람은 이미 치유받기 위한 준비가 시작되었다고 봐도 좋다. 정신과 의사들은 트라우마가 고치기는 어렵지만 불가능하지는 않다고 말한다(Allen, 2010: 284). 그리고 "외상적인 사건을 제거함으로써 PSTD를 가장 잘 예방할 수 있다. 폭력의 원천인 빈곤, 불평등, 편협함을 근절하는 것이 가장 좋은 출발"(Allen, 2010: 284)이자 치유라고 설명한다. 그런데 사실 가장 좋은 출발이라고 말하는, 빈곤이나 불평등을 근절하는 일은 말처럼 쉬운 일이 아니라, 가장 어려운 해결 방법 중 하나다. 정신과 의사들 역시 PSTD란 개인적 노력만으로 해결되는 일이 아니라, 사회구조적 노력이 함께 진행되어야 함을 강조한다는 점에서 사회과학적 진단과 그 처방이 다르지 않다. 따라서 개인적 차원뿐만 아니라 사회적·국가적 차원에서도 모두 트라우마를 치유하는 방법을 고려해야 할 필요가 있다고 본다.

그렇다면 구술사에는 트라우마 치유에 어떤 가능성이 있을까? 구술사의 관점에서 개인적 차원의 치유를 하려면 첫째로 필요한 것은 연구자가 진정성 있는 연구 태도를 확립하고 실천하는 일이라 생각한다. 즉, 구술자를 상대로 신뢰를 형성하는 일이 가장 시급하다. 구술자의 구술 내용이 '진짜다' 또는 '가짜다'라는 것은 일차적으로는 중요하지 않다. 더 중요한 것은 트라우마가 심한 구술자일수록 앞에서 봤듯이 구술하기 어려워하고, 구술에 참여하면서도 연구자를 못 믿어 끊임없이 의심스러워하며, 조금 전에 구술한 것조차도 무위로 돌리는 일을 서슴지 않는다는 점이다. 물론 그렇더라도 구술자가 구술 상황에 임한 것만으로도 일정한 치유가 시작될 가능성이 있다. 대체로 많은 구술자는 자신이 구술에 참여한 것에 만족스러워하고 자긍심을 품는 경향을 보이기 때문이다. 또한 구술한 결과를 활자화했을 때 소중히 여기는 경향도 보이므로 억압된 상태에서 다소 해방되었음을 짐작할 수 있다.

둘째, 구술 연구자는 구술자의 정보 보호를 지상의 사명으로 여겨야 한다(김귀옥, 2000b: 63~65). 구술 연구자와 구술자의 관계는 주체 대 주체의 관계[26]이면서 대면적 관계라는 점에서 일반적인 문헌 연구의 대상인 문헌자료와는 질적으로 다르다. 연구자는 연구 성과를 내면서 구술자에게 엄청난 신세를 지게 되는데다, 구술자 없이는 구술사 방법론 자체가 성립되지 않는다. 또한 구술 조사를 하는 과정에서 두 주체는 인격적 관계를 형성한다. 따라서 서로를 존중해야 하며, 거짓된 관계를 맺는 것은 서로의 명예를 훼손하는 일이다. 특히 사회적 약자나 민중은 연구자에게 받는 존중을 통해 자신의 자존감을 어느 정도 회복하는 사례를 볼 수 있다.

역으로 연구자가 트라우마를 겪는 구술자의 명예를 훼손하는 일은 연구 윤리로 볼 때 최악의 일이라고 할 수 있다. 구술자의 명예를 지켜주는 일은 크게 보면 신뢰를 형성하는 길이며, 구술자가 구술로 말미암아 새롭게 스트레스를 받지 않도록 하는 길이다. 또한 구술자가 구술 증언을 하고도 '안전감'[27]을 느낄 수 있게 함으로써, 구술자를 치료하는 데에 중요한 역할을 한다.

---

26 전통적인 심층면접법에서는 구술자에 해당하는 사람을 '피면접(대상)자'로 호칭함으로써, '타자'로서 성격을 분명히 한다. 그러나 구술사에서는 '타자'적 인식은 거의 부재한 편이다.

27 존 앨런(Jon G. Allen, 2010: 286)에 따르면, PTSD 환자가 '안전감'을 느끼는 것은 치료의 시작이 아니라, 최종 결론이라고 말할 만큼 중요한 것이다. 구술 증언을 통해 구술자는 자신의 명예 회복에 도움을 받을 뿐만 아니라, 중요하면서도 치명적으로 생각해온 기억을 말했더라도 안전감을 느낀다면 불안정성, 자기 부정시를 극복하는 데에 도움이 될 수 있다.

셋째, 구술사 방법론에서는 연구자와 구술자의 호흡 맞추기와 신뢰 형성에 따라 구술자가 자신의 문제를 객관적으로 바라볼 수 있도록 연구자가 도울 수 있다. 강박증에 걸린 사람들은 문제의 원인을 '자기 탓'으로 돌리는 경향이 크고, 다른 사람과의 관계에서 폐쇄적이라는 특징이 있다. 물론 역의 경향도 존재해서, 잘못은 무조건 남 탓을 한다. 그런데 구술사 증언 과정에서 구술자는 문제가 자신의 불운이나 잘못, 또는 타인의 탓만이 아님을 깨닫고, 자신의 문제를 객관적으로 조망해 사회구조적·시대적 원인에서 발생했음을 깨닫는 가운데에서 죄책감이나 불운의 악순환에서 벗어나는 데에 도움받을 수 있다. 그러려면 연구자는 성실하면서도 풍부한 학문적 노력을 선행하지 않으면 안 된다. 또한 구술자를 '자신과 같은 인간'으로 느끼며 연민을 느끼고 연대해야 한다.

이러한 노력은 부분적이기는 하더라도 구술자가 안은 트라우마를 극복하는 데에 도움을 줄 것이다. 다시 말해 구술 연구 윤리를 잘 배우고 익히고 실천한다면 그러한 가능성이 있다고 볼 수 있다. 물론 그렇더라도 구술 연구자들은 구술사 방법론을 배우는 과정에서 트라우마 치유법을 전문적으로 훈련받지 않으므로 이러한 노력은 결코 쉽지 않다. 더 어려운 일은 구술사를 통해 사회적 치유를 하려는 노력이다. 좀 더 구체적으로 살펴보면 다음과 같다.

우선 민중의 트라우마 문제가 사회적 의제(social agenda)로 형성될 수 있도록 노력해야 한다. 흔히 연구자는 구술 조사 작업의 목표를 연구논문이나 보고서, 구술자료집 등의 작성에 둔다. 사실 사회적 치유의 가능성은 연구자 개인의 노력보다는 사회적 분위기와 맞물려야 높아진다. 그러나 구술사 연구가 새로운 연구 주제를 도출하거나 새로운 지식을 연상하는 데에 '대체적인 기능'을 하므로 구술사를 통해 역사 기록의 빈 공간을 대체할 뿐만 아니라, 민중들의 고난사를 발굴해낼 때 사회적 문제 제기를 할 수 있는 '사회적 코드화(social encoding)'의 길을 모색할 수 있다. 트라우마 글쓰기와 연구 발표 활동 등은 그러한 주제가 사회적 의제가 되도록 공감대를 형성할 수 있다. 때에 따라서는 연구를 발표하는 자리에 주요 구술자를 초대해 연구 내용을 검증받을 뿐만 아니라, 구술자 자신이 연구 대중에게 자신의 경험담을 말할 수 있는 기회를 제공하기도 한다.

둘째, 과거 청산의 주제가 되도록 노력할 필요가 있다. 일제 강점기나 분단기, 한국전쟁기에 민중이 겪은 고난은 개인의 문제가 아니다. 결국 집단적 문제이자, 국가 폭력과 맞물려 있다. 처음에는 연구자의 연구 성과물에 사회적 관심이 쏠리지만, 의제가 확산되면 구술자 자신에 관심을 갖도록 하는 데에 기여한다. 나 역시 이산가족이나 분단과 전시 상황에서 일어난 대량 살상 피해자들의 많은 사례를 연구 보고서와 언론에 소개하며 피해자들 스스로 문제를 제기하는 길에 일정 정도 도움을 주었다.

셋째, 국가에서 과거 청산의 요구를 받아들이도록 노력할 필요가 있다. 따라서 연구자는 과거 청산의 정당성과 필요, 정책적 대안을 제시하려고 노력해야 한다. 또한 시민사회가 공명할 수 있도록 대중매체에도 호소해서 활용하고, 국가 기구가 형성될 때에는 과거 청산의 거버넌스에서 활동할 필요가 있다. 가해 문제에 대한 해결 방안, 피해 문제에 대한 국가적 사과와 위로, 희생자의 명예 회복, 개인적 또는 집단적 배상 문제에 대한 해결 방안과 가이드라인 등을 제시할 필요도 있고, 나아가 이러한 것들이 법 제도화하도록 주장하는 문제는 대단히 중요하다. 법 제도화되었을 때 피해자들은 진정한 사회적 '안전감'을 느낄 수 있다.

또한 이에 그치지 않고 국가기관에서 운영하는 트라우마치유센터 등을 통해 트라우마 보유자들의 삶이 진정 자유로워지도록 구체적으로 도움을 주어야 한다. 그리고 국가 폭력의 피해자들뿐만 아니라 성폭력이나 각종 폭력의 피해자들도 이러한 치유센터를 이용할 수 있게 문을 크게 열어두면 사회적 화해와 관용을 형성하는 데에 기여할 것이다.

제5장

:

구술사 연구의 전개 과정

연구에 착수하는 단계부터 협의의 글쓰기 전(全) 과정을 단계화하는 것은 쉬운 일은 아니다. 구술사 연구의 전 과정을 이념형(ideal type)적으로 단계별 역할로 구분해보면 〈표 5-1〉처럼 대략 일곱 단계로 나눌 수 있다. 각 단계는 일직선적으로 진행되기보다는 순환론적 과정을 거친다. 다시 말해 일단 현지 조사가 끝나고 나서도, 구술자료를 읽는 과정이나 글을 쓰는 도중에도 기존 구술자와 끊임없이 새로운 추가 면담이나 보완 면담을 해야 하고, 새로운 구술자와도 면담할 필요가 있다면 그리해야 한다.

　구술사 연구는 연구자 자신이 구술 조사를 직접 수행해 글쓰기까지 진행하는 사례와 이미 선행 구술된 음성자료집이나 구술자료집을 바탕으로 글쓰기를 진행하는 사례로 나눠볼 수 있다. 이 글에서는 전자를 중심으로 논의를 진행하되, 후자의 사례에도 응용할 수 있을 것으로 본다.

　구술사 연구의 전체 과정을 단계별로 범주화하면 〈표 5-1〉처럼 흐름도

〈표 5-1〉 구술사 연구 단계별 흐름도

| 단계 | 항목 | 내용 | |
|---|---|---|---|
| 1 | 현지 조사 예비 단계 | 학술적 글쓰기 내용과 형식의 구상, 문헌자료나 관련 정보 수집, 분석, 조사(지역이나 인문) 대상에 대한 사전 답사 및 상견례 | 피 드 백 과 정 |
| 2 | 문제의식의 구체화 | 연구계획서 설계, 조사 내용, 구술 조사 항목 구체화, 조사 규모와 범위, 예상 조사 기간 설정, 조사 비용과 조사 비품 준비, 사전 점검 | |
| 3 | 현지 조사 | 참여관찰, 구술 진행, 현지 자료 수집, 문서 수집 및 정리, 연구 일지 작성 | |
| 4 | 녹취 작업 | 녹취, 검독, 편집, 구술자와의 지속적 소통 | |
| 5 | 구술자료 독서 및 분석 | 구술자료 및 주제 관련 자료 수집 및 독서와 분석, 주제의 점검 및 명확화, 구술자와의 소통 | |
| 6 | 협의의 학술적 글쓰기 | 글쓰기. 지속적인 구술자와의 소통 | |
| 7 | 추가 조사와 보완 | 발표 및 구술자에게 결과물 보고 | |

로 나타낼 수 있다.

구술사 연구는 처음부터 구술사 방법론을 활용해 구술사를 연구하는 것을 목적에 두고 할 수도 있고, 문헌을 연구하던 중에 자료가 부족해서 보충하거나 기존의 문헌 연구를 대체할 목적으로 할 수도 있다. 나의 경우는 후자였다. 기존의 통념에 문제가 있음을 발견하고, 그 점을 입증한 문헌자료가 부족함을 발견한 다음, 새로운 자료를 발굴할 목적으로 구술사 방법론을 동원한 사례다. 이 글에서는 전자나 후자 모두에서 구술사 방법론을 활용할 수 있도록 서술한다.

또한 이 글에서는 구술사 중심의 연구를 전제해 구술사 연구 과정을 살펴보고자 한다. 특히 연구 과정을 생생하게 느낄 수 있도록 내가 박사학위논문을 준비하면서 진행했던 연구 경험을 중심적 사례로 들고, 다른 연구 사례들을 보조적으로 활용해 제시하고자 한다. 그리고 이 장에서는 제1단계에서 제3단계까지 살펴보고, 다음 장에서는 제4단계 이후 과정을 살펴보도록 한다.

## 1. 제1단계: 현지 조사 예비 단계

나는 박사학위의 연구 주제로서 한국 현대사에서 전쟁과 반공주의가한 사람과 집단의 생활과 정체성 형성에 어떠한 영향을 미쳤는지 알고자월남인 구술사를 연구했다. 1990년대 중반에 월남인들은 전국에 흩어져있었지만, 서울을 중심으로 한 대도시와 수도권에 집중된 것은 한국 인구분포의 전반적 현상과 유사했다. 그러한 가운데 월남인들이 모여 거주하던 공동체가 전국적으로 40여 곳이었고, 그중 함경도 출신의 월남인들이집단 거주하는 속초 청호동 '아바이마을'과 황해도 출신의 월남인들이 집단 거주하는 전라북도 김제시 용지면 '용지농원'을 현지 조사했다. 이 연구의 내용은 월남인의 이동사, 일상사, 문화사이지만, 속초 지역과 김제시 용지면 지역을 둘러싼 지역사이기도 하다. 당시의 지역사(주로 향토사로 불림)들에서 현대사 내용이 빈약했으므로 이 연구를 통해 현대사 부분을 보완하거나, 잘못된 내용을 대체할 수 있었다.[1] 2000년대에 들어 수행했던 인천시 강화군 교동면 지역 연구 역시 빈약한 강화군과 교동면의 현대 지역사를 보완하는 것(김귀옥, 2006b, 2008)이라 할 수 있다.

이처럼 나는 조사지를 두 곳 선택했는데, 처음부터 두 곳을 모두 조사하기로 결정했던 것은 아니었다. 한 연구에서 두 곳을 조사하기에는 경비문제가 있었는데, 이를 해결할 여력이 없었으므로 걱정이 많았다. 그래서1차 조사지인 속초를 6개월간 조사한 후, 후속 조사 예상지인 김제를 조

---

1 나의 연구에 자극을 받아 2000년에 속초문화원에서는 『속초시 거주 피난민 정착사』를 집필했고, 나 역시 집필위원으로 참가했다.

사할지 결정하기로 작정했고, 결국 김제 '용지농원'을 조사하기로 했다. 속초 조사가 '청호동 편향'으로 불리기를 원하지 않았으므로, 연구의 균형을 잡고자 김제 '용지농원'의 조사에 나선 것이었다. 김제 지역 조사는 속초를 조사한 후에 착수했으므로 조사하는 데에 속초만큼 많은 시간이 들지 않았고 조사 과정은 속초와 비슷했다.

월남인 관련 문제를 연구 주제로 잠정 결정한 것은 1996년 1월이었다. 결정 후 우선 월남인 관련 자료를 수집하고, 문제의식을 분명히 잡고 무엇을 조사하고 조사지를 어디로 할 것이냐 하는 문제에서부터 첫 단계를 출발했다. 월남인 관련 자료는 기존의 문헌을 수집하고 검토해서 얻을 수 있었다. 이 단계에서 이북5도청과 그 산하 기관인 동화연구소를 방문해 관련 자료의 존재 유무를 확인했다. 그곳에는 이북 지역의 도, 시, 군, 읍, 면, 리별 각종 향토지는 갖춰져 있었으나, 월남인 정착촌에 대한 구체적 자료는 없었다. 즉, 기존에 나온 연구 성과물이나 동화연구소의 기관지였던 ≪월간 동화≫와 같은 대중매체에 실린 월남인 정착촌 관련 기사 몇 가지를 제외하고는 어디에도 구체적 자료가 없음을 알았다.

다음 조사지를 확인하는 작업도 필요했다. 그런데 첫 조사지로 속초 청호동을 결정한 1996년 초봄에 이미 '신수로 개발'로 마을이 해체된다[2]

---

2 속초 청초호의 부패를 막고자 동해와 연결하려는 목적으로 수립된 신수로 개발 계획은 이미 1980년대 이래 국책 사업으로 검토되어 1990년대에 들어서는 확정되어 있었다. 이 계획은 지역 주민이나 환경단체의 반대에도 강행되어 1997년에 신수로 개발 지역인 청호동 3~5통 지역이 철거되었고, 철거민들은 청초호 매립 항만 부지인 '미리내마을'로 이주해 현재까지 거주하고 있다. 최근에는 미리내마을 항만 부지 주변에 수초가 자라면서 빗물이 고이는 바람에 모기나 날파리 등이

는 소문이 돌았다. 동네가 남아 있는지도 모르는 상황에서 생각을 진척할 수는 없었다. 우선 속초에 거주하는 연고자에게 전화를 걸어 동네가 존재하는지 확인하고 속초시청 도시개발과를 통해 철거 계획을 확인해달라고 문의했다. 그 결과 당분간 청호동은 '이상 무'임을 확인했다.

그해 7월, 3박 4일을 예정으로 속초와 청호동을 사전 답사했다. 청호동에 첫발을 내딛던 날의 기억은 아직도 생생한 '낯섦'이다. 이 답사에서는 크게 세 가지 일을 했다.

우선 청호동에서 라포를 형성하는 일을 했다. 첫날 청호동 길을 걷던 중 발견한 '청호동 청소년 야간 공부방'에서 그 가능성을 직감했다. 대학교 학부 시절과 석사학위 취득 이후 몇 개월간 지역 공부방에서 자원 교사로 활동한 경험을 살릴 수 있겠다는 생각으로 그곳 문을 두드렸다. 그곳에는 자원 교사 3명이 있었고, 모두 청호동 월남인 2세였다. 나는 그들을 설득하면 일단 청호동에 들어갈 길을 찾을 수 있겠다고 생각했다. 그들을 설득하는 데에는 3일이 걸렸다. 서울로 돌아오기 전날 밤에야 일정한 도움을 약속받을 수 있었다. 이때 형성된 라포를 R1이라고 부르자.

그다음으로 자료실에서 속초와 청호동에 관련된 자료를 찾았다. 나의 자료실이 되어준 곳은 속초의 지역신문[3]인, 주간 ≪설악신문≫의 자료실

---

서식해 새로운 환경문제(≪강원일보≫, 2011.8.1)가 되면서 정부의 원 취지를 제대로 살리지 못하고 있다.

3 1987년 6월 민주화 항쟁 이후 시민운동이 활성화되면서 1990년대 초에는 지역시민운동의 일환으로 지역신문사가 우후죽순 개국했다. 그 일환으로 1990년에 지역 지식인, 문인, 시민들이 뜻을 모아 주간 ≪설악신문≫을 창간했다. 자세한 내용은 주간 ≪설악신문≫ 홈페이지(http://www.soraknews.co.kr/renewal/main/

이었다. 지역신문에 게재된 청호동과 월남인의 관련 기사와 속초시에서 발간한 기초 자료를 검토하고 복사했다. 이 과정에서 여러 가지 기초 자료를 확보할 수 있었다. 그리고 자료에서 발견한 청호동 거주 인명은 될 수 있는 한 외워두었다.

마지막으로 나는 청호동의 약도를 그렸다. 그 지도는 우선 머릿속에 그렸고 그다음으로는 연구 일기(personal log)에 그렸다. 답사하는 과정에서 본 길과 특정 장소, 약도를 결합해 내 나름대로 지도를 그려 청호동에 대한 감을 익혔다.

## 2. 제2단계: 문제의식의 구체화

이처럼 현지 조사를 할 때에는 대략적인 사전 답사와 치밀한 사전 조사가 필수적이다. 사전 조사가 잘될수록 본 조사에 임하는 자세가 탄탄해진다. 나는 앞에서 서술한 것과 같은 사전 답사 후 본격적으로 조사를 준비하는 작업을 시작했다. 조사 기간을 약 6개월로 예정했으므로 준비 작업은 다양하고 복잡했으며 준비물품도 많았다.

우선 본 조사에 착수하기 전에 필요한 여러 가지 문서를 만들어야 했다. 박사학위논문 주제와 관련된 문헌자료나 사전 답사를 하면서 수집해 온 자료들을 목록화했다. 그리고 목록화된 자료를 바탕으로 간단한 조사계획서를 작성했다. 조사 이후에 본격적으로 집필된 연구계획서를 생각

---

intro.htm)를 참고하기 바란다(검색일: 2013년 1월 17일).

녹음기 2대(아날로그 녹음기나 디지털 녹음기), 캠코더, 노트북 컴퓨터(아이패드로 대체 가능), (아날로그 녹음기 경우) 카세트테이프, 마이크,[6] (아날로그 캠코더인 경우) 8mm녹화용 테이프, 충분한 배터리, 카메라 2대,[7] 흑백 필름, 컴퓨터 디스켓, 충분한 기록장, 복사용지, 필기도구, 가계도, 지도, 선물 2종(구술자용, 설문지 피응답자용), 이력서, 협조의뢰서 등

하면 그 조사 계획서는 거칠기 짝이 없는데다 현지 조사 과정에서 많이 수정되었지만, 내 연구의 출발을 알리는 신호탄이었고, 현지 조사를 하면서 나를 소개하는 글이 되었다. 또한 구술사 질문 항목도 대략적으로 짜두었다. 또한 개인경력서와 사회학과장 명의의 '협조의뢰서'[4]도 넉넉히 복사해 준비해두었다.

그다음에는 일단 형성된 R1을 통해 하숙집을 구해달라는 부탁을 확인했다. 그 과정은 R1에게 내가 청호동에 내려갈 사람임을 확신시켜주는 효과도 있었다.

준비물 목록은 대단한 양이었다. 조사에 필요한 몇 가지만 나열하면 〈표 5-2〉와 같다.[5]

---

4 당시 나는 사회학과 박사과정을 수료한 상태에서 다른 소속을 갖지 않았으므로 사회학과 학과장 명의의 협조의뢰서는 현지 조사에서 나의 연구자로서 신원을 보증하는 중요한 서류였다.

5 녹음기는 주로 한 대를 실제 사용했고 나머지 한 대는 고장에 대비해 항상 휴대했다. 2000년대의 구술사 조사에서는 주로 보이스 레코더 2대를 휴대했고 필요에 따라서는 노트북도 소지해, 현지에서 연구 일기나 약식 녹취문을 작성하기도 했다.

6 녹음용 마이크의 성능은 물론 좋아야 하지만, 특히 구술자와 면담자의 목소리를 동시에 녹음할 수 있는 것인지 확인해야 한다.

7 경험적으로 보면 현지 조사에서는 카메라를 여러 용도로 사용할 수 있다. 카메라는 조사 현장을 촬영하거나 구술자를 촬영하는 용도 외에도 현지에서 발견한 자료를 복사하는 기능을 수행하고, 간혹 캠코더 대용으로도 사용할 수 있다. 따라서

# 협 조 의 뢰 서

수신처: 강원도 속초 청호동 동사무소장, 관할 파출소장
연구자: 김귀옥
연구주제: 청호동 '아바이' 마을공동체의 형성과 변천 연구


　　김귀옥은 서울대학교 사회학과 박사과정을 수료하고 위와 같은 주제로 1996년 9월부터 1997년 1월까지 귀 지역을 현장 조사하여 '월남민 공동체 형성과 변천연구'라는 박사학위논문을 준비하기 위한 연구를 하고자 하오니 협조를 부탁드립니다.



　　1996년 8월 30일
　　서울대학교 사회학과장
　　김 O O



별첨 1. 청호동 '아바이'마을공동체의 형성과 변천연구계획서
　　　2. 김귀옥 이력서

---

　　지나친 고가에 복잡한 기능이 있는 것보다는 화질이 보통 이상이고 스냅사진 촬영에 편리한 것이 무난한 것으로 보인다. 아날로그카메라라면 필름을 잘 준비하고, 디지털카메라라면 가급적 디카에 적합한 범위의 대용량 디스크나 외장 하드 등을 준비하는 것이 좋다.

1990년대까지만 해도 한국의 구술사 조사에서 대개 녹음기라고 하면 아날로그 녹음기를 의미했고, 녹음 시간에 따라 녹음테이프의 수도 비례해서 늘어갔다. 조사 시간이 늘어나면 녹음테이프는 빨리 소모되므로 현지에서 조달하기도 했다. 녹음 분량은 1시간짜리가 적당하다. 그 외에 장기 체류에 필요한 각종 잡동사니도 많이 필요했다. 당시에는 조사에 대한 부담과 새로운 곳에 대한 걱정으로 말미암아 거의 매일 악몽을 꾸었다.


## 3. 제3단계: 본 조사

### 1) 현지 정착 후 준비 단계

제3단계는 실제로 현지 조사를 하든 안 하든 상관없이 구술사 연구에서 본 조사에 해당한다. 본 조사가 현지 조사를 바탕으로 할 때에는 우선 다음과 같은 일이 필요하다.

첫째, 예비 구술자의 물리적·사회적 환경에 익숙해지기
둘째, 라포 관계에 있게 될 사람과 좋은 관계를 형성하기
셋째, 조사에 영향을 줄 수 있는 지역 관계자, 또는 협력자와 인사하기
넷째, 질문지 점검을 포함한 조사에 필요한 기기나 물품 점검하기

구체적 예를 들어 설명하도록 하겠다. 나는 사전 답사를 마치고 귀경한 후 본 조사에 필요한 사항들을 준비해, 마침내 현지에 도착했다. 본 조

사에서 처음에 할 일은 안착할 장소를 장만하고 주변을 익숙해지도록 관찰하는 일이다. 사전 답사에서 만났던 R1과는 헤어진 후에도 몇 차례 전화로 소통하며 하숙방을 마련해달라고 부탁해놓아서, 도착하던 날에는 이미 하숙집이 결정된 상태였다. 그 하숙집 주인을 나는 R2라고 불렀다. R2는 청호동 공부방의 자모회원 중 한 명으로 나의 하숙집 주인이자 가장 중요한 정보원이었고, 나의 후견인이자 충고자가 되어주었다. 또한 나는 도착한 그 날 바로 청호동 공부방의 자원 교사가 되었으므로, 공부방 사무실과 공간은 나의 중요한 활동 공간이었다. 거기에는 컴퓨터도 있어서 작업을 준비하고 정리하기에도 좋았다. 그러나 내가 처음 그곳에 갔을 때에는 컴퓨터 두 대가 모두 고장 나 있어서, 컴퓨터를 수리받는 일로 자원 교사의 일을 시작했다. 그러고 나서 학생들과 상견례하고 학부모들에게 모두 전화해 나를 소개하는 일도 빼놓지 않았다.

다음으로 나는 경력서와 협조의뢰서, 연구계획서 등을 봉투에 넣어 지역의 주요 기관, 즉 청호동사무소를 방문해 그곳 동장과 직원들을 시작으로 속초 청호동과 근접한 속초 조양동[8] 파출소장, 청호동 10개 통장, 대한노인회 청호동 지회 노인회장, 마을금고 이사장, 부녀회장, 오징어건조협회장, 청호초등학교장과 직원들, 동네 유지 등을 찾아다니며 인사하고 협조를 부탁했다. 처음에는 R2나 청호동사무소 사회복지계 직원과 함께 인사하러 다녔다. 낯선 연구자를 바라보는 시선은 결코 부드럽거나 수용적이지 않았다. 사람들 대부분은 귀찮아하거나 무관심한 표정이었다. 그들의 웃음은 자신의 직위에 맞는 최소한의 예절이었다. 간혹 나의 연구에

---

8 청호동에는 별도의 파출소가 없고 조양동 파출소가 두 지역을 관할했다.

관심 어린 말을 던지는 사람들도 있었다. 노인회장처럼 나의 조사에 대해 "우리가 할 일을 대신하는구나"라고 말해주는 사람들도 있었다. 어떤 사람은 자신이 가진 청호동에 대한 자료와 시집을 빌려주기도 했다.

마지막으로, 앞의 단계에서 대강 짜둔 구술사 조사 항목((부표) 참조)을 몇 번에 걸쳐서 완성했다. 이 과정도 만만치 않았다. 무엇보다 상의할 사람이 없다는 것은 약점이었다. 그러나 이 과정에서 R1과 R2이 중요한 역할을 했다. R1에게서 들은 자신의 성장 과정이나 부모에 대한 간단한 이야기, R2와 나눈 이야기는 동네의 특징을 파악하고 조사 항목을 완성하는 것뿐만 아니라 조사 때 지켜야 할 지침을 만드는 데에 도움이 되었다. 그리고 이러한 과정을 거쳐서 본 조사에 들어갈 수 있었다

## 2) 구술자를 대하는 지침

대개 구술자를 상대로 하는 조사는 두 번 다시 반복하기 어려운 점이 있다. 통과의례이기도 한 첫 조사를 잘하면 구술자를 두 번째로 조사할 때에는 심층의 기억을 꺼낼 수 있다. 그러나 첫 단추를 잘못 끼우면 관계는 계속 삐거덕거리기 쉬우므로 조사는 매번 성심을 다해 임할 필요가 있다. 나는 본 조사에 임하기 전에 준비 단계에서 얻은 정보와 일반 조사 원칙을 결합해 본 조사에서 '구술자를 대하는 지침'을 만들어보았다.[9]

---

9  본문에는 적지 않았으나 구술 전에 반드시 확인해야 할 작업이 있다. 사용할 기계 장비들이 제대로 작동하는지, 배터리, 필기도구, 녹음테이프와 녹화테이프, 사진기의 필름 등은 충분한지 등을 살펴야 한다. 실제로 정신없이 갔는데 준비물이 누락되어 당황했던 적도 한두 번 있었다.

<표 5-4> 구술자를 대하는 지침

┌─────────────────────────────────────────────────────────────┐

〈구술자를 대하는 지침〉

첫째, 구술자와 조사자의 관계는 객체-주체의 관계가 아니라 주체-주체의 관계다.

둘째, 구술자에게는 최대한 예의를 갖추어 대한다. 설령 그가 조사를 거절하더라도 여전히 예의
　　로서 대한다. 그러나 지나친 예의는 거리감을 줄 수 있으므로 자연스러움이 필요하다.

셋째, 구술자에게 나와 나의 조사에 대한 정보를 제공하여 나에 대한 믿음을 갖도록 한다. 상호
　　깊은 신뢰를 갖도록 노력해야 한다.

넷째, 조사는 가급적이면 구술자가 가장 익숙한 장소인 그의 집에서 하도록 한다.

다섯째, 구술자를 방문하러 가기 전에는 방문한다는 연락을 취한다.

여섯째, 구술자를 방문할 때면 과자나 음료, 과일 등을 사가지고 간다. 구술자와의 식사는 그의
　　일상문화를 이해할 수 있고 사적인 친밀성을 나눌 수 있는 중요한 시간이므로 즐긴다.

일곱째, 구술자와의 본면담 전에는 그의 시간을 미리 확인해두고, 내가 무엇을 얘기 듣기 바란
　　다고 먼저 설명을 한다. 또한 조사 항목도 미리 보여준다.

여덟째, 조사 결과는 학문적으로만 이용되고 이름은 가명으로 처리됨을 확실히 한다.

아홉째, 면담 중에서는 구술자가 통제 받지 않고 자연스러운 느낌이 들지 않도록 한다. 가급적
　　이면 논쟁은 회피한다.[10] 그가 조사에 최대한 몰입하여 좀 더 구체적으로 상황을 묘사하
　　고 지명이나 인명도 구체화한다. 그가 당시에 썼던 용어(방언)나 불일치한 얘기가 나와도
　　그냥 들었다가 그 날의 조사를 마친 후나 다음 조사 때 반복 질문을 하도록 한다.

마지막으로, 면담 기간 중이나 끝난 후, 구술자의 가족과도 될 수 있는 한, 이야기를 많이 나누
　　는 것이 좋다. 그러나 구술자 설정을 정확히 해야 대상자는 주체의식을 갖게 된다. 조사
　　후에도 그나 그의 가족과 믿음의 관계를 유지하도록 한다. 그가 원할 때에는 기록장을 보
　　인다.

└─────────────────────────────────────────────────────────────┘

　대략 〈표 5-4〉와 같은 원칙에 기반을 두고 본격적으로 구술 조사를 시

───────────────

10 어떤 구술자는 본면담이 진행될 동안에는 참았다가 면담이 끝나면 어떤 주제에
　대한 나의 생각을 묻곤 했다. 이때는 피하기가 어렵다고 판단했다. 이에 구술자와
　깊이 있는 토론을 하는 것은 어렵더라도 나의 생각을 최소한이나마 표현하고 구
　술자의 얘기를 듣는 일이 여러 번 있었다. 나는 구술자의 이러한 제안조차 피하는

작하도록 한다.

## 3) 누구와 면담할 것인가

### (1) 소개를 통한 접근과 눈 굴리기식 조사 방법

양적 사회조사이건 구술사와 같은 현지 조사이건 조사는 라포 관계에 있는 사람의 소개로 알게 된 사람의 조사로 시작하는 것이 무난하다. 일반적으로 한국 사회에서는 낯선 사람을 불편해하는 경향이 강하므로 원활하게 조사하려면 초기 조사는 중매자의 소개를 받는 편이 좋다.

나는 처음에 조사할 때 그러한 사실을 인지하지 못한 채, 예의를 잘 갖추고 협조의뢰서나 경력서, 연구계획서 등을 예비 구술자에게 제시하면 구술 조사를 할 수 있으리라고 기대해 첫 조사부터 시행착오를 겪었다. 시행착오 이야기는 다음 부분에서 소개하도록 한다.

처음에는 신뢰할 만한 사람을 통해 소개받은 예비 구술자 몇 사람을 조사하지만, 나중에 연구자인 나와 구술자가 직접적 신뢰를 형성하게 되면 구술자를 통해 내가 원하는 유형의 예비 구술자를 직접 소개받을 수 있다. 즉, 눈 굴리기식 방법(snow ballling method)을 통해 구술자를 찾아나갈 수 있다.

그러면 조사 과정을 구체적으로 이야기하도록 하겠다. 현지 조사에 착수하면서 라포 관계의 사람에게 소개받은 예비 구술자들을 만나 얘기하는 가운데 내 머릿속에는 '인지 지도(cognitive map)'가 그려졌다. 사회적

---

것은 상호성의 원칙을 저버리는 것으로 생각했다.

관계망이나 권력관계망을 어느 정도 포착한 것이다. 이를 통해 '동네 유지'에게 구술자를 소개받는 것이 상대에게 믿음을 줄 수 있겠다고 판단했다. 청호동의 어느 공기관장이나 10개 통장들에게 소개받고자 하는 사람[11]을 구체적으로 소개받아 조사에 들어갔다.

조사가 세 달쯤 진행되자 자발적으로 면담을 요청하는 사람들도 생겼다. '믿음의 관계'를 형성하는 것이 얼마나 중요한지 깨달았다. 또한 선행 구술자에게 다른 대상자를 소개해달라고 요청하기도 했다. 그것은 마치 친구들끼리 놀이를 할 때와 같았다. 내가 누군가를 호명할 수 있다는 것은 작은 권력이므로 호명자로서는 기분 좋은 일이어서 선행 구술자는 다음 사람을 호명하고 그 사람에게 나를 기꺼이 소개해주었다.

### (2) 조사 초기의 시행착오

본 조사 초기 단계에서 벽에 부딪힌 일을 성찰해보면, 연구자인 내가 한 사회의 통과의례를 제대로 치렀는가 하는 문제에서 비롯되었다는 생각이 든다. 이는 그 사회의 성격을 제대로 이해했는가 하는 문제이기도 하다. 그 사회의 특성을 제대로 이해하지 못한 채, 내가 아는 공식을 고집하는 한 그 사회 속에 제대로 들어갈 수 없는 결과를 낳는다. 그러한 문제는 월남인 공동체 조사만이 아니라, 노동사 조사를 하면서 단위 기업 노동자들을 조사할 때에도 경험했다. 내가 직접 노동자를 찾아내어 조사할

---

11 그렇다고 그들에게 무조건 소개를 부탁한 것이 아니라, 노인회원 명단을 입수한 다음 그것을 통별로 정리해 통장에게 이러한 사람을 소개해달라는 방식을 취했다. 나는 최소한도라도 출신과 고향이나 직업, 남녀를 안배하고 싶었다.

때와 친밀한 사람의 소개를 받아 조사할 때에는 접근 과정에 큰 차이가 있었다.

이제 구체적으로 시행착오를 소개하도록 한다. 시행착오의 문제는 누구와 면담하는가였다. 노인들이 모이기 시작하는 오후 1시에 맞춰 노인회관에 나갔지만, 노인들은 인사를 받기만 할 뿐 누구 하나 면담에 선뜻 응하려 하지 않았다. 나의 눈길을 의도적으로 피하는 듯했다. 이틀째 되는 날, 얼마간을 소요하다가 삼삼오오 모여서 심심풀이 놀이를 즐기는 노인 가운데 다소 소외된 듯 보이는 한 노인(당시 75세, 함경남도 북청 출신)이 있어서 말을 붙여보았다. 그 노인에게 나 자신과 연구 취지를 정중하게 소개하고 면담을 요청하자 관심을 보였다. 다른 노인들이 놀이하는 옆에서 그 노인에게 인적 사항과 고향 관계부터 물어나가기 시작했다. 남루한 외모와 달리 노인의 기억력은 뛰어났다. 심지어 일제가 한국인에게서 무엇을 어떻게 수탈했는지에 대해서 자신이 겪은 강제징용의 경험을 통해 설명할 때에는 정치경제학적 식견까지 드러냈다. 두 시간가량을 인터뷰했을까? 얘기하는 가운데 나이 부분이 엉킨다고 느꼈다. 노인이 나에게 처음 얘기한 나이와, 얘기에 몰두하는 가운데 나온 한국전쟁 당시의 나이 사이에는 차이가 있었다. 그래서 왜 차이가 나느냐고 물었다. 그제야 노인은 자신의 '고무줄 나이(임의 조작한 나이)'에 대한 내력을 설명했다. 이 야기인즉슨, 군에 끌려가지 않고자 나이를 늘렸다는 것이었다. 그것도 한 번이 아니라 인적 사항을 신고할 때마다 군에 가지 않으려고 나이를 적절히 늘렸다고 했다. 이렇게 세 시간에 걸쳐 첫 인터뷰를 마쳤다.

다음날은 노인의 집에서 면담하기로 약속했다. 그리고 문제는 그 집에서 생겼다. 노인과 인터뷰하는 도중 시장에서 장사하는 노인의 처가 점심을 먹으려고 돌아와서, 내가 자신을 밝히며 소개했다. 그런데도 노인의 처는 계속 "늙은이한테 무얼 알리려고 하지", "요즘 수상한 사람들이 많다는데"라며 조사를 탐탁지 않게 여겼다. 면담이 북한의 한국전쟁 이전의 경험에 초점이 맞춰지고 토지개혁이나 민주개혁에 대한 얘기가 나오면서 김일성에 대한 얘기로 흘러가자 처의 불만은 최고조에 달했다. 처의 노여움에 노인도 덩달아 화냈다. "내가 하기 싫어하는데, 자꾸 해달라고 해서 너 때문에 처가 화를 내잖아." 나는 당황해 노인의 처에게 다시 다가가 상황을 설명했으나, 노인은 냉정하게 돌아누워 "우리 집에서 나가라. 내 아들은 경찰이다"라고 말했다. 나는 '첫 조사가 잘 풀린다고 생각했더니 처음부터 악재가 끼었구나'라고 생각하며 온몸에 맥이 빠져 노인의 낡은 판잣집을 나왔다. 그리고 이제는 하숙집에 돌아가 짐을 싸서 서울로 돌아가는 길밖에 없다고 탄식했다. 결국 나의 하숙집 주인인 R2가 나서서 노인의 처에게 나와 조사에 대해 이해시켜준 것이 계기가 되어 나는 노인의 처와 화해했다. 이 같은 경험을 한 후에야 이러한 조사에서 라포 관계나 첫 구술자가 지니는 중요성을 진지하게 생각했다.

## 4) 면담 장소 결정

면담 장소는 가급적이면 구술자에게 익숙한 장소를 택하도록 한다. 물론 구술자를 어디서 면담할지는 대개 구술자의 결정에 달려 있다. 구술사 조사는 대개 생애담이며, 적지 않은 시간의 면담을 통해 이루어지므로 구술자나 면접자가 집중하기 좋은 장소를 선택하는 편이 좋음은 두말할 나위가 없다. 다시 말해 연구자가 관찰하기가 좋은 장소, 즉 구술자의 집이나 구술자의 흔적이 많이 묻어 있는 장소일수록 좋다. 그리고 이러한 조건에 가장 적합한 장소는 두말할 나위 없이 구술자의 '집'일 것이다.

그러나 서울과 같은 대도시에서는 구술사 조사는 말할 것도 없고, 설문지 조사라도 신뢰를 형성하지 않은 상태에서 응답자의 집에 들어가는 일이 쉽지 않다. 이렇게 구술자의 집에서 구술할 수 없을 때에는 차선으로 면접자의 연구 공간을 택할 수 있다. 그러나 구술자를 면접자의 연구 공간으로 오게 할 수 없을 때도 많으므로, 그럴 때에는 우선 다방, 식당, 공적 공간, 예를 들면 노인인 구술자가 자주 왕래하는 노인회 사무실 같은 구술자의 공적 장소 등에서 만나 조용한 분위기를 만들어 일차적인 이야기를 나누고, 조금 친밀한 관계가 되면 구술자의 집에서 다시 면담하는 것을 요청해볼 수 있다. 한편 상대적으로 시간 여유가 있는 노인과는 친밀해짐에 따라 집에서 조사할 여지가 있다. 그러나 구술자가 젊은 직장인이라면 집에서 면담 조사를 할 가능성은 거의 없는 편이다. 이럴 때에는 가능한 한 조용한 사무 공간을 활용할 수 있도록 구술자를 이해시킬 필요가 있다. 내가 노동사 연구나 민주화운동가 연구, 남북 교류 사업 담당자 연구를 했을 때에는 구술자들이 대개 현직에 있는 사례가 많아서 사무 공간을 활용하거나 조용한 방이 있는 식당 등에서 조사하곤 했다.

그간 구술사 연구에서 주로 노인을 연구할 때에 나는 대개 구술자의 집에 들어갈 수 있었다. 간혹 노인회 사무실도 이용했는데, 이때의 조사는 대개 어수선하게 끝났다. 노인회 회원인 노인들은 정체도 불명확한 상태에서 구술자와 친분관계라는 이유로 구술자에 대한 여러 가지 정보를 쏟아내기도 했고, 한꺼번에 얘기할 때도 많아 구술자의 이야기에 집중하기가 곤란했다. 또 어떤 때에는 사적 공간에서 이야기할 때와 공개된 공간에서 이야기할 때 구술자의 이야기가 불일치하는 사례도 간혹 목격했다. 아마도 구술자가 다른 사람이 들을 때에는 '정답'[12]을 얘기하는 것이 아닌가 하는 생각이 들었다.

그런데 20년 가까이 구술사 조사를 하는 동안 지켜본 바로는, 생애담 조사를 할 때에는 대개 구술자 자신도 자신이 하는 얘기의 비밀을 지키고자 했으므로, 거주지가 대도시이건 중소도시이건, 또는 농촌이건 간에 상관없이 구술자의 집에서 구술하자는 면접자의 제안을 받아들이는 편이었다.

한편 구술자의 집에서 구술을 진행하면 여러 면에서 조사에 유리하다. 점심시간이 끼면 대개 처음에는 내가 식사를 대접하려고 한다. 그러나 많은 사람은 나를 손님으로 인식하므로 구술자 자신이 식사를 대접하고자 한다. 대개 구술자와 함께 식사함으로써 구술자의 생활과 문화를 구체적으로 접할 수 있고 개인적으로 더 친해질 수도 있다. 그리고 내가 대접을 받는다면 나는 반드시 선물로 답례하는 것이 예의다. 또한 집에서 조사를 하면 구술자의 집 안 곳곳에 걸린 사진을 볼 수 있는 기회가 생기고 서로 믿음이 쌓이면 사적 기록이나 자료를 볼 수 있는 기회도 생긴다.

---

12 속초 청호동에는 수없이 많은 방송사와 신문사의 기자들이 출입하므로 구술자들은 대개 기자들이 무슨 얘기를 듣고자 하는지, 자신이 어떻게 얘기해야 하는지 안다. 심지어 자신은 경상도 출신으로 청호동에는 1960년대에 들어왔는데도, 기자 앞에서는 함경도 사람이고 한국전쟁 때 피난 나왔으며 함경도 문화가 무엇인지를 능청스럽게 얘기하는 사람도 있다. 2009년 이래로 진행했던 철원 지역 조사에서도 간혹 노인들을 노인회 사무실에서 만났었는데, 그곳에서도 나는 노인들이 여러 사람의 분위기에 휩쓸려 정답에 해당하는 이야기를 한다고 판단했다.

조사 과정에서 면접자는 구술자와의 사이에서 조사 외의 문제에 노출될 여지가 있다. 특히 사적 공간에서 조사를 진행할 경우 면접자가 구술자에게 피해를 주거나, 반대 상황도 발생할 수 있다. 대체로 보면 면접자는 대개 '연구자 윤리'를 숙지하고 진행하므로 최대한 조심하지만, 구술자에게는 그러한 윤리가 없다. 따라서 면접자가 구술자보다 성별, 나이, 계급·계층, 학력, 정치적 입장, 문화 등의 차이에서 취약한 위치(조영주, 2012: 113)에 놓일 때, 의식 또는 무의식적으로 피해받을 때가 있다. 특히 성(gender)이 다를 경우, 드문 일이기는 해도 성희롱이나 성폭력과 같은 문제가 발생할 우려가 있다. 나는 여지껏 그러한 문제를 직접적으로 겪지 않았으나, 면접자가 여성이고 구술자가 남성이라면 면접자가 취약한 위치에 있을 수 있다. 또한 남성 중심적 가부장제 문화로 여성 면접자가 성차별적 상황에 부딪힐 가능성은 있다. 그럴 때에는 조사 자체가 어려워질 수 있으므로 최대한 그러한 상황이 발생하지 않도록 예방하는 것만이 상책이다.

예컨대 많은 사람이 여성 연구자인 내가 낯선 남성 구술자 노인을 사적 공간에서 만나는 문제를 염려하곤 했다. 나는 조사하기 전에 여러 가지 장치를 설정해두고 시작한다. 지역에서 구술자가 아는 권위 있는 소개자나 경찰서(또는 파출소 등)나 동사무소(주민센터) 등과 같은 공적 기관의 협조가 있다는 사실을 알려주는 것에서 시작해, 연구자 자신의 공적 경력이나 연구 경력 등을 충분히 밝혀 상호 신뢰할 수 있는 코드를 인지하도록 한다. 또한 상봉 과정에서는 최대한 예의를 보여 상대를 존중하는 동시에 구술자가 면접자를 존중하도록 유도한다. 또한 조사 도중에는 편하게 구술 대화를 하면서도 적절히 연구자와 구술자라는 '선(경계)'을 유지하도록 분위기를 조절한다. 간혹 남성 연구자들은 구술사 연구를 할 때 구술자와 '술'을 마시면서 구술을 진행하면 생애담을 진솔하게 들을 수 있다고 얘기하기도 한다. 그러나 여성 연구자인 나는 조사에 긴장을 조성하고자 면담 장소는 말할 필요도 없고 대체로 구술자들이 있는 자리에서는 금주했다. 술은 면담을 도와주기보다는 오히려 조사자와 구술자와의 관계를 흐림으로써 면담 자체를 망치기 쉽다는 것이 나의 결론이다.

## 5) 면담 시간 결정

면담 시간과 관련해서는 두 가지 결정 사항이 있다. 첫째는 면담 날짜와 만날 시간을 결정하는 것이고, 둘째는 면담 진행 시간을 결정하는 것이다. 두 가지 모두 구술자에게 달려 있다.

우선 예비 구술자에게 면담을 신청할 때, 조사 한 번에 시간이 어느 정도 필요한지 말해주고, 구술자와 면접자가 합의할 수 있는 시간을 결정하면 된다. 대체로 약속 시간은 지켜지는 편이지만, 구술자가 갑자기 급한 약속이 생겼거나 건망증이 심할 때, 또는 어쩌다 구술사 조사를 기피할 때 약속이 파국을 맞기도 한다. 이러한 상황이 간혹 발생하므로 면접자는 미리(대략 1주일 전에) 약속을 잡았더라도 약속된 시각의 몇 시간 전에 다시 전화를 걸어 확인하는 편이 좋다.

다음으로 구술자와 면담을 약속하는 과정에서 면담 진행에 소요되는 시간을 대략 확인해야 한다. 일반적으로 구술사 조사에서는 바람직한 구술 시간을 한 번에 2시간, 두 차례 정도로 잡는 경우가 많다. 구술자와 구술 면담 시간을 잡을 때에 2시간 정도 진행한다고 말하면 길다고 하는 구술자가 많다. 그러나 나의 경험에서 보면, 실제 진행 시간이 2시간 정도에서 끝나는 사람과 그 이상도 잘 견디는 사람으로 나눠볼 때 전자보다 후자가 더 많았다. 대개 구술자가 처음에 구술 생애담의 운을 뗄 때에는 어렵게 느끼는 편이지만, 생애담을 이야기하다보면 많은 경우, 이야기 자체를 즐긴다는 것을 느낀다. 약속된 2시간을 넘어 한 번에 5~6시간을 구술할 때도 적잖이 있었다. 사람에 따라서는 한 차례로 구술을 마치지만, 간혹 수차례 구술하는 경우도 있다. 아마도 구술 차수는 구술자가 겪은 경험의 폭과 깊이, 구연의 질과 양에 따라 결정할 수 있고, 구술자와 연구자가 함께 차수를 제한해 결정할 수도 있다.

불의의 사고로 면담 약속이 취소되거나 면담 도중 중단되는 사례도 간혹 있다. 그러한 상황일지라도 인내심을 갖고 이해하는 자세가 필요하다. 구술자가 구술의 진행을 기피하려는 동기에서 발생한 상황이 아니라면, 그 상황을 잘 넘길 경우 다음 기회에 계속 구술할 수 있다.

## 6) 본면담과 기록

이제 본격적으로 본면담을 시작할 차례다. 본면담을 할 때에는 가급적이면 녹음기를 켜둔 상태에서 구술자의 동의를 구해 녹음을 계속할 수 있게 해야 한다. 만일 구술자가 면담은 동의했으나 녹음을 거부한다면, 아쉽지만 녹음을 중단하고 최대한 기록하면서 면담을 진행해야 한다. 그리고 동의를 구한 다음에 면접자는 구술자에게 구술 생애담을 이야기하는 취지나 조사의 의의 등을 설명하고, 구술자가 조사에 동의했음을 녹음해 두어야 한다. 음성 기록에 '동의' 사실을 남겨두면 문서로 동의를 남기지 못할 때 동의의 근거 자료로 대용할 수 있다. 또한 필요시에는 동영상 기기를 구술자의 협조를 구해 사용할 수도 있다.

본면담의 진행은 바로 생애담으로 들어가기보다는 구술자가 편안하게 이야기할 수 있도록 가급적이면 현재 구술자의 관심이나 건강 사정 등을 첫 질문으로 던지고, 구술자가 구술 상황에 몰입하기 시작하면 고향에 대한 추억과 어린 시절에 대한 회고, 가족 이야기로 나아가면 된다.

조사 초반부에 구연하는 고향이나 어린 시절의 회고담은 구술자가 생애담으로 빠져들게 하는 중요한 역할을 한다. 특히 '고향'이 구술자에게 어떠한 의미를 주는지 발견할 수 있고, 구술자의 과거 생활과 문화를 파악할 수 있다. 이뿐만 아니라 그 과정은 면담을 부드럽게 하는 데에도 효과가 있다. 면접자는 서둘러 알고 싶은 사항이 있더라도 사과 껍질을 천천히 벗긴다는 생각으로 구술자의 이야기에 몰두해야 한다. 이 과정에서 구술자 대부분은 자신의 시간을 되돌려 타임머신을 타고 과거로 돌아간다. 이때 사물과 인간관계는 최대한 구체적으로 묘사된다. 그리고 마치 그때 그 자리에 구술자가 서 있는 듯한 착각이 들 정도로 생생하게 회고한다.

많은 구술자는 처음에 만나면 자신의 생애를 "책으로 쓰면 소설 10권 분량"이라고 곧잘 말한다. 그러나 정작 생애사를 얘기해달라고 하면 얘기가 썩 잘 풀리지 않는다. 대체로 큰 방향의 주제를 던져주고 구술자가 얘기를 전개해나가도록 해야 한다. 대개 구술자들은 10~20대 당시의 기억은 상세한 편이지만, 30대 이후의 삶에 대해서는 특별한 사건이 없는 한, 생애담을 듬성듬성 구술하는 것이 일반적이다. 이럴 때 면접자가 적절한 질문을 던져주면 구술자는 기억에 자극을 받아 생애담을 풀어나가기도 한다.

생애담을 잘 풀 수 있도록 질문 항목을 적은 질문지를 구술자에게 제출하면 구술자는 질문지를 대략 검토한 후 스스로 순서를 잡아서 이야기하거나 구체적으로 질문하도록 면접자에게 요구한다. 면접자는 구술자가 자연스럽게 시간의 흐름을 좇아 구술하도록 최대한 개입하지 않되, 적절한 시기에 적절한 질문을 던져 얘기의 흐름을 살리면서 구술자가 기억을 잘하도록 도와야 한다.

질문지는 일반적 수준에서 결정된 것이므로, 구술자에 따라 유연하게 바꾸어나가는 것이 필요하다. 한국 노인의 생애 속 시간(해방 당시 청소년층 이상의 연령층)에서 해방 이후의 구술 생애담은 단절되거나 비약되는 부분이 많은 것으로 보인다. 해방 당시나 한국전쟁 당시에는 남북에 걸쳐 사회주의운동이 발생하는 과정에서 적잖은 사람이 직간접적으로 사회주의적 경험이나 반공주의적 경험에 연결되었다. 그리고 이러한 기억은 분단 체제에서 사는 한 불편한 경험일 수밖에 없는 것 같다. 그러한 상황에서 해방 당시나 전쟁 당시를 회고하는 구술자에게 당시의 기억은 소략하거나 지금의 감정이 뒤섞여서 사실적 경험을 구연하는 데에 장애를 겪는 것으로 보인다. 그래서 이럴 때는 구술자에게 부탁해본다. "지금의 관점에서 말씀하지 말고 가능하다면 그때 상황에서 했던 일을 얘기해달라." 구술자의 머릿속에서는 무슨 일이 일어나고 있을까? 그 당시를 회고하는 것은 어떠한 점에서는 어린 시절을 회고하는 것보다도 더 선명할 수 있는데, 구술을 회피하려는 것은 혹시 머릿속에 내면화된 '자기 검열'이 작동하는 탓은 아닐까?

면접자는 구술자가 구연하는 생애담을 들으면서 내용을 기록하기도

하는데, 의문점이나 다음에 질문할 사항도 기록할 필요가 있다. 적어두지 않으면 생애담에 몰두해 질문 사항을 잊기가 쉽기 때문이다. 또한 기록하면서 구술자가 말하는 구술자 자신의 나이[13]를 기록하거나 기억했다가 해당 연도를 기록해놓는 것은 구술자료를 만드는 데에 도움이 되고 구술자의 기억을 활성화하는 데에도 도움이 된다. 그리고 구술 현장에서 확인되지 않는 인명이나 지명, 날짜, 사건 등을 기록해두었다가 추후 보완 질문을 하거나 관련 문헌자료 등을 살펴보는 것은 구술자의 구술 가치를 높일 수 있는 방안이 된다.

또한 본면담의 초기나 후기에 배치할 수 있는 조사에서는 구술자의 가계도(family tree)를 그리거나, 이동 경로 등을 작성하는 일을 할 수 있다. 이동(이주) 경로는 미리 준비해간 지도에 구술자의 출발지와 경유지, 시기, 동행인, 이동 운송 수단 등을 기입한다. 이러한 과정을 통해 조사자는 구술자의 대략적 상황과 정보를 파악할 수 있을 뿐만 아니라, 본면담에 들어가기 전에 구술자의 기억을 향상시킬 수도 있고, 본면담이 끝난 후 누락된 부분을 보완하는 효과도 얻을 수 있다. 나의 경우에는 본면담 초기에 이러한 조사를 했는데, 시기는 연구자마다 달리 선정할 수 있다.

또한 면담에서는 구술자의 자필 기록을 남기는 일 역시 자료적 측면에

---

13 시기에 대해 물을 때에는 연도보다는 나이를 묻는 것이 바람직하다. 따라서 구술자의 얘기의 흐름을 쫓아가되, 그에 대한 몇 가지 인적 상황은 항상 염두에 두어야 한다. 예를 들면 출생한 연도나 출생한 월, 출생지를 기억해두어야 한다. 사건이 발생한 계절을 잘 기억하지 못할 때에는 사계절이나 절기를 중심으로 묻는 것도 효과가 있다. 또한 대개 노인들은 음력을 중심으로 기억하는 편이라 음력인지 양력인지도 염두에 둘 필요가 있다.

서나 구술자의 기억을 활성화하는 차원에서 도움이 되는 것 같다. 그리고 일제 강점기의 경험에 나온 알아듣기 어려운 일본어나 그 밖에 알아듣기 힘든 사투리 또는 단어가 나오면 한자나 한글로 적어달라고 요청하기도 했다. 어떤 구술자들은 고향의 주거지나 한국전쟁 시기 포로수용소의 위치 등에 관해 그림을 그렸는데, 상당히 자세해서 구술자의 기억이 얼마나 세밀한지 측정할 수 있었고, 나의 상상력을 구체화해주고 구술자의 구술에 대한 신뢰를 높이는 데에도 큰 도움이 되었다.

## 7) 본면담과 관련해 추가적으로 할 일

앞에서 언급했듯이 연구자들은 대개 이상적인 면담 차수를 2차 이상으로 본다. 첫 면담을 마친 후 두 번째 면담을 하기로 구술자와 합의했다면, 면담 일정을 잘 잡아야 한다. 대개 두 번째 면담은 첫 면담보다는 더 우호적인 환경에서 진행되는 편이다.

이러한 과정을 거쳐 구술 면담이 끝날 때에는 반드시 구술자료 공개동의서를 작성해야 한다. 구술자료 공개동의서를 작성하기 전에는 작성하는 이유나 구술자의 권리를 자세히 설명해주어야 한다. 그리고 일단 작성한 후에도 구술자가 마음을 바꾸었다면 연락을 통해 변경된 사항을 기록할 수 있음도 알려주어야 한다. 구술자료 공개동의서의 형식은 다양하지만, 내가 주로 사용했던 형식을 예로 밝힌다. 나는 조사 과정에서 '구술개인기록보존부'도 작성했다. 참고로 그 예를 〈그림 5-1〉에서 살펴보자.

본면담을 마친 후 할 일 중 하나는 사례비 지급 문제를 해결하는 것이다. 연구자 간에는 구술 사례비를 둘러싸고 쟁점이 있다. 만일 구술 사례

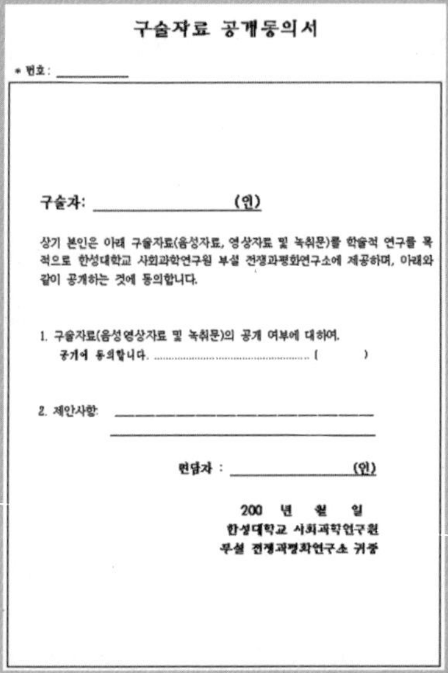

구술자료 공개동의서

* 번호: ________

구술자: ______________ (인)

상기 본인은 아래 구술자료(음성자료, 영상자료 및 녹취문)를 학술적 연구를 목적으로 한성대학교 사회과학연구원 부설 전쟁과평화연구소에 제공하며, 아래와 같이 공개하는 것에 동의합니다.

1. 구술자료(음성영상자료 및 녹취문)의 공개 여부에 대하여.
   공개에 동의합니다. ............................ (　　)

2. 제안사항: ______________________

면담자 : ______________ (인)

200 년 월 일
한성대학교 사회과학연구원
부설 전쟁과평화연구소 귀중

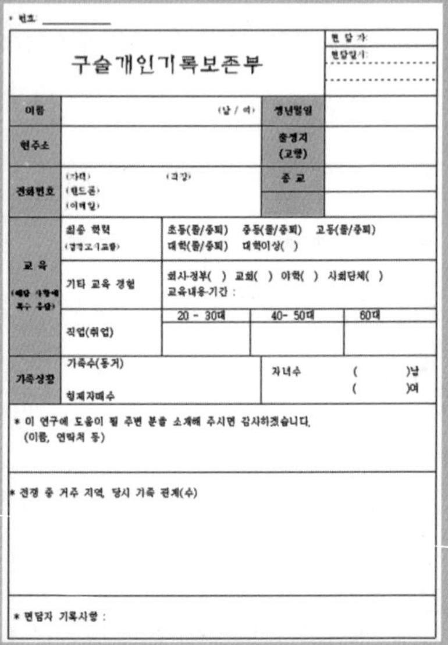

* 번호: ________

구술개인기록보존부

| | | | |
|---|---|---|---|
| 면담자: | | | |
| 면담일시: | | | |
| 이름 | (남 / 여) | 생년월일 | |
| 현주소 | | 출생지(고향) | |
| 전화번호 | (가택) (직장) (핸드폰) (이메일) | 종교 | |
| 교육 (해당 사항에 복수 응답) | 최종 학력 (경정고기교육) | 초등(졸/중퇴) 중등(졸/중퇴) 고등(졸/중퇴) 대학(졸/중퇴) 대학이상( ) | |
| | 기타 교육 경험 | 회사·정부( ) 교회( ) 야학( ) 사회단체( ) 교육내용·기간 : | |
| | 직업(취업) | 20 - 30대 / 40- 50대 / 60대 | |
| 가족상황 | 가족수(동거) 형제자매수 | 자녀수 ( )남 ( )여 | |

* 이 연구에 도움이 될 주변 분을 소개해 주시면 감사하겠습니다. (이름, 연락처 등)

* 전쟁 중 거주 지역, 당시 가족 관계(수)

* 면담자 기록사항 :

〈그림 5-1〉 구술자료 공개동의서와 구술개인기록보존부

비가 구술 생애담이라는 이야기를 사는 비용이라면, 대개 사례비로 책정된 몇만 원 정도밖에 되지 않는 비용은 턱없이 낮은 비용이라서 구매비 성격으로는 볼 수 없다. 또한 그 사례비가 단위 노동시간 비용이라고 하더라도 사람마다 단위 노동시간 비용에는 차이가 있어서 노동비로 간주할 수도 없다. 그리고 구술사 연구에서 구술자와 연구자 모두가 '주체'로 설정되고, 구술자의 개인 기억을 역사화해준다는 의미에서 보면 사례비를 주는 것은 맞지 않다. 20년 가까이 구술사 연구를 하면서 사례비를 지급하지 않은 적도 많지만, 적은 돈이라도 지급하면 받지 않는 사람보다는 받는 사람이 더 많았다. 이는 구술자나 연구자가 사례비를 작은 '선물'이나 '성의'로 인식하는 경향이 있다는 의미다. 또한 노인들은 몇만 원밖에

되지 않는 비용도 고맙게 생각하는 사례가 있었다.

아무튼 사례비가 조사에 책정되었든, 연구 자체가 사례비 없이 진행되든 간에 상관없이 사례비 지급은 고민이 아닐 수 없다. 내가 박사학위논문을 쓸 때나 개인 연구를 할 때에는 연구비 자체가 없었다. 박사학위논문을 준비할 당시에는 가난한 대학원생이었으므로 구술자의 집에 방문하면 사례비 대신 몇 가지 선물을 주었다. 그리고 그 이후에 진행했던 연구에서는 사례비의 준비 여부를 떠나 가급적이면 소액이라도 지급하는 것을 원칙으로 했다.

면접을 마친 다음에 할 일 중 하나는 연구 일기를 매일 작성하는 것이다. 많은 현지 조사자는 연구 과정에서 대체로 연구 일기를 작성하곤 한다. 스프래들리(Spradley, 1988)는 연구 일기에 조사 중 발생한 모든 경험, 아이디어, 근심, 잘못, 혼동, 돌파구, 문제점을 적어 넣을 뿐만 아니라 정보 제공자(narrator, interviewee)에 대한 반응과 다른 사람들에게 느낀 감정도 적도록 충고했다. 이 일기장에는 하루 동안 만난 사람들과 그에 대한 간단한 메모나 연락처, 느낌, 조사 가운데 특기할만한 일, 다음 면담 약속, 할 일에 대한 메모, 다음 면담 때 질문해야 할 사항, 독서 중 필요한 인용문, 찾아야 할 자료 등을 주로 적으면 된다. 또한 만난 사람에게 받은 명함이나 자료를 연구 일기에 붙여두기도 했다. 연구 일기는 조사 당시에 나의 기억을 좀 더 생생하게 만들어 주었고, 논문을 작성할 때에도 현장감을 불어넣어 주었다.

간혹 조사 현장에서 시간이 날 때마다 구술 생애담을 임시로나마 녹취하는 일도 한다. 녹취하는 일은 다음 장에서 구체적으로 언급하겠으나, 임시적인 녹취는 구술 내용을 생생하게 기억하도록 하는 효과도 있고 다음 조사에서 질문할 사항과 보완할 내용을 생각하고 보고서 주제를 좀 더 구체적으로 도출할 수 있는 기회가 되기도 한다.

## 8) 참여관찰자로서의 위치

앞에서 설명했듯이, 현지 조사에서 참여관찰법은 언제나 활용해야 하는 조사 방법이다. 즉, 참여관찰법을 잘 활용하면 구술자와 그 주변 환경을 살핌으로써 구술자를 이해하는 데에 도움이 될 수 있고, 구술 기억 외에도 근거가 될 만한 정보를 발견하는 데에 적잖이 도움이 된다. 참여관찰 유형(제3장 참조)은 연구자가 개입하는 정도에 따라 비참여, 수동적 참여, 보통 참여, 능동적 참여, 완전 참여 등으로 나눌 수 있다.

따라서 구술사 연구의 전 과정에 참여관찰의 레이더가 항상 작동되도록 세워놓을 필요가 있다. 예를 들면, 나는 방법론 자체가 구술사 방법론인데다가 청호동에 아무런 연고가 없는 상태였으므로 조사 자체의 취지나 내용을 알리지 않고는 조사 자체를 할 수 없었다. 더구나 한국 사회에 레드 콤플렉스가 남아 있는 상황에서 현대사와 관련된 구술사 조사는 정치적으로 예민한 문제를 포함한다. 따라서 나의 신원을 충분히 밝히지 않는 한 오해를 사거나 조사 자체가 곤란해질 뿐만 아니라, 공기관에서 시비를 걸어올 가능성이 존재했으므로 비참여 유형을 택할 수는 없었다.[14]

---

14 실제로 이와 같은 사태가 속초에서 벌어졌다. 나를 수상히 여긴 사람이 시청에 몇 차례 고발하는 통에 나의 하숙집 주인이 대신 참고인 조사를 받고 나를 보증했는데, 당시 나는 그런 일이 있는 줄도 모르고 지나갔다. 김제에서는 이러한 일이 몇몇 주민 간에 '빨갱이 낙인 소동'으로 나타나기도 했다. 조사 자체에는 크게 지장

현지 사회에 개입하는 정도는 속초와 김제, 강화가 각각 조금씩 달랐다. 속초에서는 6개월간의 체류를 계획했기에 시간적 여유가 있다고 생각해서 자원 교사로 활동하며 지역사회에 일정 정도 참여할 수 있었다. 반면에 김제에서는 1개월을 목표로 했고, 강화 역시 2~3주 정도의 기간을 두고 조사했으므로 수동적 참여만을 할 수 있었다.

지금까지 열거한, 현지 조사와 구술사 방법론을 진행하는 과정은 사례 중 하나일 뿐이므로 연구자는 자신에게 맞게 기획하고 습득해나가야 한다. 특히 아직 과정 중에 있는 학생이라면 선배나 교수의 현지 조사 과정에 조교로서 참여해보는 것만큼 중요한 연습 기회는 없을 것이다. 가능한 한 많은 기회에 참여할수록 현지 조사에 대한 공포감을 극복할 수 있다.

---

을 주지 않았으나 당시에는 일말의 두려움이 있었다. 그런데 이러한 경험을 반시나(Vansina, 1985)도 지역 조사에서 겪었다. 조사 초기에 주민들이 자신에게 '마녀'의 혐의를 두었다고 한다. 이는 낯설면서 동시에 많은 정보(일종의 권력)를 가진 사람에 대한 사회적 반응의 하나로 볼 수 있다.

## 김제 용지농원 구술 생애사 질문지

이 질문지는 1997년 7월 박사학위논문 조사차 전라북도 김제시 '용지농원' 월남인 공동체 조사 때 작성, 사용된 것.

**본 면담 전에 조사할 내용**

1. 응답자의 현 연령/ 월남 당시 연령
2. 월남한 곳에서 김제군 용지면 농원까지 이동한 경로(지도 작성)
3. 가계도(family tree)

### ♠ 질문 항목

○ 출생 연도

○ 원적:　　　도　　　시(군)　　　면(읍)

### I. 배경: 이북의 사회경제적 배경

**1) 1945년 해방 전**

○ 형제 관계, 친족 관계, 조선말 부모 및 조부모 배경, 직업, 종교

○ 일제 시기 출신 지역, 주 활동 지역

○ 직업 관련 활동

○ 결혼 관계, 자식 관계

○ 친구 관계

○ 소작인이었거나 일본인의 피고용인이었을 경우, 지주 및 고용주와의 관계

○ 해방 전 반일 활동, 징용, 징병 경험

○ 생활 풍속: 의식주(예: 김치 풍속, 된장 풍속, 옷 풍속, 거주환경 생활)

**2) 해방 경험**

○ 1945년 일제 해방 당시 무엇을 했는가?, 해방 사실을 어떻게 알게 되었나?

○ 해방 당시 전답 보유 상황

○ 인민위원회 사업 경험/ 당 사업 경험/ 청년 단체, 부녀 단체 활동(간접 경험 포함)

o 소련군에 대한 경험, 인상(직간접)

o 1946년 3월 토지개혁 경험

o 토지개혁 후 사회 변화 및 동네 인간관계의 변화

o 토지개혁을 전후해 동네 유지 및 지주들이 얼마나 거주지 이동을 했는가?

o 현물세 경험

o 친일파들의 처리, 마을, 동네 사람들과의 관계: 해방 전과 비교

o 선거 참여, 문맹 퇴치 사업 참여

o 인민군 징집 경험

o 마을의 중심지는? '민주선전실'

o 전쟁 전 이남에 와본 경험 여부: 언제, 무슨 일로, 얼마 동안, 누구의 도움으로

## II. 한국전쟁: 한국전쟁 당시 상황

### 1) 유엔군이 오기 전까지의 상황

o 전쟁 인지

o 징집 과정, 규모: 18세 이상 30세 남성 청년 중심

o 전쟁 당시 생계 해결

o 유엔군이 들어오기 전 피난 경험, 피난지

### 2) 유엔군 및 아군과의 회유

o 유엔군과 아군이 오면서 마을의 동향 변화: 마을 단체, 행정 기구

o 아군의 활동 사항은?

o (직접 만났을 경우) 아군이나 유엔군에 대한 인상: 친절도

o 행정 구성상의 변화: 누가 이장, 면장, 읍장, 군수가 되었는가?

o 6.25 전 월남한 동네 사람의 귀향 사실 여부?

o 본인이나 가까운 사람들의 활동상

o 구월산에 들어간 인민군이나 지방 좌파들의 활동상(예: 신천군 양민 학살 사건)

o 아군의 후퇴 당시 상황

o 피난하게 된 배경

o 이북에 남아있는 가족, 친척은?

o 섬에 나온 후 다시 고향에 들어가 활동한 경험이 있는가?

o 아군 후퇴 후 구월산을 배경으로 활동한 경험은?

○ 중공군을 만난 경험

## III. 월남과정

○ 월남 이전 이남 연고자

○ 월남 동기

○ 1951년 1·4 후퇴 당시 인지도: 38선 이남으로 월남 온다는 사실 인지 여부

○ 월남 단위: 가족, 개인, 친척, 마을 집단

○ 아군의 월남 협조 상황

○ 교통 수단: 도보, 기차, 군 트럭, 군 수송선, 민간인 배(자가, 남의 배), 기타, 두 가지 이상을
  이용했을 때는 구간별로 질문

○ 고향을 떠나고 나서 김제까지 오게 된 이동 경로

○ 월남하는 과정에서 본인이나 가족 중 누가 겨울에 발진티푸스나 장질부사, 호열자 등과 같
  은 전염병을 앓은 사실

○ 황해 섬에서의 생활, 체류 기간, 거주 상황, 몇 명, 군인과의 관계

○ 군산 난민 수용소 경험
  - 수용소 소재지
  - 체류 기간
  - 수용 인원
  - 수용소 주거 상황
  - 배급 상황: 주식, 부식, 돈

○ 군산 외 수용소 생활은?

○ 군산에서 수용소 생활을 하지 않았다면 어디에서 어떻게 생활했는가?

○ 월남한 후 '한국노무단'으로 활동한 경험이 있는가?

○ 그외 HID나 기타 제2국민병으로 활동한 경험은?

## IV. 용지면 농원 생활

○ 용지면에는 누구와 함께 왔는가?

○ 피난민 수용소 이후 첫 이남 거처 지역, 거처하게 된 이유?

○ 처음 정착한 농원에 오게된 과정: 시기, 이유, 누구의 소개, 정착하는 데 도움을 준 사람
  ; 본인의 정착 의사, 타지에 가고자 하는 의사는?

○ 집건설: 월남 후 초기 주거(구조 그림 요구)

 ① 스스로 만든 판잣집, ② 남의 집 셋방, ③ 친척집, ④ 기타

○ 처음 살았던 집에는 몇 가구가 거주했는가?

○ 현재 집은 자가인가 셋집인가? 언제부터 거주했는가? 마련하게 된 수단

○ 현재 살고 있는 집은 언제 개량했는가?

○ 생활 기반 조성에서 어려웠던 점을 열거하시오.

○ 초기 생계 해결, 구호위원회에서 무엇을 얼마나 언제까지 배급받았나?

○ 배급품은 직접적으로 누가 나누어주었나?

○ 정부, 군, 면과의 관계, 농업 관련 기관과의 관계, 농원에 대한 정책적인 문제점

○ 처음 불하받은 토지는?

○ 농지 개간 사업 시 힘들었던 점, 개간 후 불하받은 토지는?

○ 현재 소유하고 있는 토지 면적, 토지 활용도는?

 논 ＿＿ 정보(평, ha), 답 ＿＿＿ 정보(평, ha) 양계, 양돈 규모

 ; 과거부터 경작하거나 농업 운영한 품종, 종류는?

○ 현재 소유하고 있는 토지의 소유 상태는? 도지세는 얼마나 내는가? 개인 불하받은 토지는

 몇 평인가? 언제 평당 얼마를 내고 받았는가?

○ 수도와 전기는 언제 들어왔는가?

○ 생활용품: 전화(언제?      ), TV(      ), 냉장고(      ), 트랙터(      ), 차(      )

○ 김제읍에 있던 기성복, 기성화, 가구 공장에서 일한 적이 있는가?

 ; 누구의 소개로, 왜 일하게 되었나?

 ; 일한 기간은?

 ; 임금은?

 ; 그만 둔 사유?

 ; 공장 운영 방식은?

 ; 노동자 중 월남인과 원주민의 구성비는?

○ 생활이 안정되기 시작한 시기, 이유

○ 평균 연간 소득, 월 소득? 수입원?

○ 정착 당시 인근 원주민들의 생활상은?

○ 월남인에 대한 반응은, 잘 도와주었는가? 행정기관은 농원에 대한 배려가 있는가?

○ 원주민과의 갈등이라면?

○ 현재는 원주민과의 사이가 어떤가? 원주민과 자신의 자제들이 결혼할 때의 기분은?

○ 처음에 함께 농원에 온 사람들의 현재 이합 상태와 집합 상태는? 현재 연락을 자주하거나 만나는지?

○ 군(시)민회는 나가는가? 자녀들의 참가 여부

○ 자녀들이 북쪽 고향을 자신의 고향으로 생각하고 있는가

○ 결혼 안한 자녀들을 고향 사람과 결혼시키고 싶은가

○ 관혼상제 시 고향 풍습을 준수하는 것은?

○ 그 외 고향 풍습이 남아 있는 것

○ 고향의 특별한 말


**V. 앞으로의 전망**

○ 귀향한다는 희망을 포기하고 이곳에 정착하겠다는 생각을 한 때는?

○ 통일에 대한 희망; 통일되면 고향에서 살고 싶은가

○ 통일이 되어 고향에 간다면 다시 옛날 토지, 집을 찾고 싶은지?

○ 정부에 바라는 바, 북한에 바라는 바

○ 자식, 후손들에게 바라는 바

〈부표 2〉 구술 생애사 조사 항목 사례 2

---

# 1980년대 민주화운동 참가자 구술 생애사 질문지

이 질문지는 2007년 민주화운동기념사업회의 용역 과제 수행 조사용으로 작성된 것.

▢ **청소년기 우리 사회에 대한 인식**

● 부모님 및 형제자매들의 정부관과 사회관에 대한 인식

● 청소년기를 보낸 지역과 학교

● 중고등학교 시절 자신의 정부관과 사회관에 대한 인식

▢ **청년, 대학생 시절**

● (대학생이었다면) 학생운동은 언제부터 했는가?

● 운동을 하게 된 이유 또는 계기?

● 당시 공부했던 주요 내용? 공부를 지도했던 사람은? 같이 공부한 사람? 같이 공부한 사람
중에 함께 운동을 했던 사람은? 인상적이었던 이유?

● 야학 활동에 대한 경험

● (있다면) 수배의 경험

● 구속 수사나 교도소 생활에서 육체적·정신적 고문이나 고통, 억압을 당했던 사례는?

● 노동운동이나 다른 사회운동은 왜 언제부터 어떤 계기로 하게 되었는가?

● 정당 및 사회단체 활동 경험

▢ **1980년대 운동 이후의 인식과 평가**

● 1980년대 운동 과정의 변화 및 평가

● 운동을 통하여 개인이나 가족, 지인, 배우자 등이 겪은 구체적 고통(정신적인 것도 포함)과
이유

● 기존에 하던 운동에서 방향을 바꾸었다면?

● 1990년대와 그 이후의 삶과 의미

▢ **전반적 평가**

● 사회 전반적 관점

● 노무현 정부와 '386'에 대한 평가

● 민주화 과정에서 사회적 형평성에 대한 인식

# 남북경제협력 기업실무자 심층면접 조사 질문지

이 질문지는 2002년 통일부 용역과제인 "북한의 여성노동력 평가 및 활용방안"을 연구할 목적으로 남북경제협력 기업실무자 조사를 위해 작성된 것임.

**기초 자료**

**생년**

**고향**

**학력, 전공**

**해당 기업 입사 경력**

**해당 부서에서 일한 경력**

**일을 처음 시작했을 때의 직위 및 현재 직위**

- 경협 분야 참여

 ; 해당 기업의 경협 참여 동기

 ; 통일부 신청 및 승인 항목, 경협 종목

- 북측 민족경제협력련합회와의 접촉 경로

- 베이징을 포함한 중국 측에서 북측 상대방과 논의 과정, 당시 기대했던 바. 훗날 실제 북한에서의 성과와 비교 시 차이점, 문제점

- 방북 절차 및 상대방

- 공장 방문 당시 주변 환경

 ; 공장에서의 요구 변화(기술, 설비 지원 문제, 기타 지원)

 ; 위생 상태, 산재 우려 요인, 피곤도, 새로운 기술, 방식에 대한 자세

 ; 직위별·남녀별 비교

 ; 남녀 노동자 비교

; 생산 결과물에 대한 만족도

; 생산성 문제

; 남북 노동력 비교

| | 사무직, 관리직 | | 기술직 | | 생산직 | |
|---|---|---|---|---|---|---|
| | 남 | 여 | 남 | 여 | 남 | 여 |
| 연령대 | | | | | | |
| 학력 | | | | | | |
| 자격 | | | | | | |
| 현 업무 수행 기간 | | | | | | |
| 현 업무 수행 능력 평가 | | | | | | |
| 전문 용어 상통 | | | | | | |
| 전문 개념 상통 | | | | | | |
| 기술 습득력 | | | | | | |
| 실천성 | | | | | | |
| 성실성 | | | | | | |
| 새로운 기술, 방식에 대한 자세 | | | | | | |
| 남측 인사에 대한 태도 | | | | | | |
| 노동시간 | | | | | | |

; 경협의 지속적 발전을 위해 필요한 사항

;; 법과 제도

;; 주변 환경

;; 북측의 제도적 틀이 인정하는 범위 내에서 필요한 사항

;; 남측 정치적 수준에서나 국민적 수준에서 준비 사항, 의식, 교육


- 경협을 둘러싼 사회경제적 쟁점

* 경협 추진 과정에서의 변화상을 중심으로

; 남북 정세 문제

; 미국이나 주변 환경과 경협 관련 사항

; 경협 실무자의 태도, 의식

; 해당 기업, 공장의 관리직, 기술직, 생산직 종사자들의 태도

; 호텔, 호텔 문화, 의례원

; 식당, 주점 종사자

; 방문지: 안내원, 종사자

; 주민들의 반응 변화

; 의외의 장소 방문 요구나 사람 접촉 요구(피아간의 요구) 경험

; 경협을 통하여 획득한 쌍방 간의 변화(기술적 수준 외의 태도, 의식, 개방성 여부 등)

; 경협의 전망

; 통일관

제6장

:

구술자료 만들기와 학술적 글쓰기

앞의 장에서 구술자의 구술 기억을 채굴하는 작업을 전반적으로 설명했다. 이제는 발굴된 구술 기억을 구술 기록화하는 전 과정을 이야기하려고 한다. 앞 장에 나온 '구술사 연구 단계별 흐름도'의 제4단계에서 제7단계에 이르는 과정을 짚어나갈 것이다.

앞의 장은 구술 연구자(또는 면접자)에게 일차적으로 필요한 부분이라고 할 수 있다. 반면 이번 장은 구술 연구자는 말할 것도 없고, 구술사 조사를 수행하지 않더라도 구술자료를 활용해 보고서 또는 논문 등과 같은 글을 쓰는 데에 관심이 있는 사람에게도 도움이 될 수 있다.[1]

---

1 구술사 연구는 학술적 또는 역사적 글쓰기를 하는 데에만 초점이 맞추어진 것이 아니다. 구술사 방법론이 필요한 일차적 이유 중 하나는 기록자료가 없는 역사적 사실을 구술자료를 통해 발굴해 역사자료를 풍부하게 하려는 것이고, 그 자료가 다양한 분야에 자료로 활용되도록 하려는 것이므로, 구술자료를 어떻게 자신의

# 1. 제4단계: 녹취 작업

이 절에서는 구술사 조사를 마치고 나서 음성자료를 분류하고 관리하는 일, 녹취록 만들기, 편집문 만들기와 같은 구체적인 작업을 순서대로 해나갈 것이다.

## 1) 음성자료의 분류 및 관리

제4단계에서는 우선 구술자에게 녹취하고 수집한 구술음성자료를 수집하고 분류해서 관리해야 한다. 아날로그 녹음기를 사용할 때에는 테이프를 구술자별로 분류하고 테이프가 1개 이상이라면 날짜뿐만 아니라 순서대로 번호를 기록해두고 녹음 상태도 확인한다. 디지털 녹음기를 사용할 때에는 가급적이면 한 시간 정도 분량으로 녹음하는 것이 좋다. 그리고 녹음은 다음처럼 분류하는 것이 좋다.

- 아날로그 테이프의 분류 이름의 예

  1-20130301-홍길동01김귀옥 [1차-구술 일자-구술자 이름 당일 테이프 순서 연구자 이름]

  2-20130308-홍길동02김귀옥 [2차-구술 일자-구술자 이름 당일 테이프 순

---

용도에 맞추어 활용할까 하는 문제는 중요하다. 이 글은 주로 학술적 또는 역사적 글쓰기에 초점을 맞추었으나, 이는 구술자료의 용도 중 하나일 뿐임을 다시 말할 필요는 없을 것이다.

서 연구자 이름]

• 디지털 파일의 분류 이름의 예

1-20130301-홍길동01김귀옥.mp3 [1차-구술 일자-구술자 이름 당일 파일 순서 연구자 이름.파일확장자명]

2-20130308-홍길동02김귀옥.mp3 [2차-구술 일자-구술자 이름 당일 파일 순서 연구자 이름.파일확장자명]

아날로그 테이프나 디지털 파일을 보관하고 관리하는 일은 대단히 중요하다. 보관과 관리를 잘해야 자신의 조사에 대해 신뢰를 확보할 수 있기 때문이다.

보관하는 장소로 아날로그 테이프는 온도 변화가 크지 않고 서늘한 곳에 보관하면 10년까지도 원본을 보관할 수 있다. 디지털 파일은 여러 군데에 보관하는 것이 좋다. 예를 들면 컴퓨터 하드디스크, 외장 하드, 노트북, 온라인 저장 공간(웹하드 등), 대용량 USB 등에 보관해두어야 안전하다. 디지털 결과물은 가벼워서 상대적으로 휴대하고 소장하기에는 편리하지만, 전자적으로 보관되므로 휘발성이 강한 특성이 있어 여러 군데 보관해두어야 하는 것이다. 그리고 가장 안전하게 보관하려면 개인이 소장하기보다는 제대로 시설을 갖추고 전문가가 관리하는 공적인 구술자료 아카이브가 필요하다.

## 2) 녹취록 만들기

아무리 수집과 분류, 관리를 잘해도 음성인 상태로는 자료화하기가 불편하다. 따라서 녹취록을 만들어야 자료로 사용하기 좋다.

녹취록을 작성하는 일은 여간 많은 품이 드는 일이 아니다. 연구비나 녹취비가 별도로 있는 연구냐 그렇지 않은 연구냐에 따라 녹취록을 작성하는 작업은 그 질이 다를 수 있다. 평균적으로 녹취록 작성은 구술 음성을 녹취하는 시간의 3~5배 이상 시간을 요구하는 피곤한 작업이다. 항상 연구 시간이 부족한 연구자로서는 이 긴 작업 시간을 감당하기 어려워, 대개 초벌 녹취록을 작성할 때에는 상황에 따라 전문 녹취자나 아르바이트생을 활용한다.

녹취 비용이 별도로 없다면 연구자(또는 면담자) 스스로가 요약식 녹취록(abridged transcript)을 만들어놓고, 인용할 부분은 재청취해서 집필 과정을 통해 상세히 녹취한다. 요약식 녹취록은 구술 내용에서 핵심적 내용을 반영하지만, 구술자의 구술 내용을 축약한 형태의 녹취록을 의미한다. 〈그림 6-1〉은 요약식 녹취록의 도입부다.

요약식 녹취록에는 구술자 이름과 면담일과 회수 등을 밝혀두고 고향, 출생 연도, 직업, 현 주소 등을 순서대로 기록한다. 그다음에는 구술자의 구술 생애담을 순서대로 요약해서 녹취 기록을 해나간다. 보고서나 논문에 구술 내용을 인용할 경우를 대비해서, 녹취 부분의 분류명을 기입해두는 것도 하나의 요령이다. 디지털 파일이라면 녹취 부분의 분과 초도 명기해두어야 다음에 들을 때에 쉽게 찾아 들을 수 있다.

다음으로 세밀한 녹취록(unabridged transcript)을 작성해보도록 한다. 세밀한 녹취록은 축약되지 않고 음성이나 웃음, 침묵 등을 포함한 거의 모든 구술 내용을 녹취록으로 작성하는 것을 말한다. 녹취록 작성 방식은 이미 여러 연구자가 제시해왔다. 나는 한성대학교 전쟁과평화연구소에

신

1차 면담 : 1996년 12월 9일 월요일
2차 면담 : 1996년 12월 11일 수요일
3차 면담 : 1996년 12월 15일

- 고향 : 함남 단천군 단천면 내문리
- 출생년도 : 1922년 3월 27일 (주민등록 동일)
- 직업 : 일정때 우체국 사무원; 고졸
- 현주소 : 속초시 청호동 8통 2반 161번지 Tel 31-7760

* 남편 고
- 고향 : 함남 단천군 단천면 복천리
- 출생년도 : 1920년
- 직업 : 일정때 군 산림과장; 고졸
* 해방되고 반체제 지하운동을 전개했고 아군이 진격한 후 한청 및 치안대 일을 보았다.

- 신 의 부 신만봉, 모 김옥순; 5녀 1남--신복녀(월남후 별세), 신창신(남, 재북), 신금녀(재북), 신분섬(재북), 신분월(월남하여 의사, 재속초); 내가 4째
- 고 의 부 고원봉(시모 28세 별세), 모 김양옥(과부, 기생옷 바느질); 4남 1녀--고상철(형 제와 인 시절 판사 6.25 행 고상호( 재부산 이북에서 결혼하 , 두신 월남후

〈그림 6-1〉 요약식 녹취록

서 사용하는 녹취 방식을 따르는데, 이를 소개하면 〈표 6-1〉과 같다.

이 작업은 내가 2003년에서 2005년까지 성공회대학교 사회문화연구원 노동사연구소 공동연구원으로 연구할 당시 작성했던 것을 바탕으로 한성대학교 전쟁과평화연구소에서 여러 연구자와 논의를 거쳐 좀 더 다듬으면서 정한 원칙이다. 세밀한 녹취록을 작성하더라도 초벌에는 녹취자가 제대로 녹취하지 못한 부분이 상당히 많다. 녹취자와 면담자가 몇 차례 검독하는 과정을 거쳐야 세밀한 녹취록은 완성된다. 이러한 녹취의 원칙에 따른 녹취록의 사례는 〈그림 6-2〉와 같다.

녹취록의 형식에는 여러 가지가 있다. 연구자 대부분은 원래의 구술자료(음성자료)와 가장 가까운 형식을 선호하는 경향이 있는데, 물론 원 자

# 녹취(검독) 원칙

## 0. 기본 원칙

- 읽는 사람이 구술자의 구술을 가장 생생하게 느낄 수 있도록 최선을 다하는 것.
- 녹음내용을 빠짐없이, 있는 그대로 글로 표현하고자 노력하는 것.
- 구술자의 비언어적 메시지까지 최대한 살려주는 것.
- 들리지 않는 부분은 꼭 (XXX) 표기를 하여, 면접자 또는 편집자가 해결할 수 있도록 할 것.
- 문단과 글꼴: ✔ 줄간격: 160,      ✔ 글자 크기: 10,
              ✔ 면접자 말: 고딕체,      ✔ 구술자 말: 신명조
- 녹취록의 상태와 최종 편집자 및 편집날짜를 반드시 기입할 것.
- 문서내용 및 문서상태관련 기본 포맷은 다음과 같다.

* 번호 _____

| 구 술 자 (기호 A) : | (이름, 소속, 지위 등) |
|---|---|
| 구술일시 및 장소 : | |
| | |
| 면 접 자 (기호 B) : | 연락처: |
| 녹 취 자 : | 연락처: |
| 문서상태 : ① 초벌 녹취 완료     ② 검독 완료     ③ 구술자가 요구할 때(필요시) | |
| 면접자 소감(녹취 후): | |

* 위 표를 녹취록 상단에 위치하도록 한다.
* 윗 부분의 이름과 소속은 신명조 15 진하게 로 한다.

## 1. 외부 녹취자 용

A: 구술자(복수의 경우에는 A1, A2 등으로 표기)
B: 면담자(복수의 경우에는 B1, B2 등으로 표기)

큰따옴표 " " : 증언자가 재연하면서 직접 인용된 말.

작은 따옴표 ' ' : 증언자가 인용한 타인의 말. 또는 간접 인용된 모든 말이나 생각. 기업체나 조
직의 이름 등 고유명사.

쉼표 , : 말이 잠시 쉬었다가 이어지는 리듬

마침표 . : 말이 완결되면서 끊어짐.

줄 하나 - : 비교적 짧게 말을 끌며 이어가거나 말을 마침(강도에 따라 --, --- 까지 사용, 약-중-
강).

말줄임표 하나 … : 말끝이 흐려지거나 침묵함(강도에 따라 ……, ……… 까지 사용, 약-중-강)

느낌표 ! : (일반적 용법에 따름. 강도에 따라 !!, !!! 까지 사용, 약-중-강)

물음표 ? : (일반적 용법에 따름. 강도에 따라 ??, ??? 까지 사용, 약-중-강)

**2. 면접자 용**

소괄호 ( ) : 몸짓과 표정 등을 묘사하거나 텍스트 전후 맥락을 상기시키는 간단한 해설

대괄호 [ ] : 편집자가 보기에 구술 상황에서 생략되어 있어나 의미를 명확히 해줄 수 있는 어
휘의 삽입.

각주 : 설명을 필요로 하는 단어의 해설 또는 독자의 이해를 돕기 위해 텍스트 밖의 상황을 설
명

단락 나눔표 ● ● ● : 편집자가 나눈 단락의 표시로서 장면의 전환이나 내용의 바뀜을 의미
문단 나눔 (한 줄 띄기) : 동일한 장면이나 내용 중 구분되는 맥락의 전환이나 변화를 표시

- 녹취(검독) 원칙 끝 -

료에 가까울수록 구술 상황을 재현하는 데에는 도움이 되지만 독자로서
읽기에는 다소 힘든 경우도 있다. 구술자료집을 만든다면, 검독까지 마쳐
작성이 완료된 녹취록을 곧바로 인쇄할 수 있는 것은 아니다. 인쇄를 하
려면 다시 편집하는 과정을 거쳐야 한다.

구 술 자 (기호 A) :    박 _ _

구술일시 및 장소 :

면 담 자 (기호 B) :    김귀옥        연락처:

녹 취 자 :    박__기              연락처: · · · ____ ____

문서상태 : ① 초벌 녹취 완료        ② 검독 완료        ③ 구술자가 요구할 때(필요시)

**면담자 소감(녹취 후):** 일차 면접 후 이차 면접 약속을 잡은 후 중단됨

● ● ●

B: 이천육(2006)년 십일월(11)월 이십칠(27)일 박__: 선생님하고 인터뷰를 시작하겠습니다.

A: 어 뭐 그래서 지금 말씀드리려 하는 것은 일종여 하나의 우리의 전쟁사를 전쟁이 일어나기 바로 전하고, 전쟁 기간, 전쟁이 끝나고 난 후 이렇게 해서 지금 크게 봐서 세 파트인데, 여-지금 이것을 횟수도 오래 지냈고 그래서 내가 기억하고 있는 부분 내여서 이것을 구체적인 날짜든가 혹은 뭐 수치든가 이러한 것은 지금 정확히 내가 이 자리여서 이야기 할 수 없지만은, 그것은 기록이 있어야 우리 국방부여서는 한국의 인족전사라고 나와서, 한국 유격전사 나와서 그러한 자료 문헌들이 있습니다. 그런 것은 가지고 있을 것으로 알고

B: 그것은 가지고 있습니다.

A: 그래서 당시의 그 전쟁 당시여 내가 교통을 중심으로 한 서해의 민족 강화로부터 시작해서 연평도여 이르는 그 지역을 등괄하는 내가 최고 지휘관 이였었다는 그러한 견지여서 내가 이야기 해보려고 그러는데, 어- 내가 학교는 서울대학여 해방직후여 서울대학여서 중등 교원 양성소를 만들었드랬어요, 예과여서 어-서울 대학 예과여서 참렬해서 그 기를 그래가지고 나오고 그 다음여 인제 동국대학, 동국대학으로 옮겨가지고 동국대학 사학과- 가운데여 국사 전공으로 졸업을 했어.

B: 그러면 몇 년도에 입학하셔서 몇 년도에?

A: 1946년 그- 3월여 입학을 해가지고 그래가지고 8월여 졸업을 했어요, (XXX) 과정이요 아주 그때 국사선생이 없어 전국여 하나도 없어, 그걸 마치고서 그다음여 거기서 바로 동국대학 문학부, 그때는 문학부라 했어, 문학부 사학과여 입학해가지고

〈그림 6-2〉 녹취록 작성 사례

## 3) 편집문 만들기

녹취록을 생산하고 나면 상황에 따라 편집할 수도 있고, 하지 않을 수
도 있다. 편집은 종이책이건 전자책이건 간행을 전제로 수행된다. 편집
원칙은 국사편찬위원회의 지침을 따른다.[2]

이 편집 원칙은 현대사구술기록보존연구회와 국사편찬위원회가 논의
해서 결정했는데, 주지하듯 녹취록이 구술음성자료에 대단히 가까운 반
면, 편집문은 음성과 좀 더 멀다고 할 수 있다.

이러한 원칙에 따라 편집 작업은 검독, 재수정 및 윤문, 보완 등의 작업
을 포함한다. 인명이나 지명, 사건 등을 검토하고 보완하며, 참고문헌을
검토해서 각주를 달아두기도 한다. 때에 따라서는 해당 편집문의 앞에 구
술자에 대한 해제문을 붙이고 연보를 작성하기도 한다. 현지에서 구술 조
사를 마친 후 녹취록(편집문 포함)을 작성하고 검독하는 일련의 과정은 대
단히 지루하고 힘든 수작업 단계다.

그런데 녹취록과 편집문을 만드는 작업에는 또 다른 의미가 있다. 다
시 말해 현지 조사 시간이 길면 길수록 녹취 과정은 긴 시간을 요구하는
데, 그 과정에서 구술자료에 대해 객관적 거리를 유지할 수 있는 시간을
확보하게 된다. 면접자는 면담 과정을 통해 구술자와 지속해서 상호관계

---

2 비전향 장기수 구술 조사는 1999년에서 2000년까지 만 1년간 한홍구, 김귀옥, 최
  정기, 김진환, 한모니까 등의 연구자가 현대사구술기록보존연구회를 설립해서,
  사적 비용이나 후원회비로 연구비를 모금해 수행했던 '비전향 장기수' 35명의 구
  술 작업이다. 그 결과물은 출간 목적으로 국사편찬위원회에 기증되어 2010년까
  지 총8권의 구술자료집으로 간행된 바 있다(김귀옥, 2011a).

〈표 6-2〉 편집문 작성 원칙

## 현대사구술기록보존연구회 구술기록 편집원칙(20050801)

**\* 편집원칙-방향**

· 원칙 - "독자의 관점에서 편집할 필요가 있다. 소제목은 반드시 단다. 질문을 살리되, 짧은 문답 형태로는 만들지 않기로 한다."

**\* 편집원칙-세부안**

- 편집개요(구술자명, 면접자명, 면접 몇 회, 날짜, 시간, 장소)는 편집자가 정리, 작성한다.
- 원고는 주제별로 편집, 정리한다. (소제목은 A4 1~2매 당 하나정도씩 단다.)
- 단, 인터뷰 차수에 따라 구술 내용이 달라졌거나 하는 등의 필요한 경우 날짜를 밝혀준다.
- 인터뷰 중 최○○, 김○○ 선생님이 말한 내용은 살린다. \*인터뷰 진행시 최○○, 김○○ 선생님이 항상 참가하였음을 전체 해제문에서 설명한다.
- 구술자의 구술 분위기, 예를 들어 회상하는 것과 같은 분위기는 살린다.
- 면담자와 구술자의 이름은 넣지 않는다. 녹취록의 질문자와 구술자 이름은 블록 지정해서 모두 삭제해주시기 바람.
- 내용이 중복되는 문장과 '각주'는 가능한 최소화함. 단 각주는 내용설명이 필요한 부분에 단다.
- 원고 중간에 중요 사건과 인물, 고유명사, 지명 등은 '진하게' 표시함. 이후 색인 작업을 위해 필수적임.
- 한 질문에 대한 대답은 붙이고, 대답과 새로운 질문 사이는 띄기로 함.
- 침묵이나 한숨은 ……으로, 말을 하다가 끝마치지 못한 것 ….으로. ※ 단, 질문자의 질문은 끝마치지 못했어도 완벽한 문장으로 만들어 준다(국사편찬위원회와 회의, 20050805)
- 이상한 부분은 진한 붉은 색으로, 색인어는 진한 파란색으로, 각주를 달아야 할 부분은 진한 초록색으로 표시함
- 문단모양, 글자모양 등의 스타일: F6(전체제목(구술자명), 편집개요, 중간제목, 소제목, 질문, 답, 각주 등을 활용) ☞ 스타일 예제는 다음 쪽을 참조.
- 대명사나 지시어가 모호한 경우, 검독자가 ( )를 하고 알린다.
- 목적어나 서술어가 생략되어 독해가 난해한 경우 검독자가 ( )를 하고 알린다.
- 방언은 살린다.

- 한글2002(2004)로 저장한다.
- 매월 마지막 주 토요일 밤 12시까지 작업한 분량을 보내고, 제목에 '테이프 몇 개, 원고지 몇 매'로 이름 붙인다.
- 각자의 분량은 조교가 전체적으로 정리해둔다.

## 2. 편집본

### 1. 출생과 가족

#### • 현재 근황

1999년12월16일 목요일 오전10시반 김___ 선생님과의 인터뷰를 시작하겠습니다. 선생님, 안녕하세요. 요즘은 어떻게 지내시나요?

네, 안녕하세요? 요즘은 강남구 논현동 유료개인주차장에서 주차관리인으로 근무하고 있습니다. 격일제로 일을 하고 있어요. 일주일에 삼일 근무하고, 나흘 쉬는데 월수금은 근무 날이고, 나머지 사일은 쉬는 날이죠. 아침 여덟시부터서 오후 저녁 여덟시까지, 열 두 시간, 주간만 열 두 시간 근무하는 거죠.

집에서 이제 시간이 두 시간 걸리거든요. 금께 근무 날은 아침 네 시 한 이십분에 일어나가지고 샤워하고 내가 찌개 끓여 먹고 도시락 싸고 이렇게 했다보면은 한 시간이 후딱 넘어가버리지 않아요. 그러면 다섯 시 반이면 인자 나가거든요. 나가가지고 한 십여 분 동안 걸어서 전철역에 나가서 전철을 타고 또 종로3가에서 갈아타서 압구정역에서 내려서 거기서 한 십여 분 동안 걸어서 인제 직장에 들어가면, 아침 여덟시 전에 들어가야 되니까요.

인천도 물론 주차장이 없는 건 아닌데, 또 신분 문제도 있고, 우리마누라 친구들 남편이라던가, 그런 사람은 내노라 하고 이렇고 한데, 또 내가 있으면 낯 뜨거울 것이고, 해서 인천에서는 전부 회사에 다니는 줄 알죠. 다른 사람들은 모르거든요. 그래서 뚝 떨어져가지고 (멀리로) 다니거든요. 사실은 그래서 그런 거지요.

#### • 출생과 집안 이야기

네, 선생님. 그러면은 정말 선생님의 긴 40년의 인생에 대해서 이제 얘기를 하도록 하겠습니다. 선생님께서는 35년생이라 그러셨죠?

네, 1935년 양력으로 팔월 칠일 생이거든요. 고향은 전남 **영광군** 묘량면 **삼학리** 신성부락인데요. 이제, 삼학(三鶴)이라는 건, 세 마리 학이라는 뜻이고, 신성부락은, 조선조 때 이름은 잘 몰라요. 우리

〈그림 6-3〉 편집문 작성 사례

를 맺고 작업하므로, 이는 구술자료를 객관적으로 분석하는 데에 방해될 수 있다. 즉, 현지 조사 기간에는 구술자의 기억과 주제에 대해 세세하게 나무 하나하나를 보지만, 기록 작업을 하는 과정에서는 숲 전체를 조망할 수 있는 거리를 갖게 된다. 따라서 구술자료를 분석하려면 구술자료에 대한 일종의 조망권을 확보하기 위한 거리를 사이에 두고 바라볼 시간을 가질 필요가 있다.

이상의 작업을 마치면 구술자료를 인쇄하거나 디지털 자료집으로 만들어 작업을 일단락할 수 있다. 일반적인 연구자라면 이제 본격적으로 구술자료를 검토하고 분석하는 단계로 넘어가게 된다.


## 2. 제5단계: 구술자료 독서 및 분석

제5단계는 폭 넓은 독서와 깊은 사고에 바탕을 둔 분석력이 필요한 단계다. 구술사 관련 방법론 교재 대부분에서는 제5단계와 제6단계를 생략하는 편이라서, 구술사 관련 강의를 하면 많은 학생의 질문은 이 단계에 맞추어진다. 다시 말해 구술사를 조사하고 녹취록을 만드는 작업은 힘들어도 해볼 만한데, 구술자료를 어떻게 분석해서 글을 쓸 것인가에 대한 길잡이를 해주는 강의나 교재는 없다고 학생들은 불만을 털어놓곤 한다. 이러한 현실을 타개하고자 이 장과 관련된 글을 2009년경에 집필해 몇 차례 발표했다. 아직 제5단계 작업을 정리하기에는 많이 부족하지만, 앞으로도 계속 보완할 것을 기대하며, 이 장에서는 나의 연구 경험을 중심으로 분석 과정을 객관화해보도록 한다.

앞의 절에서 보았듯이 세밀한 녹취록이건 요약식 녹취록이건 그것이 만들어지면 전체 자료를 모두 독서하며 주제별로 구술자료를 분석하는 단계로 들어간다. 우선 관련된 기존 자료(1차 자료, 선행 연구물 등)를 독서하고 정리하는 작업을 제대로 해야 구술자료를 차별화할 수 있다. 구술자료에서 발굴한 사실들이 우연적인 것인지, 거시 사회와 연결되면서도 새로운 사실이나 주장인지, 아니면 기존의 사실이나 주장을 보완하는지는 기존 자료를 충분히 검토해야만 분별할 수 있다. 또한 기존 자료를 독서하던 중에 또 다른 선행 자료가 있음을 발견하면 자료를 좀 더 수집해서 구술자료와 차별화할 수 있게 해야 한다.

이제 본격적으로 구술자료를 분석해보도록 한다. 우선은 구술자료를 꼼꼼히 읽어야 한다. 모든 구술자료를 하나하나 읽고, 의미를 파악하는 과정은 대단히 어렵고 지루하다. 읽는 동안 연구 주제와 관련된 부분들은 여러 가지 수단을 동원해 표시해두는 편이 좋다. 필요하다면 구술자료 독서 노트를 만들 수도 있다. 나는 구술자료 독서 노트(컴퓨터 파일의 형태로)를 만들면서도 잊지 않으려고 인쇄 출력된 구술자료에 포스트잇을 붙여두면서 읽는 편이다.

전반적으로 자료를 독서한 후에는 연구 주제에 따라 상세 주제별로 각 구술자의 구술 내용을 요약식으로 담아보는 작업을 거치는데, 그러던 중에 나는 비슷한 경험과 동기, 맥락의 유형들을 분류해낼 수 있게 되었다. 즉, 비슷한 경험을 했던 사람들이 왜 유사한 경험을 했는지를 주관적·객관적 측면에서 찾아낸다. 특히 객관적·사회적 측면을 설명하려면 문헌 자료를 조사해 구술 내용의 사회적·역사적 맥락을 발견해나가야 한다.

구술자료를 분석할 때에 구술자 수가 10명 이상이 되면 자료를 세밀히

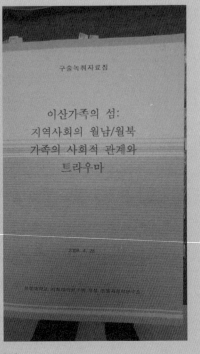

〈그림 6-4〉 구술 녹취록 독서와 구술녹취자료집 독서의 예

읽는 것만으로는 어렵다. 다시 말해 구술자별로, 주제별로 구술 기록을 정리하고 분류하려면 세심한 작업이 필요하다. 특히 나의 박사학위논문에서는 구술자 55명을 주인공으로 작업을 전개했는데, 이 작업은 대단히 어려웠다. 대학 강의에 구술사 관련 과목이 없었던 탓에 누구에게도 배우지 않은 채 분석 작업을 스스로 개발해야 했다. 내가 개발한 방식을 다음의 〈그림 6-5〉를 통해 이야기해보도록 한다.

구술자료를 어떤 순서로 나열해 독서하고 분석할 것인지는 연구자마다 다를 수 있다. 많은 연구자는 연구논문을 작성할 때에 구술자의 이름

**속초 청호동거주 면접자**

| 번 | 이름<br>성별 | ■ | 원적-도, 군(시), 읍(면) | 출생<br>호적 | 종▶북<br>교▷현 | 계▶<br>층▷ | 최종학력 | 부모의 사회경제적 배경<br>(생년, 학력, 직업, 지위) |
|---|---|---|---|---|---|---|---|---|
| 1 | 박[illegible]<br>남 | 3 | 함남 북청 양화면 구호 | 1921<br>1919 | ▶무<br>▷무 | ▶하<br>▷하 | 4년제소학교중퇴 | 박영복 함남 홍원출. 가난한 어부, 외조부 어부, 부친은 데릴사위, 해방후 작은 무동력선 소유 |
| 2 | 서[illegible]<br>여 | 6 | 함남 전평 광택 문창리 | 1919<br>1920 | ▶무<br>▷천주 | ▶중<br>▷최하 | 9-13세, 야학다님 | 부친 서상복의 형제들은 일제 지도급, 논3천밭2천정보, 자작농. 시집은 작은 댓마, 밭2,000평소유 |
| 3 | 류[illegible]<br>여 | 10 | 친:함남 안변군<br>시:함남이원 좌역리 | ? ?<br>1917 | ▶무<br>▷천주 | ▶중상<br>▷중 | 야학1년 | 안변친정집자작농, 부는씨름장수. 19년사망. 외조부는안변군수, 대지주. 남편, 일제어업조합직원. 목선1, 명태덕장2개 |
| 4 | 박[illegible]<br>여 | 10 | 친:함남장진->흥남이사<br>시:함남 흥남시 소호리 | 1929<br>1939 | ▶무<br>▷천주 | ▶중상<br>▷중 | 6년제동광보통졸 | 장진에서농사짓다흥남에 온후 친정부는덕걸이, 명태상업, 이남판매. 남편흥남질소비교공장, 식량배급소사무직 |
| 5 | 장[illegible]<br>남 | 9 | 함남 영흥 호도, 송병리 | 1926 | ▶무<br>▷무 | ▶중하<br>▷중 | 호도공립보통졸 | 조부이래 어부, 놀배좀선한척소유, 전답8,000평소유, 소작도 한다. 병작반수 |
| 6 | 최[illegible]<br>남 | 3 | 원-강원 양양 청곡리<br>일제 함남신창읍 이주 | 1922 | ▶무<br>▷무 | ▶중<br>▷중 | 양양보통졸 | 부모 논5천평(1년20석), 밭5백평. 자작농. |
| 7 | 이[illegible]<br>남 | 8 | 원-강원 이천군 서면<br>이사-강원 통천두백 | 1923<br>1918 | ▶무<br>▷무 | ▶중하<br>▷중상 | 서당, 구룡공립3년중퇴 | 부친, 농사논2천평, 밭4천평. 소장사->두백이사후 생선중개상, 계모없음. 소작을 붙쳐 50:50. |
| 8 | 장[illegible]<br>여 |  | 함남 단천 | 1922 | ▶<br>▷ | ▶<br>▷하 |  |  |
| 9 | 최[illegible]<br>남 | 8 | 함남 이원군 문성면3구->해방 이원면승호리 | 1928<br>1921 | ▶불교<br>▷불교 | ▶중하<br>▷중하 | 9살보통학교입학중퇴 | 부친최능백은 내10세(4中3)에 요절, 조부 해사하여 생계, 나는 14세부터 고기잡이. 김순암배 고용살이. 배사람의 특권, 이밥먹는것 |
| 10 | 김[illegible]<br>남 | 4 | 함남 북청 석호면 의호리(일명 원꼬치마을) | 1919<br>1914 | ▶무<br>▷무 | ▶중상<br>▷하 | 12세서당, 금남학교졸 | 부친일제때훈장, 구장역임, 목선1척으로 해사일하다 실패, 기미독립되/운동가담, 일경에체포고생. 형은인공때인민위원장. 논밭적음 |
| 11 | 황[illegible]<br>남 | 7 | 원 경북 포항 학산리<br>해방후 흥남 이주 | 1924<br>1926 | ▶무<br>▷무 | ▶하<br>▷중 | 보통학교졸업 | 부친황경조 가난한소작농. 농업. 형들도농사. 소학교졸업후 일인상회 사무원 근무 |
| 12 | 여[illegible]<br>남 | 1 | 함남 신포 문암리<br>신포암 마양도5개부락 | 1927<br>1928 | ▶무<br>▷무 | ▶상<br>▷중상 | 소학교6년, 고등과2년졸 | 부친 어봉춘, 명태 범선2척소유, 덕장겸업, 선원10여명외 낙수가리는사람, 말리는 사람여럿부림, 부친세금많이물어 평의원됨 |
| 13 | 주[illegible]<br>남 | 4 | 함남 북청 석호면 의호리 | 1926<br>1919 | ▶무<br>▷무 | ▶상<br>▷중상 | 석호공립졸 서울동아공 | 부친 일정때 면의원, 밭7천, 논500평, 농사많이지음, 부친공부는 많학교소학교과정졸/이 못함. 댓마 한척 소유 |
| 14 | 이[illegible]<br>여 | 4 | 함남 북청 신창읍 만춘리 1구(3구中작음) | 1929<br>1923 | ▶무<br>▷무 | ▶상//<br>▷중 | 소학교졸 | 부친이석합은 41살병환사망. 모친이수산업일으킴, 큰배1(10명승선), 덜망배1, 낚시배1척소유. 동네 유지급, 밭5천평, 삯일군씀 |
| 15 | 김[illegible]<br>여 | 2 | 친정-함남 홍원 남흥리<br>남편-경북포항일제이주 | 1919 | ▶무<br>▷천주 | ▶중하<br>▷하 | 남편은중삼야학 | 부친 김하두 가난함, 초가3간집, 어업 |
| 16 | 김[illegible]<br>남 | 4 | 함남이원군, 면 문성2구 | 1927<br>1917 | ▶불교<br>▷불교 | ▶중상<br>▷중하 | 야학, 보통학교중퇴 | 조부대에는 살만해서 농사지었으나, 부친 김확신은 살림이 줄어 작은목선1척 고기잡이, 밭농사지음. |
| 17 | [illegible] | [illegible] | 함남 이원 동[illegible] 목호리 (군선리) | 1929<br>?? | ▶무<br>▷무 | ▶중삼<br>[illegible] | 2년제고등과졸 | [illegible]친은 데릴사위 [illegible]에 작고, 외가영향. 외가는 '대[illegible]나무집'으로 [illegible]//형은 일[illegible] 사회주의 [illegible]촌원자신도 데릴사위 |

〈그림 6-5〉 속초 청호동의 사례

을 가·나·다 순서대로 정리하는 편이다. 그러나 나는 구술자를 나열할 때에 인터뷰했던 순서대로 배열하면 연상 작용이 원활해서 인터뷰한 날짜를 중심으로 나열하는 경향이 있다.

각 구술자를 현재 거주지, 출신 지역, 출생 연도, 종교, 계급, 최종 학력, 부모의 사회경제적 배경에 따라 분석하고, 또한 일제 강점기 상황, 해방 후 상황, 1946년에 북한에서 벌어진 토지개혁 당시의 개인적 상황, 청년 단체 관련 사항, 노동당 가입 여부, 직업 관련 사항 등을 분석해두었다. 이러한 내용들은 대개 구술자들의 구술 증언으로 이루어지지만, 다음에 나오는 〈그림 6-6〉과 같이 분석표를 작성해나갈수록 개인적 상황에 유사

**김제시 용지면 '용지농원' 구술자 분석자료**

| 이름 | 토지개혁당시 필수/수혜상황 | 민청관계 | 담여부 | 문멘치치집단 | 해방후 직업관계 | 6.25징병여부 |
|---|---|---|---|---|---|---|
| 1 백: 景 | 자작하여 필수없음. 현물세반정의원 은고육받은학식자//관산촌90%민주담 77. 이웃 사이리70%민주담, 로동담有 | 인청지도 교사,직맹원 | 민주당원 원. | 아간좀들 도 지도 | 급산포충학교교원, 교원은 나만배고 민주담. | 6.25당시 급산포충에서 학생4명자원, 청년5명동원, 계속 가르침.9월지 인후 15명과규합하여받다 |
| 2 배: 묵 | 자작하여 필수안담함 | 13집좀 노동원11집,민주담2집 | | 필요없음 | 농업 | |
| 3 김: 산 | 자작만이하여어필수안담함. 속부김성택가 *온물수후이주담함. 이주론사람有 | 입 안함# | 민주담, 온물 군담삼무 | 면 감습 교 사. 처훠치 | 정담원. 남부면13개부락지 분류직담원300집.반탁 薦 | 세 번 소집영장을 받았으나 피신하여 안나감 |
| 4 이: 호 | 필수없음. 가입 | 처음무담화, 송화목사이주론리로 동네50명로동담50명민주담 | 무담자. 무리돔네무목로동담多 | 형론민주 담. | 총동원후 45세미만 소집.심사후->모나즈광산에가서 딸모나즈캐어월급받음.병으로일시 귀가충 수복 | 은물충학교졸업생충심17명영장.사리 원가단동 인민군후뢰인지.도망함 |
| 5 공: 필 | 필수없음. 인심나빠저도사고없음 | 가입,겸틍 활동 | 형은민주 담. | 등 에 참여 | 은물부너회원인 여성과 약혼.고급중학생. | 권가단동 인민군후뢰인지.도망함 |
| 6 검: 창 | 소작토지다필수. 발천2병원 분베. 이주대상이나본친없어안감. | 민청 | 무담자. 무룡교 | | 지주출신이나사람모자라 교원으로 채택, 월급배당 | 암래10월집지,사리원가단동인민군후 뢰, UN군수복. 도망함 |
| 7 감: 로 | 소작이어서발8,는13마지기분베. | 가입,부친. 무담자 | 농사는부모,나는 잡시,개인상업세금없음,근룡 38무역,무기그룬<->의약품,노동력아낫상 | 장사,개인상업세금없음,근룡 가단좀득담 | | |
| 8 김: 균 | 자작,필수없음. 2집필수,현물반정원 위원.는27,발23,과수25% | 정담군부어서 가입안해도됨 | 첨무담솜림21호. 로동담30호민주담1 | 농업,상업. 정담원출. 청무 담위원장,김달현 | | 6.25당시 남부면 산돌리 모나즈광산 동네청년13명같이가노동. |
| 9 문: 멍 | 발8,는5천평로동담,온근셋담충학소년단 무위가 7좀. 필수안시킴. 처가를수이주 | 고등민청 | 인척후로동단 민주담영멍 | | 6.25충학교다님.8,9월경학교에서5년이상 재동원습수로충동원됨 | |
| 10 경: 필 | 분베만이받음.는발4집간부는 천.임야6천형넘게 가입안해도됨 | 민청,민주담활동/무리돔네14명(12 집남).노동담3명,리반장. | | 이전이후보다잘살음 | 고급충학.6.25나그9월1일소집.은물은후영면회담영했으나몸제심 | 전후계속농사.인민군동원3,4번도망. |
| 11 홍: 1멍 | 부는이나 자작만이하여 필수담하지않슴 *에서 필수없음. 교문( | 조그때 민 청가입 소년단 | 부 친 론 민주담 | | 하지않음.모나즈광산사. 측쵸사. | 나고계속학. |

〈그림 6-6〉 김제 용지면의 사례

한 유형이 발견되기 시작했다. 객관적 상황의 유사성은 말할 것도 없고, 사회적 행위(social behavior)의 유사성 등도 파악되기 시작했다. 유사한 조건이나 행위를 분류하고 나면, 구술 내용을 통해 어떠한 조건에서 왜 그러한 행위가 일어났는지 다시금 읽어보아야 한다. 독서를 하다보면 동기의 유사성도 발견할 수 있다.

## 3. 제6단계: 협의의 학술적·역사적 글쓰기 단계

제6단계에서는 구술자료를 활용한 학술적·역사적 글쓰기를 진행한다. 앞 단계에서도 지적했듯이 구술자료를 활용한 글쓰기 방법은 다양하다. 이 글은 한 연구자의 사례로서 이해하고 각자는 다른 사람의 방법을 원용하면서도 자신에게 맞는 방법을 개발하면 좋을 것으로 생각한다. 그럼 이제부터 구술사 녹취자료를 활용한 역사적 글쓰기의 사례를 검토해 보기로 하자.

## 1) 기존 역사적 사실과의 비교와 유형화

학술적 글쓰기를 위한 준비는 초벌 녹취록을 독서하며 검독하는 단계에서 시작한다. 독서하는 과정을 통해 초기의 문제의식을 구체화하고, 새로운 사실이 발굴되었을 때에는 체크도 해두어야 한다. 또한 개인 행위가 우연적인 개인의 자유의지 문제인지, 아니면 사회적 조건이나 환경, 국가정책 등의 거시 구조가 작동한 결과인지 하는 점 등을 고려해야 한다. 이러한 점들을 고려하면서 기존의 관련 자료들을 다시금 철저하게 검토하며 비교해서 기존 사실을 강화하는지, 그리고 기존 사실과 다른지, 아니면 새로운 사실인지 등을 밝혀낼 필요가 있다. 기존 연구서에 관련 사실이 없다고 해서 새로운 사실로 간주할 수는 없다. 1차 자료를 수집해 살펴보아야 새로운 사실인지를 확인할 있다. 또한 그 역도 성립한다. 즉, 1차 자료와 현재 자료가 다른데 문헌자료에는 그 이유가 해명되지 않았을 때, 구술자료를 통해 1차 자료와 현재 자료의 차이를 발견할 수 있다.

### (1) 역사적 자료와 구술자료 비교를 통한 글쓰기

우선 구술자료를 통해 현재의 사실을 제대로 검토할 수 있다. 구술자료를 보다 보면 현재 내가 아는 사실과 과거 구술자들의 행위에서 차이를 발견할 때가 종종 있다. 이때 내가 구술 과정에서 발견한 사실이 '새로운 사실'인가, 아니면 '이미 알려진 사실'인가 하는 문제가 있으며, 또한 이미 알려진 사실이라면 기존 사실과 이번 조사에서 발견한 사실 간에는 어떤 차이와 유사성이 있는지 말해주어야 한다. 그리고 이러한 비교와 새로운 발견을 할 수 있으려면 기존 사실에 대한 풍부한 수집과 이해를 전제해야 한다. 이것이 구술사 연구라 하더라도 문헌 연구를 게을리해서는 안 되는 중요한 이유다.

한 가지 예를 들어 구술자의 행위 속에 나타나는, 잊힌 역사적 사실을 발견해보자. 2006년에 강화도 교동면 조사에서 어떤 구술자가 "일제시대만 해도 교동면 인사리에서 강화도를 거치지 않고 한강 뱃길을 따라 서울로 갔다"라고 증언했다. 2006년 현재 그곳으로 가려면 강화도 창후리에서 배를 타고 교동도의 월선포로 가는 방법밖에 없으므로 그 증언을 들었을 때에 연구자는 혼동을 겪는다. 따라서 문헌자료를 통해서 우선 그런 사실이 있는지 찾아보는 작업을 해주어야 한다. 그 결과 나는 현존하는 지도에다 예전에 존재했던 사실을 재구성해〈그림 6-8〉과 같은 그림을 작성할 수 있었다.[3]

우선 구술을 통해 생생하게 들어보도록 하자.

에- 저- 이 '교동' 우리 '동산리'- 여 '죽산포'-라고 있어. '죽산포' 거기 포구

---

3 김귀옥, 「지역사회에서 반공이데올로기 정립을 둘러싼 미시적 고찰: 해방 전후~1950년대 인천시 강화군 교동면의 사례」, 『전쟁의 기억, 냉전의 구술』(선인, 2008), 115~118쪽을 참조하기 바란다.

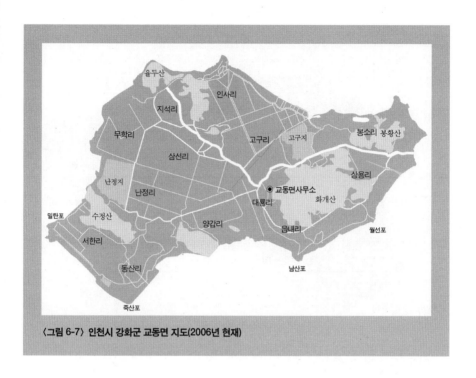

〈그림 6-7〉 인천시 강화군 교동면 지도(2006년 현재)

야. 포군데…… 이- 6·25- 그니깐- 어 휴전되고 나서도 그 '죽산포' 앞 바다
로 배가 댕겼어. 거 저- 어로 저지선이 여기 지금 생겨 있거든. 그 어로 저지
선이…… 6·25 나고 후에 에- 휴전되고 나서도 어로 저지선이 없었어요. 내
중에 간첩선이 자꾸 그 왕래를 하기 때문에…… 왕래가 아니라 출몰을 한
거죠. 출몰하니깐 어로 저지선이 생긴 거야. 그래서 옛날에는 그 어로 저지
선 생기기 전에는- 이쪽- 잇 그- 어장이 여기 이 지금 이쪽 해변. 해변 이쪽
으로도 어장이 어 저기 새우젓 잡고 하는 배들이 아주 꽉 들어차고 그랬어.
(……) 근데 이쪽 포구로 '서울,' '마포' 여기서 배가 저 '서울,' '마포'로 드나
들었어. '죽산포'가 그랬어. 그…… 저- 서해안 저 '연평도' 거긴 그 그땐 거
기가 저 그 조기 고장 아니야? (……) 그때는 '연평도'가 조기 고장이거든.

**〈그림 6-8〉 사라진 포구를 살린 지도**

* 지금은 기능을 상실한 포구 등은 ( )로 표시했음.
자료: 교동면사무소 게시 사진(2006년 1월 12일 촬영)을 재구성함.

서해 '연평도'에서 조기 싣고 들어오면 그루 '죽산포'로 와서 하루 저녁 자고 간 거야. 여기 여기가 이제 말하자면 중간-포구야. 그러니까…… 그래가지고 거기가 '죽산포'가 술집도 많고. 거 기생들도 많고. 아주 유명한 포구였었다고…… 일제시대 때도 그렇지만은. 해방되고 나서도…… (……) 왜 죽산포냐? 배가 대나무처럼 들어차 있기 때문에. 배 돛대가 대나무처럼 말이야. 그냥 들여 붙여 가지고 이름이 '죽산포'다 그거에요[훈정(가명) 구술; 김귀옥, 2008: 116~117].

구술 속에는 많은 포구가 나온다. 이러한 구술 사실을 강화군 교동면 관련 문헌자료 중 하나인 『교동향토지』를 살펴보니 사실임을 확인할 수 있었다. 그 기록을 보면 다음과 같다.

1. 양갑리, 난정리, 동산리, 서한리 사람들은 멀탄(말탄포) 나룻배를 타고…… (중략)

2. 지석(리), 무학(리), 삼선(리), 인사리 사람들은 민재(인현) 나룻배를 타고…… (중략)

3. 대룡리, 읍내리, 상룡리, 봉소리, 고구리 사람들은 호두포(봉소리) 나룻배를 타고…… (중략) (재인교동면민회, 1995: 26)

이상은 한국전쟁 전까지 교동 섬에 있었던 포구 중 일부다. 그 외에도 인천에서 교동면 인사리로 가는 정기항로, 서울 마포에서 인사리로 운항하는 정기항로 등 항로가 다양했다(재인교동면민회, 1995: 27). 인천광역시 강화군 교동면에 있는 이 섬이 한국전쟁 전만 해도 해안선(길이 37.2km)에 포구와 나루(진)가 10개 이상 있었던 곳임을 새롭게 알게 된 것이다. 이 섬은 과거에 많은 포구가 있고 바다와 한강을 잇는 바닷길이 있는 어업 우위 지역이었으나, 전쟁 이후 어업은 사라지고, 완전히 농업 중심 지역으로 바뀌었다. 한마디로 말해 전쟁과 분단은 이렇게 작은 지역의 성격을 완전히 바꾸어놓았다.

(2) 행위 유형화에 따른 글쓰기
구술사 연구에서 유형화 방식을 취하는 것은 대단히 중요하다고 본다.

비슷한 상황에 처한 사람들이 모두 같은 행위를 하지는 않는다.[4] 또한 결과로서 나타나는 행위는 유사하더라도 그 동기는 유사하지 않다. 같은 상황에 다른 행위를 하는 사람들이나 같은 행위를 하는 사람들의 다른 동기나 조건을 분류해보면 범주화할 수 있음을 발견하게 된다. 따라서 그러한 범주화에 따라 유형화를 시도해볼 수 있다.

유형화에 따른 글쓰기를 시도한 예를 살펴보도록 하자. 나는 속초와 김제 두 지역의 월남인 1세대 55명을 7개월간 조사한 결과물로서 『월남민의 생활경험과 정체성』(1999)을 집필했다. 그 책에서 나는 역사적 글쓰기와 서사 분석을 사안별로 분류하고, 거시적인 역사적 사실에 대해서는 유형화를 시도한 미시 역사적 글쓰기로서 틈내기를 시도했다. 예를 들면 1990년대 중반까지만 해도 흔히 '월남민들은 북한 정권이 싫어서 자유를 찾아왔다'는 것이 정설이었다. 나는 구술사 조사 결과를 통해 월남민들의 월남 상황을 분석해 월남 행위를 한 것은 같지만 월남의 동기는 상이함을 발견했다. 그리고 그 결과를 〈표 6-3〉과 같이 유형화해볼 수 있었다(김귀옥, 1999: 246).

---

4 이 문제는 사회구조와 개인 행위의 상관관계를 보는 데에 중요하다. 예컨대 같은 공장에서 일하는 유사한 조건의 노동자라고 할지라도 반드시 유사한 행위를 한다고 볼 수 없다. 다양한 행위를 하는 이유를 추적하려면 노동 상황과 개인적 상황을 더 면밀히 보아야 한다. 이러한 관점은 종래 사회구조주의적 관점에서 사회구조와 개인 행위의 단순한 인과관계를 해체하는 데에 기여할 수 있다. 물론 그렇다고 해서 개인이 사회에 대해 자율성을 지니므로 단순한 인과성이 작동하기 어렵다고 보지는 않는다. 개인 행위에 미치는 요인은 계급과 같은 사회구조적 변수 외에도 다양한 변수가 작동하기 때문이다. 그 요인은 해당 사회에 대한 면밀한 이해 속에서 발견할 수 있다.

<표 6-3> 정착촌별 월남인의 월남 상황적 요인

(단위: 명, %)

| 월남 당시 이동의 계기 | 속초 정착촌 월남인 | 김제 정착촌 월남인 | 계 |
|---|---|---|---|
| 준경찰기구대원 * | 11(31.4) | 3(21.4) | 14(28.6) |
| 징발된 노무자 ** | 13(37.1) | 2(14.3) | 15(30.6) |
| 군의 소개와 권유 *** | 8(22.9) | 9(64.3) | 17(34.7) |
| 청장년 피난 권유 | 2(5.7) | - | 2(4.0) |
| 기타 | 1(2.9) | - | 1(2.0) |
| 계 | 35(100.0) | 14(100.0) | 49(100.0) |

* 준경찰기구는 대한청년단이나 청방, 치안대 등을 가리킴
** 징발의 주체는 국방군을 포함한 준경찰기구를 의미함
*** 군은 정규군인과 유격대원이나 첩보대원을 의미함

전쟁 시기 월남인들이 월남이라는 행동을 한 것은 같을지라도 월남의 동기는 몇 가지로 범주화할 수 있다. 그 내용을 보면, 월남한 동기 가운데 가장 많은 것은 '군의 소개(疏開)와 권유'였다. 물론 '권유'라고 다소 긍정적으로 표현했으나, 실상은 강제 이동자가 가장 많았다. 그다음으로는 징발된 노무자(대개 남성)가 많아, 두 유형의 월남 이동자를 합하면 사실상 65%에 해당하는 사람들이 자신의 의지와 무관하게 이동하게 된 것을 알 수 있다. 각 범주에 해당하는 사람들의 이야기를 구술 서사로 제시했을 때, 그 가운데 군에 징발된 노무자의 이야기는 〈그림 6-9〉와 같다.

또한 군의 소개(疏開)와 권유로 월남한 민간인들이나 노무자로 징발된 사람들의 월남 상황에서 발견할 수 있었던 공통된 증언 가운데 하나는 미국이 '원자탄을 투하한다는' 소문이었다. 미국의 원자탄 투하설이 군대 내에서는 말할 것도 없고, 북한 지역의 민간인 사이에도 널리 퍼져 있었다는 점은 수많은 사람이 짧은 기간에 서둘러 월남한 상황과 연결된다. 그리고 그처럼 전쟁이라는 급박한 상황과 거시 권력이 만들어낸 구조적 상황 속에서 개인이 어떠한 처지에 빠졌는지는 신문이나 문헌자료를 통

▷김성진(함북 성진) : 국방군은 후퇴하면서 기차를 징발하여 우리 조원 3명(나 기관사, 본
무 1명, 조수1명)에게 기차를 몰도록 시켰다. 당시 미국에서 원자탄을 쏘게 될지도 모른
다는 소문이 흉흉하게 돌았다. 국방군은 화차 20량, 한 량에 한 개씩 다이나마이트를 장
착하여 다리나 화차를 폭파시켜 인민군의 추격을 피하려 했다. 우리는 국방군이 접수한
함흥 기지역까지 왔다. 함흥에 오자 어떻든 성진으로 돌아가려고 했으나 성진으로 돌아
가지도 못하게 하였다. 어떤 미국육군소령이 통역관을 대동하고 왔기에 고향으로 돌아가
고자 한다고 했으나 그들은 우리를 비행기에 태워 흥남을 거쳐 부산까지 데리고 왔다.
▷경의영(황해 은율) : 국방군 후퇴시기에 국방군이 현물세로 걷운 쌀 300가마를 섬으로 운
반해 달라고 해서 동네 청년 6명과 함께 수송차 월사리로 나와 LST를 타고 은율군 앞섬
초도와 백령도를 경유해 군산으로 왔다. 군산에서 KLO 요원을 뽑는다기에 다시 고향에
가기 위해 지원하여 백령도로 올라왔다.

〈그림 6-9〉 군에 의해 징발된 노무자의 경험 사례

▷윤희석(함남 영흥군 ○○섬) : 유엔군이 후퇴하던 당시 맥아더장군이 만주에 원자탄을 쏜
다는 소문이 돌았으나 원산쪽까지는 피해가 없다고 하여 후퇴하지 않았다. 그후 중공군
이 우리 마을에 들어왔지만 주민을 해치는 일은 없었다. 그들은 우리에게서 돼지나 닭을
사서 먹고 길도 먼저 비켜 주었다[241]. 인민군이 다시 들어와 우리는 소를 잡아 환영대회
를 열어주었다. 주민들은 인민군에 조사를 당했으나 별일은 없었다. 1951년 1월 중순
HID 요원 몇 사람들이 들어와서 섬을 소개해야 한다며 동네 사람(남성 중심) 80명을 피
난시켰다. 우리 섬보다 더 남쪽 원산 앞의 섬으로 간다고 했으나 계속되는 군의 소개로
부산까지 오게 되었다.
▷권범수(함남 영흥군 ○○섬) : 1950년 12월 후퇴 때에는 원자탄 투척 소문이 파다하였으
나 동해안에 미군 함대가 있어서, 이까지는 폭격하지 않겠다 싶어 후퇴할 필요가 없다고
생각하여 후퇴하지 않았다. 1951년 2월, ○○유격대가 와서 청년들 10명에게 1주일만 피
신하면 된다고 하여 군인 5명과 함께 원산 앞 ○섬에 갔다가 그후 해병대에 입대했다.

〈그림 6-10〉 군에 의한 소개 및 권유 사례

해서 발견할 수 있었다.

다음은 반공적 이유로 월남했다고 한 월남인들의 피난 상황이다. 그들
도 더 구체적으로 보면 자원해서 월남했기보다는 군부대(정보 계통의 부대
포함)나 준군사 조직(대한청년단이나 치안대, 반공 자치 조직 등) 등에 관련되

어 피난할 수밖에 없는 상황이었음을 발견할 수 있었다. 그리고 그러한 상황의 원인에는 반공적·반북적 태도와는 무관하게 한 마을에서 작동하는 친·인척의 연고주의망 역시 작동했음을 발견할 수 있었다.

이러한 글쓰기 과정을 통해 월남민들이 북한 지역에서 보냈던 일상생활이 남한 측의 공식 자료나 북한 측의 공식 자료와는 거리가 있는 사실을 발견할 수 있었다. 또한 속초나 김제 월남민 마을이 어떻게 '탄생'할 수 있었는지에 대한 '기존의 통념'을 깨뜨릴 수 있었다. 특히 1950년대에 속초와 양양을 비롯한 38선 이북 지역에서는 미군정이 4년에 걸쳐 통치했는데, 이 당시의 경험과 자료를 통해 대한민국의 '수복 지역'이라는 의미를 넘어서는 역사적 의미와 미국이 바라보는 한국 전쟁의 의미를 발견할 수 있었다. 나아가 한국군이 설치하고 운영한 '위안 부대' 등 공식 역사에서 은폐되었던 새로운 역사적 사실들을 발굴했다.

그리고 좀 더 중요한 것은 기존의 반공 통념이 획일적으로 빚어놓았던 월남 동기를 해체한 것이라고 본다. 한국전쟁 당시에 많은 월남인은 "전쟁이 나지 않았다면 월남했겠느냐?"라는 질문에 자기 검열적인 대답으로 운을 떼어 "현재의 북한 정권이 아니었다면 피난하지 않았을 것 같다"라고 답변했다. 이러한 사실은 그들이 북한 체제를 선호한다는 의미로도 해석할 수 있으나, 대부분 사람은 더 나은 가능성이 예측되지 않는다면 쉽게 이동하지 않은 채 안정을 추구하려는 보수성을 가졌기 때문이라고도 해석할 수 있다. 아무튼 전쟁 때문에 피난한 것이고, 좀 더 많은 사람이 '자원'해서라기보다는 피난해야만 했던 상황에서 '마지못해' 남하했다는 사실과 생존적 동기의 연관관계를 구술 과정과 분석 과정에서 발견할 수 있었다. 따라서 이러한 과정을 통해 문헌자료에는 언급되지 않았던 수많은 사실이 구술되고 발견되었으며, 글쓰기 과정에서 '아래로부터의 역사화'를 시도할 수 있었다.

이상과 같이 역사적 글쓰기 작업은 유형화 시도 속에, 그리고 해당 유형에 속하는 사람들의 개인적 경험과 동기를 통해 거시적 흐름과 미시적 행위를 연결하려는 시도 속에 수행될 수 있다. 구술사 방법론은 방법론적 개인주의의 형식을 취하나, 개인의 행위에는 거시 구조나 다양한 사회적 조건이 작동한다.

## 2) 가계도 그리기

구술사 방법론은 '방법론적 개인주의(methodological individualism)'를 취한다. 물론 그렇다고 해서 반드시 사회를 실체 없는 개인의 합으로 파악하는 인식론인 명목론적으로 본다고는 할 수 없다. 개인의 행위에는 사회의 다양한 집합적 코드가 분열적으로 작동하고, 개인의 기억이나 욕망에도 사회적·집합적 의식과 사고, 망탈리테(mentalités)[5]가 작동한다(김영범, 1991)는 점에서 구술사 연구가 개인주의적 역사 연구는 아니라는 사실을 알 수 있다.

그렇다면 개인적 수준의 경험(의식·무의식 포함)과 객관 세계가 구술 과정에서 어떻게 만나는 것일까? 개인의 집합이 사회 또는 세계 그 자체

---

5 망탈리테는 인간 주체의 심리 복합의 심층부이고, 그 심층부에 행위자들의 집합적 의식과 사고가 작동하며, 이를 역사적으로 접근하고자 하는 것이 망탈리테사다(김영범, 1991: 261).

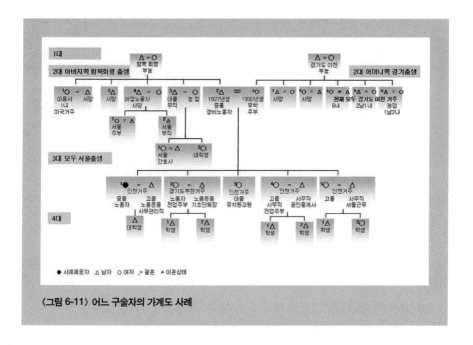

1대

2대 아버지쪽 함북회령 출생    함북 회령 부농    경기도 이천 부농    2대 어머니쪽 경기출생

1O = △    3△    4△ = O    5O = △    2△ ═ 4O    1△ = O    5O = △    3O ＊ 4△    5△ = O    4△ = O
미용사    사망    어업노동자    대졸    농업    1927년생    1930년생    사망    사망    현재 모두 경기도 이천 거주    농업
1녀        사망    무직        중졸    무학        6녀    2남1녀    1남2녀
미국거주                    경비노동자    주부

1O = △    2△ = O
서울        서울
주부        무직

1O = △    2O
서울        대학생
간호사

3대 모두 서울출생

1● = △    2△ = O    3O    4O = △    5△ = △
인천거주    경기도부천거주    인천거주    인천거주    인천거주
중졸        노동자    대졸        고졸    사무직    고졸    사무직
노동자    노동운동    유치원교원    사무직    공인중개사    서울근무
노동운동    전업주부        전업주부
사무관리직    기초단체장

4대

△    △    △    △    △    △    △
대학생    학생    학생    학생    학생    학생    학생
1    2        1    2    1    2

● 사례제공자  △ 남자  O 여자  = 결혼  ＊ 이혼상태

〈그림 6-11〉 어느 구술자의 가계도 사례

는 아니다. 개인의 경험에는 사회 또는 세계가 반영되어 있으나, 직접적 반영은 아니다. 또한 그렇다고 해서 아무리 특이한 개인이더라도 사회적 환경이나 객관 세계를 벗어나서 존재하기는 어렵다. 개인의 행위와 경력, 조건, 의식이나 무의식, 욕망 등을 형성하고 작동하는 배경에는 여러 사회가 중첩되어 있다. 작게는 가족에서 시작해 사회, 국가, 민족 등 여러 층위가 개인의 의식을 형성한다.

그런 의미에서 개인의 의식을 통해 세계를 발견할 때에 작동하는 가장 작은 단위로서 '가족'이라는 틀을 그려볼 필요가 있다. 이러한 문제의식에 따라 개인에게 영향을 미치는 가장 작은 단위의 세계, 즉 개인이 구성하는 1차적 사회적 관계망이 가계도(family tree)인데, 이는 구술을 통해 그릴 수 있다. 〈그림 6-11〉에 그려진 구술자의 가계도를 보도록 하자.

〈그림 6-11〉의 가계도를 들여다보면 구술자의 상황을 한눈에 조망할
수 있다. 한 가계의 세대별 지역적 이동, 사회적 이동, 학력, 직업 등이 보
인다. 또한 가계도를 통해 한 가족 속에 남녀의 개인차와 함께, 함북의 문
화와 경기도 문화, 뿌리 뽑힌 사람(월남인)과 가난한 농촌 출신 가정의 사
회와 문화가 어떻게 충돌하며 얽혔는가를 짐작할 수 있다(김귀옥, 2004:
232). 이러한 가계도를 통해 개인에게 미치는 계급적 상황이나 직업적 상
황, 젠더적 상황 등을 이해할 수 있고, 가계를 둘러싼 역사적 상황, 개인
간 갈등의 가능성 등을 직간접적으로 이해할 수 있다.

이처럼 가족사를 일목요연하게 볼 수 있는 것이 가계도다. 그러나 가
계도를 그리는 과정은 구술자의 협조와 정당성의 부여가 없이는 곤란한
작업이다. 왜냐하면 '나'를 제외한 수많은 가족이 등장해야 하기 때문이
다. '나'로부터 윗대로 거슬러 올라가거나 옆으로 뻗어나가 고고학적 계
보도를 그려나간다. 나의 부모, 부모의 부모(나의 조부모와 외조부모), 나의
형제자매, 부모의 형제자매 등 개인이 기억하는 부분까지를 그림으로 그
려본다.[6] 경험적으로 보면, 자신의 생애사를 재구성하고 재조직화하는
데에 이보다 좋은 방법은 드물다고 생각한다.

## 3) 지도 그리기

개인에게 영향을 미치는 가장 가깝고 작은 세계로서 가족 관계를 설정

---

6 이러한 점에서 계보도와 족보는 다르다. 계보도가 자신으로부터 윗대로 올라가는
것이라면, 족보는 공동의 조상으로부터 그 후손으로 내려가는 것이다.

한다면, 거기에서 한발 더 나아간 세계가 바로 지역사회다. 그 지역사회는 마을 공동체와 같은 공간적인 것일 수도 있고, 한 지역사회의 사회적 관계망[7]과 같은 것일 수도 있다. 그리고 그러한 의미의 물리적·사회적 공간을 표출하는 과정이 지도 그리기다. 지도는 지리적 지도와 사회적 지도로 나누어볼 수 있다.

마을 단위의 지도는 마을사나 지역사 연구의 기초다. 만일 연구 지역에 대한 과거 사진이나 그림이 남아 있다면 별 문제가 아니겠지만, 현지 조사를 했던 지역들에서는 그러한 지도를 찾기가 쉽지 않았다. 특히 마을이나 동(洞)수준으로 내려가면, 사진기가 보급되기 전인 1960년대까지의 사진을 발견하기란 쉽지 않다. 그래서 나는 지역 연구를 시작하면 반드시 지리적 지도를 남기려 한다. 그 지도 속에는 작은 마을의 중심지와 주변부, 규모, 사회적 관계 등을 밝히는 부호들이 기재되어 있다.

보통은 그러한 작업을 직접 했으나 2007년에는 한 지역 주민이 나를 위해 직접 마을 지도를 그려주었다(〈그림 6-12〉 참조). 그 주민은 1996년에서 2011년까지 나와 계속 만나며 인터뷰하거나 안부 인사를 해왔던 속초 토박이다. 그는 지도를 그리기 위해 나에게서 배운 인터뷰 과정을 자신의 지인에게도 시행했다. 그리고 몇 날 동안 기억을 회상하며 동료들과 인터뷰했고, 그 노력의 흔적은 〈그림 6-12〉와 같이 작성된 마을 그림으로 등장했다.

이 마을 지도를 보면 한국전쟁 이후 사라진 마을의 중심지인 동사(洞

---

7  사회적 관계망은 한 사회 내에서 정치적·경제적 선택과 배제, 교류가 작동하는 망이면서 사회적·문화적 교류가 작동하는 망이다.

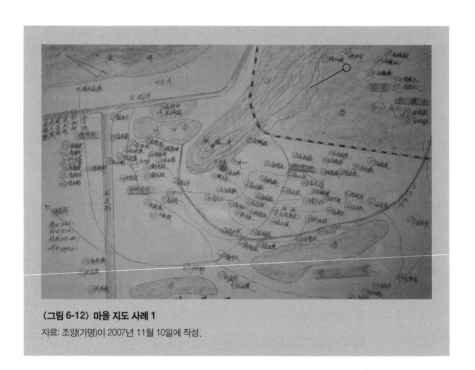

**〈그림 6-12〉 마을 지도 사례 1**
자료: 조양(가명)이 2007년 11월 10일에 작성.

숲)와 서당, 가가호호와 각 세대주 이름, 철도, 도로, 우물, 성황당, 논밭의 위치를 파악할 수 있다. 또한 가구 수와 일본인 거주자들도 파악할 수 있고, 근대화 과정에서 사라진 지명도 빼곡히 기록되어 있다. 전쟁 이후 사라진 수많은 사람과 집을 통해 전쟁이 한 마을에 얼마나 심대한 영향을 미쳤는지를 한눈에 알 수 있다. 그는 또한 구술 과정에서 한 집 한 집의 택호(宅號)와 자녀, 월북 상황, 탈농 상황, 현재 상황을 회고해냈다.

또한 다음 〈그림 6-13〉을 통해서도 구술을 통한 마을의 역사를 담아낼 수 있다(김귀옥, 2008).

강화도 교동면의 한 마을 그림 속에서도 현재는 남아 있지 않은 한 지역의 중심적 모습을 볼 수 있다. 일제강점기에서 해방 시기까지 존재했던

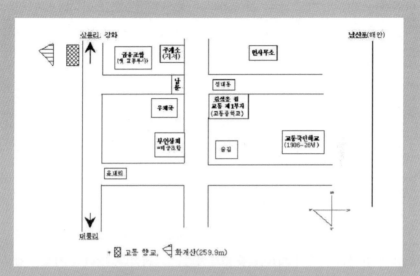

〈그림 6-13〉 마을 지도 사례 2(해방 전후 시기 교동면 읍내리 성내동 약도)

* 읍내리 '남산'과 '영환', '유현' 등의 증언을 바탕으로 재구성을 시도함.
** 김석홍 씨 집은 정식 교동중학교가 있던 곳이 아니라 임시로 있었고, 중학교는 교동향교에서 개설했다.

마을이 바뀌게 된 것은 한국전쟁 때문이다. 한국 현대사를 더듬어보면 한국 사회의 변화, 즉 인구 이동과 지리적 변화를 포함한 근대적 도시화가 흔히 1960년에 시작되었다고 본다(권태환·윤일성·장세훈, 2006: 174). 그러나 한국은 1950년대 당시에 이미 제3세계 가운데 유례가 없을 정도의 높은 도시화율을 보였다.[8] 다시 말해 한 개인의 사회적 이동이 이루어진 시점을 들여다보면 수많은 사람이 이동하게 된 계기가 한국전쟁임을 구술 생애사 조사를 통해 발견하게 된다. 심지어 지리적·사회적 이동이 남

---

8 1950년대에 제3세계의 도시화율은 17% 정도였으나 1955년에 한국의 도시화율은 24.5%에 달했다(김귀옥, 2003: 378).

북이나 국내적으로 그치는 것이 아니라, 해외 이산으로도 이어졌으며, 일제강점기를 전후로 헤어져 흩어졌던 사람들이 정착하게 된 계기 또한 한국전쟁이다.

지금까지 구술자료를 활용한 학술적·역사적 글쓰기를 몇 가지 사례를 중심으로 정리해보았다. 그 외에도 다양한 방법을 구사할 수 있는데, 어떤 방법을 쓰느냐에 구애받지 않는, 좋은 글쓰기를 하는 데에 필요한 몇 가지 사항을 정리해보면 다음과 같다.

첫째, 구술자료를 활용한 글쓰기를 잘하려면 원근법을 살려 구술자료를 독서하고 전후좌우의 맥락으로 구술 내용을 분석해야 한다. 구술사의 최대 장점인 맥락적 지식을 잘 활용하라는 지적이다. 맥락적 지식을 잘 파악해야 구술자의 피상적이거나 우회적인 이야기하기의 진실에 접근할 수 있다. 또한 구술자료를 피상적으로 해석함으로써 진실에서 멀어지는 우를 범하는 것을 예방할 수 있다.

둘째, 풍부한 문헌자료나 기존 자료를 활용해야 한다. 구술사 연구는 기존 역사를 보완하거나 대체할 목적으로 수행된다. 따라서 보완하거나 대체하려면 구술자료와 기존 자료들을 비교해 제대로 수집하고 살펴보아야 구술자료가 빠진 부분(missing key)에 해당되는지, 아니면 새로운 사실에 해당하는지 파악할 수 있다.

셋째, 구술자료의 가치를 높이려면 일차적으로 녹취록 만들기를 잘해야 한다. 구술사 방법론의 장점이 타당도에 있더라도 구술자의 기억이 완벽하지 않고, 연구자나 녹취자가 녹취나 검독을 할 때에 불완전한 부분을 바로 잡지 못한다면 글쓰기도 잘못될 수 있다. 따라서 구술자료를 활용한 글쓰기 과정에서는 기존의 다양한 자료를 통해 구술 내용의 정확성을 분별할 필요가 있다.

넷째, 좋은 글쓰기를 위해서라면 글을 쓰는 과정에서도 구술자와 적절한 관계를 유지할 필요가 있다. 구술자료에 대한 전체적 조망은 연구자의 몫이지만, 세밀한 부분에서 미심쩍은 점이 있다면 구술자를 재차 인터뷰해서 확인하거나 보완하는 것이 연구자의 기본적인 성실함에 해당한다고 할 수 있다.

제7장

:

열린 구술사 연구

# 1. 맺음말: 역사와 대중과 소통하는 구술사

한국 구술사 연구는 굴곡진 한국 현대사로 말미암아 1980년대에 비전 문가들이 시작했다. 1990년대에는 인류학, 사회학, 역사학 등에서 연구 자들이 나타나기 시작해서 2000년대에는 연구자들과 과거 청산 운동을 해온 시민사회단체들의 만남도 이루어졌다. 또한 국가기관에서도 구술 자료를 수집하기 시작했고, 연구 영역이나 주제도 다양해졌으며, 연구의 양도 제법 축적되는 양상이다.

한국 구술사 연구는 아직도 많은 과제를 안고 있다. 구술사 연구가 학 문적으로나 사회적으로 소통하는 지식이 되고 역사자료를 생산하는 방 법으로서 역할을 하려면 정규 대학 강좌로 자리 잡아야 한다. 구술사 연 구 관련 수업이 개설되어야 할 이유로는 첫째, 학문적으로 수요가 늘어나고 있다는 점을 들 수 있다. 2000년대에 들어 국가기관이나 개인 연구자들이 구술자료를 꾸준히 생산하고 있다. 구술자료를 당대만이 아니라 후대에도 하나의 자료로서 사용하려면 정확하고 엄밀하게 조사해 생산하지 않으면 안 된다. 혹자는 구술자료가 주관적인 구술 기억에 바탕을 두므로 역사적 가치가 없다고 오해하기도 한다. 그러나 기억은 주관적일지 몰라도, 구술자의 행위가 벌어지던 사실 자체는 허구(fiction)가 아니다. 또한 연구자가 대면하는 구술자는 한 개인이지만, 구술자의 행위라는 사실은 거시적 역사, 국가, 사회 등과 만나므로 역사 자료로서 지위를 가질 수 있다.

둘째, 구술사 연구에 전문적인 수업이 필요하다는 점이다. 일반 질적 연구 방법론에도 구술사 방법론 수업을 포함할 수 있으나, 질적 연구 방법론에는 여러 방법론이 속해 있으므로 구술사 방법론에 할애하는 시간이 제약될 수 있다. 구술사 방법론의 핵심은 이론적 습득에 있지 않다. 현지 조사를 해보고, 그 조사를 토대로 구술자료를 직접 만들어보고 연구 보고서를 쓰는 데에 있다. 따라서 이러한 전문성을 양성하려면 구술사 방법론 강의를 정규 대학 강의에 개설하는 것은 절실한 문제다.

또한 구술사 연구에는 구술사 방법론 외에 다양한 방법론을 결합할 필요가 있다. 구술자료를 수집하고 정리하는 것을 목적으로 한다면 구술사 방법론을 충실히 이행해서 일정 정도 목적을 달성할 수 있다. 그러나 연구 보고서나 논문 등의 작성을 목적으로 한다면 다양한 방법론과 만나야 한다. 문헌분석법은 기본이고, 필요에 따라서는 양적 연구 방법론과 결합할 수도 있다. 또한 구술자료뿐만 아니라 영상자료를 결합할 때에는 영상 텍스트 분석 방법도 동원해야 한다. 이러한 연구 방법론의 융합과 활용을 가능하게 하려면 정규 강의를 통해 충분히 이해시켜야 한다. 그리고 연구 방법론 간에 경쟁을 통해 서로 부족한 점을 보완해야 발전할 수 있다.

셋째, 구술사 연구는 사회화되어야 하는 과제를 안고 있다. 구술사 연구는 흔히 연구자나 연구기관의 발주로 진행되어 결과물을 내기 마련이다. 그러나 일반 연구와 달리 구술사 연구는 구술자(개인 또는 집단)의 기억이 없다면 성립할 수 없다. 또한 구술사 연구는 대개 많은 비용이 소요되므로 국가적 연구용역사업이나 시민사회단체, 연구기관 등의 공적 비용이 연구를 촉진하기 십상이다. 그리고 이러한 점에서 구술자료나 연구 결과물은 한 사람이 독점할 수 없는 공공재다. 2000년 이래로 구술자료 아카이브즈(archives)에 대한 관심이 커지고 있고, 2000년대 중반부터는 국사편찬위원회, 민주화운동기념사업회, 한국학중앙연구원 등에서 구술자료를 수집, 발굴 및 관리하는 사업을 진행하고 있다.[1] 구술자료 기록관리사(아키비스트, archivist)는 자료를 발굴하고 분리한 다음 정리와 관리를 한다는 점에서 일반 아키비스트와 유사하나, 그 외에도 구술자료 자체를 생산하는 일을 한다는 점에서 큰 차이가 있다. 구술자료 기록관리사가 양질의 구술자료를 수집하려면 전문적인 교육과 훈련이 중요하다(한국구술

---

1 국사편찬위원회에서는 구술자료를 수집하고 관리하는 매뉴얼로 『현황과 방법, 구술·구술자료·구술사』(국사편찬위원회, 2004)와 『구술자료 만들기: 수집, 정리, 활용』(국사편찬위원회, 2009)을 발간했다. 또한 한국국가기록연구원도 구술자료 관리 매뉴얼인 선영란 외, 『구술기록의 기록학적 관리 방안』(한국국가기록연구원, 2006)을 발간했다. 한국구술사연구회, 『구술사: 방법과 사례』(선인, 2005)나 윤택림·함한희, 『(새로운 역사 쓰기를 위한) 구술사 연구방법론』(아르케, 2006)에서도 구술자료 기록 관리를 위해 모색했다. 그 외에도 구술사 연구 현황에서 밝혔듯이 구술자료 기록 관리에 관련된 학위논문들이 제법 발표되었다.

사연구회, 2005; 한정은, 2007).

좋은 구술자료는 연구자 자신이나 당대 또는 후대 연구자들만을 위한 것이 아니다. 구술사 속에서는 과거 기록에서 배제되고 왜곡된 사람들이 살아나고 숨 쉬어야 한다. 또한 구술사가 구술자와 연구자가 공유하는 역사 쓰기가 되고, 나아가 엘리트층이 기록하는 역사를 보안하고 대체할 수 있는 글쓰기가 되어야 한다. 그러려면 연구자만 생산하고 소비하는 글쓰기가 아니라, 대중적 글쓰기로 발전해야 한다. 그리고 구술사 연구는 여러 가지 점에서 그러한 가능성을 가진다.

첫째, 구술사 연구는 새로운 만남의 문법을 가능하게 한다. 과거에 연구자와 민중은 주체와 객체라는 이분법으로 구획화되어 있었다. 그러나 2000년대에 들어 그 이분법을 허물려는 여러 가지 시도가 이루어지고, 서구에서나 한국에서 구술사 방법론은 출발부터 주체와 객체 허물어뜨리기를 연구 목표로 삼아왔다. 즉, 연구자=전문가=연구 주체, 민중=연구 대상이라는 공식을 허물고 있다. 이러한 허물어뜨리기에는 고등교육의 확대와 함께 현대 과학도 기여한다. 다시 말해 컴퓨터와 인터넷의 발전은 과거에는 고립적 영역을 구축해왔던 것들이 만날 수 있게 하고, 주변화된 수많은 계층이 자기 발화를 할 수 있게 한다. 그리고 이러한 자기 발화는 구술사와 쉽게 만나게 된다. 그 결과 구술사 방법론은 학문의 대중화에 기여할 가능성을 가지게 되었다.

둘째, 구술사를 토대로 한 글쓰기는 구술자와 함께하는 대중의 사회사요, 문화사이며, 일상사다. 구술사 연구의 중요한 목적 중 하나는 망각되고 왜곡된 민중의 역사를 복원하겠다는 것이다. 그렇다면 구술사 글쓰기는 전문가 중심의 언어로만 분석되고 기록되어야 할 것인가, 아니면 대중과 더불어 읽고 쓸 수 있는 형식을 취해야 하는가 고민하지 않을 수 없다. 연구논문은 연구자나 전문가들의 전용이 될 수밖에 없으나, 구술사를 학문의 영역에 자리매김하려면 포기할 수 없다. 그러나 구술사 조사로 생산되는 구술자료는 연구논문을 위한 자료에만 헌신하지 않는다. 구술사 연구의 목적처럼 민중과의 만남이나 대중의 역사 쓰기가 가능해지려면 좀더 민중적인 것에 주목할 필요가 있다. 천 마디 말보다 그림 하나에 더 많은 의미를 함축할 수 있듯이, 면접자의 현학적 이론보다는 구술자의 사투리, 잘못된 기억, 편지, 일기장, 사진 한 장이 더 많은 의미를 보여줄 수 있다. 구술사 연구는 대개 연구실과 현지를 왕래하며 이루어지므로 구술자의 삶의 지평에서 언어화된 기억 외에도 수많은 자료들이 널려 있다. 그리고 현지 조사를 통한 신뢰의 구축은 구술자의 삶을 재현하는 원동력을 제공해준다.

셋째, 구술사적 글쓰기는 다양한 대중매체와의 만남을 낳을 수 있다. 다시 말해 구술사는 새로운 문화 콘텐츠 발굴에서 중요성을 가진다. 예컨대 문학과 구술사의 공통성은 스토리텔링(story-telling)이다. 예컨대 내가 박사학위논문을 마쳤을 때 가장 빨리 반응이 온 것은 예상치도 않은 영화계였고, 구술자료를 영화화하는 문제에 대해 최근에도 영화감독들과 논의를 계속하고 있다. 1990년대 후반의 냉전과 탈냉전의 틈바구니에서, 냉전 시대의 거대한 희생자였던 민중의 경험은 이미 문학이나 영화의 중요한 소재가 되어 있다. 문학가나 영화감독을 포함한 다양한 문화 종사자들에게 민중의 삶만큼 호소력 있게 다가갈 주제는 없다. 그러한 문화 콘텐츠 발굴에 구술사 연구자 또는 구술사가(oral historian)들은 중요한 역할을 할 수 있다.

넷째, 종종 구술사는 구술자의 트라우마 문제를 건드린다. 많은 사회사 연구는 한 시대의 해당 사회가 안고 있는 문제를 발견해낸다. 구술사라면 그러한 문제에 개인적 지평 위를 통해 접근할 것이다. 그래서 많은 구술사가들이 지적하듯이 구술사는 치유와 해원의 가능성을 열어둔다고 한다(윤택림·함한희 2007). 그런데 글쓰기에서는 어떻게 이러한 문제를 표현할 수 있을까? 구술자료집에서라면 구술자가 발화하는 내용 가운데 공개를 허용한 범위 내에서 문자언어화하면 될 것이다. 그런데 자료집을 넘어서는 역사 쓰기에서는 구술자의 트라우마를 가져온 사회적 관계와 조건, 원인과 대안 등을 제시해주어야 한다. 심지어 구술자에게 허용만 된다면 그러한 질문을 던져볼 수도 있다. 그러한 가운데 구술자는 자신의 고통을 조금은 객관화할 수 있고, 스스로 분석할 수 있게 된다.

　마지막으로 구술사를 성찰해보고자 한다. 지식인으로서 구술사 연구자가 민중의 목소리를 듣고, 그 목소리를 역사화한다고 해서 그것이 민중의 작품이 되는가? 설령 내가 지역 월남민들과 7개월을 생활하고, 논문을 집필하는 과정에서 구술자들의 충고와 자문을 구해『월남민의 생활경험과 정체성』이라는 책을 써냈으며, 그들의 생생한 목소리를 담아냈다고 해서 그것이 민중의 작품인가? 지식인의 이름이 버젓이 달려 있고, 지식인이 주도적인 해석권과 저작권을 가진 연구 업적일 뿐이다. 따라서 구술사 연구에는 지극히 성찰적인 자세가 요구된다. 대화를 매개로 한 '쌍방향적 과정'에서 구술사 조사를 진행해서 구술자가 의제의 새로운 방향이나 새로운 조사 항목을 제안할 수 있다고 하더라도, 의제 설정의 권리는 지식인이 쥐고 있다. 글쓰기의 진행 과정 역시 지식인이 수행하며, 그 결과물도 지식인이 독점한다는 사실을 잊으면 안 된다. 다시 말해 민중적 글쓰기라고 해서 지식인이 연구의 전 과정에서 민중을 착취할 뿐만 아니라, 새롭게 침묵시키지 않는다[2]는 보장이 없다는 점이다.[3] 이러한 점을 극복하려면 연구자적 자의식을 좀 더 세우고, 연구 실천 속에서 삶과 연구를 이어나가는 치열한 연구 자세가 촉구된다고밖에 말할 수 없다. 결론적으로 구술사 방법론 자체가 민중적 연구라는 인식 자체가 자만이 될 수 있음을 기억해야 한다.

지금껏 민중은 시대적 부스러기이자, 시대의 반영물일뿐이었다. 그러나 이제 그들은 세상을 만들어나가는 창조적 주체로서 지위를 되찾아야 한다. 민중을 더는 영웅과 거인들로 점철된 역사의 그림자이자 소모품으로 방치할 수 없다. 구술자가 살아 있듯 구술자로 말미암아 구술사 글쓰기는 살아 있어야 한다. 일상을 살아가는 구술자와 연구자적 권력 속에

---

2 김원은 「서벌턴은 왜 침묵하는가?: 구술, 기억 그리고 재현을 중심으로」(2009)를 통해 가야트리 스피박(Gayatri Chakravorty Spivak)의 서벌턴(subaltern) 연구에서 서벌턴이 침묵할 수밖에 없는 근본 문제와 한계를 지적한 바 있다. 구체적으로 보면 인도와 같은 다언어·다문화 사회에서 영어권 연구자가 다른 언어와 문화를 사용하는 기층 민중을 연구한다는 한계에 몰인식해온 점에 대한 지적이다. 이러한 점은 한국의 민중 연구에서도 마찬가지로 무시할 수 없는 문제점임을 성찰하고 기억해야 한다. 그러나 극복 방안을 모색해야 하지만, 근본적 문제에 빠지면 모든 연구는 불가지론에 빠질 수밖에 없다.

3 최근에는 이러한 문제의식에 기반을 두고 지역민들이 지역사를 쓴다거나 노동자들이 노동사를 쓰려는 노력들이 제기되고 있다. 따라서 앞으로 그러한 글들이 다양한 형식으로 세상에 나올 것으로 기대하는데, 현재까지 나온 몇 가지 사례를 적시하면 다음과 같다. 역사학연구소 엮음, 『노동자, 자기 역사를 말하다: 현장에서 기록한 노동운동과 노동자교육의 역사』(서해문집, 2005); 이보근, 『연암면 사람들의 기억』(예당, 2007); 연백군실향민동우회, 『격강천리라더니』(민주평화통일자문회의 인천 강화군협의회, 2008).

놓여 있는 연구자 사이에 가로질러 놓여 있는 불평등한 언어를 치우고, 이해와 소통, 나아가 화해를 위한 노력을 시작해야 한다. 따라서 구술사의 언어 속에서 민중의 대중적 언어가 살아 숨 쉬려면 대중적 역사 쓰기를 위한 끊임없는 연마가 요구된다.

이제 마지막으로 구술사 연구가 연구자와 구술자뿐만 아니라 대중과 소통하기 위해 반드시 필요한 관문을 이야기하고자 한다. 바로 구술사 연구 윤리의 문제다. 연구 윤리를 잘못 이해하면 짐이 되고 족쇄가 될 수 있으나, 잘 이해하면 구술자와 연구자를 보호하기 위한 중요한 장치가 된다. 또한 연구 윤리는 구술사 방법론이나 구술사 연구 자체가 성숙해질 수 있는 원리가 될 것이다.

## 2. 구술사 연구 윤리

구술사 연구가 학문적으로나 대중적으로 소통하는 데에 가장 고려해야 할 점은 구술자료가 살아 있는 사람에게서 온 생생한 경험에 토대한다는 것이다. 그 자료 속에는 구술자의 생애담이 담겨 있을 뿐만 아니라, 구술자를 둘러싼 사람들과 세계가 있다. 인간의 일상사가 그렇듯이 생애담에는 구술자의 자부심과 활약상뿐만 아니라, 고뇌와 약점, 그(녀)와의 관계자에 대한 평가와 험담(?)들도 담겨 있다. 그러한 자료가 필터링 과정을 거치지 않고 세상에 공개된다면 구술자료는 구술자나 제3자에게 또 다른 문젯거리나 악재가 될 수 있다. 따라서 이러한 문제점을 해결하기 위한 연구의 한계, 즉 문턱이 필요하다.

또한 연구자는 대개 고학력 지식인이고 도시 시민이거나 엘리트의 지위에 있기 쉽다. 반면에 구술자는 민중이거나 여성, 지역민, 농촌 사람, 또는 노약자를 포함한 사회적 약자일 때가 많다. 이렇게 구조화된 맥락 속에서 연구자는 구술자에게 의도하건, 의도하지 않건 손해를 끼치거나 콤플렉스를 유발할 수 있고, 심한 경우 그들과 갈등을 일으킬 수도 있다. 한국의 구술사 연구 학계를 보면 연구자 가운데에는 다른 분야보다 상대적으로 여성 연구자가 많은 편이다. 따라서 예컨대 30~40대의 여성 연구자가 60~70대의 남성 노인과 구술 조사를 할 때에는 몇 가지 모순된 관계가 발생할 수도 있다. 가부장 문화에 익숙한 남성 노인의 입장에서는 자신보다 어린 여성 연구자에게 조사받는 관계에 복합적인 느낌을 받을 수 있다. 여성 연구자의 입장에서도 남성 노인 구술자를 상대로 방어기제가 작동할 수 있다. 상호 간에 상처받지 않고 라포를 형성하려면 연구자는 구술자의 문화와 의식에도 관심을 가져야 한다. 그리고 구술자를 보호하면서도 연구자의 신뢰를 훼손하지 않을 장치가 필요하다.

또한 연구자보다 낮은 계급의 사람들을 현지 조사해온 사회학이나 인류학 등의 학문에는 지배자의 입장에서 연구를 수행하거나 제국주의 지배의 첨병 역할을 했던 부끄러운 역사도 있었다. 현재 우리가 진행하는 구술사 연구가 구술자의 목소리를 내는 아래로부터의 연구임을 자처하나, 과연 정말로 구술자를 착취하거나 소외하지 않는지 보장하기는 어렵다. 이에 미국인류학회는 1971년에 학회 회의에서 '전문가의 책임에 관한 원칙'을 채택했다. 전문가의 원칙은 다음과 같이 시작한다.

인류학자들은 세계 여러 곳에서 사람들과, 연구하는 상황과 밀접한 인간

관계를 맺으면서 작업한다. 그러므로 그들의 작업적 상황은 독특하고 다양하며 복잡하다. 그들은 그들의 학문 분야와, 동료들과, 학생들과, 후원자와, 그들의 주체와, 그들 자신과 현지 정부와, 현지 조사 대상인 독특한 개인과 집단과, 인간의 일반 복지에 영향을 주는 연구 과정과 연구 주제, 이 모든 것과 연관되어 있다.

이와 같이 복잡한 연관, 오해, 갈등 및 갈등을 빚는 가치 중에서의 선택 등등은 필연적으로 윤리적 딜레마에 빠지게 만든다. 이런 것을 예측하고 해결책을 세워, 연구 대상인 사람들에게도, 가능한 한 학문 세계에도 손해를 끼치지 않게 하는 것이 인류학자의 중요한 책임이다. 이런 조건이 충족될 수 없는 곳에서는, 그 인류학자에게 그 특별 부분의 연구를 추진하지 말도록 잘 조언해주어야 한다(Spradley, 1988).

1990년대 이전까지만 해도 한국 학계에서 연구 윤리에 대한 의식 수준은 낮은 편이었다. 연구 윤리는 일종의 상식으로 통해 사회조사 수업에서도 거의 다루지 않았다. 예를 들면 남의 글을 자신의 글에서 인용 각주 없이 인용하는 것은 표절이라거나, 직접 조사하지도 않고 조작된 조사를 하면 안 된다는 정도였다. 내가 대학과 대학원 석박사 과정에 재학한 1980년대에서 1990년대에 이르기까지 사회과학 방법론과 관련해 수강한 강의들에 연구 윤리 문제에 대한 내용은 거의 없었다. 1990년대 초에 저작권 문제가 언급되기 시작했으나, 1990년대까지 연구 윤리 문제는 주로 국가를 포함한 공권력이 학문의 자유를 부당하게 침해하는 사건이 발생할 때에 언급되는 정도였다(김귀옥, 2000c).

2000년대에 구술사 연구자들이 늘어나기 시작하면서 구술자에 대한 연구자의 권리 침해 문제가 일어날 가능성이 생김에 따라 연구 윤리에 대한 논의가 언급되었다. 특히 구술자료집은 구술자의 생애담을 정리하고 편집한 내용인데, 거기에는 구술자 또는 구술자가 언급하는 제3자에 대한 사적이거나 비밀스러운 내용이 담겼을 가능성도 있어서 연구 윤리가 중시되었다. 2009년 6월 5일에 출범한 한국구술사학회는 그러한 취지에 공감해 1년여의 회의를 거쳐 다음과 같은 '구술사 연구 윤리 강령'을 제정했다.

## 구술사 연구 윤리 강령

### 제1조 (목적)

본 연구윤리규정은 한국구술사학회가 발간하는 학술지 ≪구술사연구≫(이하 학술지라 약함)에 기고하는 논문의 필자(이하 연구자 혹은 필자)가 준수해야 하는 연구윤리의 원칙과 기준을 정하는 것을 목적으로 한다.

### 제2조 (연구윤리의 준수서약)

한국구술사학회는 학술지의 원고 모집을 할 때 연구윤리규정을 공지하여야 하며, 연구자는 윤리규정 준수 서약서에 동의하고 이를 원고와 함께 제출하여야 한다.

### 제3조 (연구자의 연구윤리)

학술지에 기고하는 논문은 다음의 윤리규정을 지켜 작성되어야 한다.

1. 게재를 희망하는 논문은 독창적인 연구내용을 담은 것으로, 다른 학술지 또는 간행물에 발표한 사실이 없는 것이어야 한다.
2. 인간을 연구 대상으로 하는 연구를 할 때에는 연구참여자(연구 대상)에

게 정신적·육체적 고통을 수반하지 않는 범위 내에서 진행했음을 확인할 수 있어야 한다.

3. 연구자는 구술자료의 채록, 활용 및 보급에 관한 윤리원칙(제4조와 제5조)에 따라 연구했음을 확인할 수 있어야 한다.

4. 다음과 같은 연구부정행위가 있는 논문은 게재하지 않는다.

1) 존재하지 않는 자료 또는 연구결과 등을 허위로 만들어내거나, 연구과정을 조작하거나, 자료를 임의로 변형하는 연구 위조 및 왜곡 행위.

2) 타인의 아이디어, 연구내용 및 결과 등을 적절한 승인 또는 인용 없이 도용하는 표절 행위.

3) 기타 학계에서 통상적으로 용인되는 범위를 심각하게 벗어난 행위.

제4조 (구술 채록작업에 관한 윤리원칙)

1. 연구자는 구술채록의 목적과 해당 구술사 프로젝트에 대한 정보를 구술자에게 알려주어야 한다.

2. 연구자는 구술자가 자유롭게 이야기하도록 격려해야하며, 구술자가 특정 주제에 대해 이야기하는 것을 거부할 수 있음을 구술자에게 알려주어야 한다.

3. 연구자는 구술자가 구술된 내용을 비공개로 할 것을 요구하거나, 조건부 혹은 익명으로 공개하도록 요구할 수 있음을 구술자에게 알려주어야 한다.

4. 연구자는 구술자가 구술된 내용에 대한 모든 형태의 활용과 보급에 대한 권한을 갖고 있음을 구술자에게 알려주어야 한다.

5. 구술채록은 구술자와 사전에 동의한 내용에 따라서 수행해야 하며, 그러한 동의는 기록되어야 한다.

6. 연구자는 구술된 내용을 기록하는 데 모든 노력을 기울여야 하며, 구술 채록의 상황을 포함해서 구술채록의 준비과정과 방법을 기록해야 한다.

## 제5조 (구술자료의 활용 및 보급에 관한 윤리원칙)

1. 모든 형태의 구술된 내용은 구술자가 사용을 허락할 때까지 비밀이 유지 되어야 한다.
2. 구술된 내용의 녹취문은 가능한 한 구술자와 함께 검토하고 평가해야 한다.
3. 연구자는 구술된 내용을 원본대로 보존하려는 노력을 기울여야 한다.
4. 전시회 및 출판을 비롯한 각종 미디어에 구술자료를 재현할 때에는 구술 사 프로젝트의 지원기관을 밝혀야 한다.
5. 구술자료의 이용자는 구술자료의 생산자(구술자와 연구자)를 밝혀야 한다.

## 제6조 (연구업적의 표기)

1. 연구자는 자신이 실제로 행하거나 공헌한 연구에 대해서만 저자로서 책 임을 지며, 또한 업적으로 인정받는다.
2. 공동연구의 경우 연구를 직접 행하거나 연구에 실질적인 공헌을 한 연구 에 대해서만 논문의 공동저자로 참여해야 하며, 공동저자의 표기는 해당 연구에 기여한 정도에 따라 순서가 정해지도록 해야 한다.
3. 연구내용 또는 결과에 기여를 한 사람에게는 논문의 공동저자 자격을 부 여하거나 혹은 적절한 방식의 감사의 표시가 명기되어야 한다.

## 제7조(연구윤리위원회의 구성)

1. 연구윤리에 관한 제반 사안을 심의·의결하기 위해 연구윤리위원회를 둔다.

2. 연구윤리위원회의 위원은 연구위원 2명, 편집위원 2명, 그리고 회장과 총무이사로 구성하며, 위원장은 학계의 원로 중에 위촉한다. 간사는 편집간사가 겸직한다.

## 제8조 (연구윤리 심의와 의결)

1. 이 규정에서 정한 내용의 심의·의결은 연구윤리위원회에서 담당한다.

2. 동 위원회는 연구윤리의 위반과 관련하여 신고되거나 자체적으로 인지한 내용에 대하여 규정에 의거하여 위반내용을 독립적인 지위에서 심의·의결한다.

3. 연구윤리의 위반과 관련된 회의는 편집위원 또는 편집위원장의 요청에 의해 이루어진다.

4. 동 위원회는 위원 과반수의 출석과 출석위원 3분의 2 이상의 찬성으로 의결한다.

5. 동위원회에서 필요하다고 인정될 때에는 관계자를 출석하게 하여 의견을 청취할 수 있다.

## 제9조 (연구윤리 위반에 대한 조치 및 징계)

제7조에서 정한 절차에 따라 심의를 거쳐 연구자가 연구윤리를 위반한 것으로 드러난 경우 연구윤리위원회는 아래와 같은 징계를 결정하며 징계 내용은 중복될 수 있다.

1. 해당 논문의 학술지 게재를 취소한다.

2. 한국구술사학회 홈페이지에 연구윤리위반 사실을 공지한다.

3. 한국연구재단에 연구위반 사실을 통보한다.

4. 해당 연구자에게 향후 5년간 논문투고를 금지한다.

5. 연구윤리위원회는 제7조에서 정한 심의와 의결 및 제8조의 조치와 징계

관련 회의내용을 회의록으로 작성하여 보관하고, 심사결과를 한국구술사학회의 이사회에 보고한다. 보고서에는 심사의 위촉내용, 심사의 대상이 된 연구부정 행위, 심사위원의명단과 심사절차, 심사결정의 근거, 심사대상자의 소명 및 처리절차, 연구윤리 위반에 따른 징계 내용이 포함되어야 한다.

[부칙]

1. (시행일) 이 규정은 2010년 8월 30일부터 시행한다.
2. 규정에 명시되지 않은 사항은 연구윤리위원회의 심의와 결정에 따른다.[4]

구술사 연구 윤리는 구술자를 보호하고자 만들어진 측면도 있으나, 무엇보다도 연구자 자신을 위한 것이다. 즉, 연구자가 연구 윤리에 맞는 것인지 아닌지도 알지 못하는 연구 행위를 하지 않도록 하려는 기준이자 지침이다. 이러한 연구 윤리가 마련된 것은 학문과 학문 공동체의 발전을 위해서 바람직한 일이다. 그리고 중요한 것은 연구 윤리를 만든 일 자체가 아니라, 잘 지켜 연구를 더 발전시키는 일이다. 연구 윤리가 구술자와 연구자의 끊임없는 교감을 활성화하고 라포를 잘 형성할 수 있도록 도와야 한다. 따라서 연구자라면 구술사 연구 윤리를 철칙으로 여겨 구술자를 보호하고 구술자료를 귀중히 여기는 사명감을 지녀야 한다. 이러한 원칙과 윤리가 연구자에게 내면화되고 학문적으로나 사회적으로 소통될 때

---

4 '구술사 연구 윤리 강령'은 한국구술사학회가 발간하는 정기간행물인 《구술사연구》 각 호에 게재되어 있다.

에 구술사 연구나 구술자료는 구술자와 연구자, 나아가 대중을 위한 자료
가 될 수 있다.

참고문헌

5·18기념재단 엮음. 2006. 『(구술생애사를 통해 본) 5·18의 기억과 역사 1: 교육가 편』. 5·18기념재단.

_____. 2006. 『(구술생애사를 통해 본) 5·18의 기억과 역사 2: 사회활동가 편』. 5· 18기념재단.

_____. 2009. 『(구술생애사를 통해 본) 5·18의 기억과 역사 3: 농민운동가 편』. 5· 18기념재단.

강성숙. 1996. 「이야기꾼의 성향과 이야기의 특성에 관한 연구」. 이화여자대학교 석사학위논문.

강재형. 2009. 「초기 방송 아나운서에 대한 미시사적 구술사 연구」. 고려대학교 석 사학위논문.

강현식. 2010. 『꼭 알고 싶은 심리학의 모든 것』. 원앤원북스.

고혜정. 2003. 「일본군 성노예문제와 할머니 증언」. 한국정신대연구소 4월 월례발 표회 발표문.

곽건홍. 2003. 『한국 국가기록 관리의 이론과 실제: 기록이 없으면 역사도 없다』. 역 사비평사.

곽원일. 2012. 「한국교회와 도시산업선교에 대한 구술사 연구: 1960, 70년대 여성 노동운동을 중심으로」. 한신대학교 석사학위논문.

광주매일正史5·18특별취재반. 1995. 『正史5·18』. 사회평론.

국가보훈처 엮음. 2002. 『독립유공자 증언자료집 1~2』. 국가보훈처.

국사편찬위원회 엮음. 2004. 『현황과 방법, 구술·구술자료·구술사』. 국사편찬위 원회.

_____. 2009. 『구술자료 만들기: 수집, 정리, 활용』. 국사편찬위원회.

권녕성. 1999[1986]. 『헌법학개설』. 법문사.

권명숙. 2007. 「구술기록의 수집 절차에 관한 연구: 민간인학살사건 다큐멘테이션을 중심으로」. 경북대학교 대학원 석사학위논문.

권미현. 2004. 「구술사료의 기록학적 관리방법 연구」. 명지대학교 기록과학대학원 석사학위논문.

권성기. 2010. 「일제말기 초등교육에 관한 구술사 연구: 서울덕수초등학교를 중심으로」. 서울교육대학교 석사학위논문.

권태환·윤일성·장세훈. 2006. 『한국의 도시화와 도시문제』. 다해.

권헌익(Heonik Kwon). 2012. 『학살 그 이후: 1968년 베트남전 희생자들에 대한 추모의 인류학』. 유강은 옮김. 아카이브.

글레이저·스트라우스(Barney G. Glaser and Anselm L. Strauss). 2011. 『근거이론의 발견』. 이병식·박상욱·김사훈 옮김. 학지사.

김경학 외. 2005. 『전쟁과 기억: 마을공동체의 생애사』. 한울.

김귀옥 외. 2008. 『전쟁의 기억·냉전의 구술』. 선인.

_____. 2009. 『동아시아의 전쟁과 사회』. 한울.

김귀옥. 1999. 「정착촌 월남인의 생활경험과 정체성: 속초 '아바이마을'과 김제 '용지농원'을 중심으로」. 서울대학교 박사학위논문.

_____. 2000a. 「잃어버린 또하나의 역사: 한국전쟁시기 강원도 양양군 미군정 통치와 반성」. ≪경제와 사회≫, 제46호(여름호), 30~53쪽.

_____. 2000b. 「지역 조사와 구술사 방법론」. 서울대학교 사회과학연구원 엮음. ≪한국사회과학≫, 22권 2호, 37~75쪽.

_____. 2000c. 「한국전쟁과 레드 콤플렉스, 학문의 자유」. 학술단체협의회 주최 한국전쟁 50주년 기념학술토론회 "한국전쟁 어떻게 끝낼 것인가" 발표문.

_____. 2003. 「전쟁과 공간, 인간의 사회학적 만남」. 『한국사회사연구』. 나남출판.

_____. 2004. 「1960, 1970년대 의류봉제업 노동자 형성과정: 반도상사 부평공장의 사례를 중심으로」. 『1960-1970년대 한국의 산업화와 노동자 정체성』. 한울, 221~257쪽.

_____. 2006a. 「한국 구술사 연구 현황, 쟁점과 과제」. ≪사회와역사≫, 통권71호,

40~71쪽.

_____. 2006b. 「지역의 한국전쟁 경험과 지역사회의 변화: 강화도 교동 섬 주민의 한국전쟁 기억을 중심으로」. ≪경제와사회≫, 71호, 40~71쪽.

_____. 2008. 「건국과 전쟁에 의한 지역 공간의 지정학적 변화: 해방 전후~1950년대 인천시 강화군 교동의 사례」. ≪정신문화연구≫, 제31권 제3호(통권 112호, 가을호), 71~102쪽.

_____. 2009. 「한국전쟁과 이산가족: 지역에서의 이산가족의 기억과 고통」. 『동아시아의 전쟁과 사회』. 한울.

_____. 2010. 「구술사 쓰기의 방법과 절차: 사례에 기초한 이론화의 시도」. ≪구술사연구≫, 제1권 1호, 77~115쪽.

_____. 2011a. 「1960~70년대 비전향장기수와 감옥의 일상사: 비전향장기수의 구술 기억을 따라」. ≪역사비평≫, 통권 94호(봄호), 258~297쪽.

_____. 2011b. 「한국전쟁과 한국군위안부 문제를 돌아본다」. ≪구술사 연구≫ 제2권 1호: 117~138쪽

_____. 2012a. 「한국학 발전을 위한 구술사 연구의 쟁점과 과제」.≪기록인IN≫, Vol. 20(가을호), 24~29쪽.

_____. 2012b. 「한국전쟁기 남성 부재와 시집살이 여성」. ≪역사비평≫, 통권 101호(겨울호), 402~433쪽.

_____. 2013. 「구술사와 치유: 트라우마 치유의 가능성을 모색하며」, ≪통일인문학논총≫, 제55집.

김기봉. 2008[2002].『포스트모더니즘과 역사학』. 푸른역사.

김동춘. 2010.『전쟁과 사회』. 돌베개.

김명권. 2009. 「유도인의 삶을 통해 본 한국 근현대사」. 강원대학교 박사학위논문.

김민영. 2009. 「구술기록의 신뢰성 확보 방안 연구」. 신라대학교 대학원 석사학위논문.

김병희·윤태일. 2011.『한국광고회사의 형성: 구술사로 고쳐 쓴 광고의 역사』. 커뮤니케이션북스.

김상조. 2007. 『내 땅에서 내 농사를』. 선인.

김상희. 2008. 「구술사와 그 실제에 관한 연구: 통일교의 구술사 기술을 중심으로」. 선문대학교 석사학위논문.

_____. 2012. 「이화여대에서 제적 처분된 통일교 학생들에 대한 구술사 연구」. 선문대학교 신학전문대학원 박사학위논문.

김석형 구술. 이향규 기록. 2001. 『나는 조선노동당원이오!』. 선인.

김선풍 외. 2002. 『우리 민속학의 이해』. 월인.

김성례. 1989. 「원혼의 통곡: 역사적 담론으로서의 제주무속」. ≪제주도연구≫, 제6집, 71~75쪽.

_____. 1991. 「한국 무속에 나타난 여성체험: 구술생애사의 서사분석」. ≪한국여성학≫, 7호, 7~43쪽.

_____. 1998. 「국가폭력과 여성체험」. ≪창작과비평≫, 26권 4호(겨울호), 340~352쪽.

_____. 2002. 「구술사와 기억: 여성주의 구술사의 방법론적 성찰」. ≪한국문화인류학≫, 35권 2호, 31~64쪽.

_____. 2012. 「일제시대 무속담론의 형성과 식민적 재현의 정치학」. ≪한국무속학≫, 24호, 7~42쪽.

김세균. 2006. 『황우석 사태와 한국사회』. 나남.

김영범. 1991. 「망탈리테사: 심층사의 한 지평」. ≪사회와역사≫, 34호, 258~335쪽.

_____. 2004. 「기억투쟁으로서의 4·3문화운동서설」. 『기억 투쟁과 문화운동의 전개』. 역사비평사.

김재룡. 2010. 「체육인 한상준의 생애사」. 강원대학교 박사학위논문.

김정은. 2008. 「초등 여교사의 교직 사회화과정에 관한 구술사적 연구」. 서울교육대학교 석사학위논문.

김지수. 2008. 「대통령 구술기록 수집 방안: 김대중 대통령 구술 수집을 중심으로」. 명지대학교 기록과학대학원 석사학위논문.

김진계 구술. 김응교 기록. 1990. 『조국: 어느 '북조선 인민'의 수기』. 현장문학사.

김창후. 2008. 『자유를 찾아서: 김동일의 억새와 해바라기의 세월』. 선인.

김현승. 2009. 「해군 구술 기록의 수집 방안 연구」. 서울대학교 대학원 석사학위논문.

김현식. 1998. 「포스트모던 시대의 사상적 위기와 현대 역사학」. ≪역사비평≫, 통권 42호(봄), 230~248쪽.

_____. 1999. 「포스트모더니즘은 역사학의 종말인가」. ≪역사비평≫, 통권 46호(봄), 117~131쪽.

남근우. 2008. 『'조선민속학'과 식민주의』. 동국대학교출판부.

도진순. 1996. 「추천사: 증언과 현대사의 사각지대」. 한국역사연구회 현대사증언반 엮음. 『끝나지 않은 여정』. 대동.

레비스트로스, 클로드(Claude Lévi-Strauss). 1998. 『슬픈 열대』. 박옥줄 옮김. 한 길사.

류춘도. 1999. 『잊히지 않는 사람들』. 시인동네.

_____. 2005. 『벙어리새』. 당대.

르페브르, 앙리(Henri Lefebvre). 1990. 『현대세계의 일상성』. 박정자 옮김. 세계 일보.

마이어 쇤베르거, 빅토어(Viktor Mayer-Schönberger). 2011. 『잊혀질 권리』. 구본 권 옮김. 한국방송통신대학교출판부.

미드, 마거릿(Margaret Mead). 2004[1988]. 『세 부족사회에서의 성과 기질』. 조혜정 옮김. 이화여자대학교출판부.

민예총 고흥지부·고흥군 여순사건조사위원회. 2005. 「여순사건으로 인한 고흥지 역 민간인 피해 조사보고서 I: 여순사건과 고흥의 민간인 피해」.

민주주의사회연구소 엮음. 『(부마민주항쟁 증언집: 부산편 1) 치열했던 기억의 말들 을 엮다』. 사단법인 부산민주항쟁기념사업회.

_____. 『(부마민주항쟁 증언집: 부산편 2) 치열했던 기억의 말들을 엮다』. 사단법인 부산민주항쟁기념사업회.

민주화운동기념사업회 엮음. 2010. 『1970년대 학생운동 1~7』. 민주화운동기념사 업회.

박계홍. 1988.「한국민속학의 회고와 전망」. ≪한국민속학≫, 21호. 45~66쪽.

박명림. 2011.『역사와 지식과 사회: 한국전쟁 이해와 한국사회』. 나남.

박순영·한경구. 1998.『시화호 사람들은 어떻게 되었을까』. 솔.

박승민 외. 2012.『(근거이론 접근을 활용한) 상담연구과정』. 학지사.

박진섭. 2008.「일제 말기 교사양성 교육에 대한 구술사 연구」. 공주교육대학교 석
　　　사학위논문.

박찬승. 2010.『마을로 간 한국전쟁: 한국전쟁기 마을에서 벌어진 작은 전쟁들』. 돌
　　　베개.

박현수 엮음. 2006.『짠물, 단물』. 소화.

배비, 얼(Earl R. Babbie). 2007[2002].『사회조사방법론』. 고성호 외 옮김. 톰슨코
　　　포레이션코리아.

베네딕트, 루스(Ruth F. Benedict). 1980.『문화의 유형』. 황선명 옮김. 종로서적.

샥터, 대니얼(Daniel L. Schacter). 2006.『기억의 일곱 가지 죄악』. 박미자 옮김.
　　　한승.

서울대학교 사범대학 교육학과 창설 50주년 기념행사 준비위원회 엮음. 1997.『서
　　　울大學校 師範大學 敎育學科 五十年史』. 서울대학교 사범대학 교육학과 창
　　　설 50주년 기념행사 준비위원회.

서울대학교 한국교육사고. 1999.『서울대학교 사범대학 50년: 구술사 자료집』. 서
　　　울대학교 사범대학.

서울시립대학교 부설 서울학연구소 엮음. 2000.『(주민생애사를 통해 본) 20세기 서
　　　울현대사: 서울 주민 네 사람의 살아온 이야기』. 서울시립대학교 부설 서울
　　　학연구소.

선영란 외. 2006.『구술기록의 기록학적 관리 방안』. 한국국가기록연구원.

속초문화원. 2000.『속초시 거주 피난민 정착사』. 속초문화원

슈라이버·스턴(Rita Sara Schreiber and Phyllis Noerager Stern). 2003.『근거이론
　　　연구방법론』. 신경림·김미영 옮김. 현문사.

스트라우스·코빈(Anselm L. Strauss and Juliet M. Corbin). 1996.『근거이론의 이

　　해: 간호학의 질적 연구 수행을 위한 방법론』. 김수지·신경림 옮김. 한울.

_____. 2001. 『(질적연구) 근거이론의 단계』. 신경숙 옮김. 현문사.

스프래들리, 제임스(James, P. Spradley). 1988. 『(文化探究를 위한) 參與觀察方法』. 이희봉 옮김. 대한교과서주식회사.

신동흔 외. 2009a. 『도시전승 설화자료 연구』. 민속원.

_____. 2009b. 『도시전승 설화자료 집성 1~10』. 민속원.

_____. 2012. 『시집살이 이야기 연구』. 박이정.

_____. 2013. 『시집살이 이야기 집성 1~10』. 박이정.

신동흔. 2011. 「전통 이야기꾼의 유형과 성격 연구」. ≪비교민속학≫, 46호, 543~602쪽.

신종태. 2009. 「구술사를 활용한 통일교사 연구」. 청심신학대학교 석사학위논문.

안대회. 2010. 『정조의 비밀편지: 국왕의 고뇌와 통치의 기술』. 문학동네.

앨런, 존(Jon G. Allen). 2010. 『트라우마의 치유』. 권정혜 외 옮김. 학지사.

여수지역사회연구소 엮음. 1998. 『麗順事件 實態調査 報告書 제1집』. 사단법인 여수지역사회연구소.

_____. 2000. 『麗順事件 實態調査 報告書 제2집』. 사단법인 여수지역사회연구소.

_____. 2002. 『麗順事件 實態調査 報告書 제3집』. 사단법인 여수지역사회연구소.

여순사건진상조사위원회. 2006. 『여순사건 순천지역 피해실태 조사보고서』. 누리기획.

염미경·김규리. 2008. 『제주사회의 여성결혼이민자들: 선택과 딜레마, 그리고 적응』. 선인.

오수성 외. 2007. 「심리적 피해현황 조사보고서: 조사의 신뢰성 제고와 치료 및 재활 측면의 화해방안 모색」. 전남대학교 심리건강연구소, 진실·화해를위한과거사정리위원회 연구용역 보고서.

옹, 월터(Walter J. Ong). 1997[1982]. 『구술문화와 문자문화: 언어를 다루는 기술』. 이기우·임명진 옮김. 문예출판사.

유수정. 2009. 「1930년대 식민지 초등학교 교육에 관한 구술사적 연구」. 서울교육대학교 석사학위논문.

유철인. 1990.「생애사와 신세타령: 자료와 텍스트의 문제」.≪한국문화인류학≫,
　　　22집, 301~308쪽.

_____. 1996.「어쩔 수 없이 미군과 결혼하게 되었다: 생애이야기의 주체와 서술 전
　　　략」.≪한국문화인류학≫, 29집 2호, 397~419쪽.

윤대중. 2010.「용무도의 개발과 발전과정」. 강원대학교 박사학위논문.

윤유석. 2010.「스토리텔링을 통한 지역 역사인물의 대중화」.≪인문콘텐츠≫, 제
　　　19호, 301~325쪽.

윤택림·함한희. 2006.『새로운 역사쓰기를 위한 구술사 연구방법론』. 아르케.

윤택림. 1994.「기억에서 역사로: 구술사의 이론적 방법론적 쟁점들에 대한 고찰」.
　　　≪한국문화인류학≫, 25집, 273~294쪽.

_____. 1997.「구술사와 지방민의 역사적 경험 재현: 박형호씨 구술 증언을 중심으
　　　로」.≪한국문화인류학≫, 30집 2호, 187~213쪽.

_____. 2003.『인류학자의 과거여행: 한 빨갱이 마을의 역사를 찾아서』. 역사비평사.

_____. 2004.『문화와 역사연구를 위한 질적연구방법론』. 아르케.

윤형숙. 1995.「여성생애사 연구방법론」.≪여성연구≫, 3호, 99~115쪽.

_____. 1996a.「그들과 우리 사이에서: 인류학 연구하기, 인류학자 되기」.≪한국문
　　　화인류학≫, 29집 1호, 103~129쪽.

_____. 1996b.「목포 지역 빈민에 관한 연구」.≪한국문화인류학≫, 29집 2호,
　　　361~394쪽.

이미일·김미영·김진이 엮음. 2009.『한국전쟁납북사건사료집 2』. 한국전쟁납북사
　　　건자료원.

이병윤·민병근. 1962.「한국인 정신분열증 환자의 망상에 관한 연구」,≪신경정신
　　　의학≫, 1(1), 35~40쪽.

이보근 엮음. 2007.『연암면 사람들의 기억』. 예당.

이상민. 2001.「대통령기록관의 설립과 운영 방향: 미국 대통령기록관의 사례와 교
　　　훈」.≪한국기록관리학회지≫, 1권 2호, 31~55쪽.

이선애. 2007. 「1930년대 중반 이후 식민지 초등학교 교육에 관한 구술사적 연구: 충북 괴산 지역을 중심으로」. 청주교육대학교 석사학위논문.

이선형. 2002. 「일본군 '위안부' 생존사 증언의 방법론적 고찰: 증언의 텍스트화와 의미부여를 중심으로」. 서울대학교 석사학위논문.

이운재. 2002. 『한국통신계약직노동조합 투쟁백서, 517간의 외침』. 다짐.

이윤희. 2011. 「1950년대 후반 이후 충주사범학교 교육에 관한 구술사적 연구」. 청주교육대학교 석사학위논문.

이임하. 2003. 「간통쌍벌죄(姦通雙罰罪)의 제정 및 적용과정에 나타난 여성관」. ≪사총≫, 56, 125~153쪽.

_____. 2010. 『전쟁미망인, 한국현대사의 침묵을 깨다』. 책과함께.

이재경. 2012. 『여성주의 역사쓰기: 구술사 연구방법』. 아르케.

이재열. 1998. 「사회과학의 질적 연구 방법: 양적 방법과의 상호보완성을 중심으로」. 한국의류학회 패션마케팅연구회 연구방법론 세미나 발표문.

이종구 외. 2004. 『1960-1970년대 한국의 산업화와 노동자 정체성』. 한울.

_____. 2005. 『1960-70년대 노동자의 생활세계와 정체성』. 한울.

_____. 2006. 『1960-70년대 한국노동자의 계급문화와 정체성』. 한울.

_____. 2010. 『1950년대 한국 노동자의 생활세계』. 한울.

이주은. 2007. 「구술사를 활용한 역사학습 방안」. 한국교원대학교 석사학위논문.

이화은. 2009. 「구술기록의 기술에 관한 연구」. 이화여자대학교 정책과학대학원 석사학위논문.

이홍환. 1986. 『구술한국현대사』. 미완.

이희영. 2005. 「사회학 방법론으로서의 생애사 재구성: 행위이론의 관점에서 본 이론적 의의와 방법론적 원칙」. ≪한국사회학≫, 39(3), 120~148.

인권환. 1997. 「한국 민속학의 형성·전개와 과제」. ≪한국민속학≫, 29호, 3~11쪽.

임오경. 2011. 「구술사를 통해 본 스포츠 영화의 팩션: 영화 '우리 생애 최고의 순간'을 중심으로」. 한국체육대학교 석사학위논문.

임완혁. 2008. 『구연 전통과 서사』. 태학사.

임형택. 1975. 「18·9세기 「이야기꾼」과 소설의 발달」. ≪韓國學論集≫, 제2집. 285~
304쪽.

장효주. 2009. 「1960년대 초등학생의 학교생활에 대한 구술사적 연구」. 청주교육대
학교 석사학위논문.

재인교동면민회 엮음. 1995. 『교동향토지』. 재인교동면민회.

전경옥·김은실·정기은. 2004. 『(한국여성근현대사 1: 개화기-1945년) 한국여성인
물사』. 숙명여자대학교출판국.

_____. 2005. 『(한국여성근현대사 2: 1945-1980) 한국여성인물사 2』. 숙명여자대학
교출판국.

전남대 5·18연구소·조지 카치아피카스(George Katsiaficas) 면접 조사. 나간채·
이명규 엮음. 2003. 『5·18항쟁 증언자료집 I: 시민군들의 구술』. 전남대학
교출판부.

_____. 2003. 『5·18항쟁 증언자료집 II: 시민군들의 구술』. 전남대학교출판부.

전남사회운동협의회 엮음. 1985. 『죽음을 넘어 시대의 어둠을 넘어: 광주 5월 민중
항쟁의 기록 1』. 풀빛.

_____. 1987. 『죽음을 넘어 시대의 어둠을 넘어: 광주 5월 민중항쟁의 기록 2』. 풀빛.

전미란. 2007. 「1950년대 초등교육에 관한 구술사적 연구」. 청주교육대학교 석사학
위논문.

정근식 외. 2004. 『지역전통과 정체성의 문화정치: 장성 황룡연구』. 경인문화사.

정명주. 2007. 「아트 아카이브(Art Archives)에 관한 연구」. 명지대학교 기록과학
대학원 석사학위논문.

정병욱·이타가키 류타(板垣龍太) 엮음. 2013. 『일기를 통해 본 전통과 근대, 식민
지와 국가』. 소명출판.

정성연. 2010. 「『아라비안 나이트』에서 재현된 여성 임파워먼트 해석의 문제」. ≪한
국여성철학≫, 제14권, 119~142쪽.

정순덕 구술. 정충제 기록. 1989. 『정순덕』. 대제학.

정호기. 2003. 「민주화운동의 기억투쟁과 기념」. 김진균 엮음. 『저항, 연대, 기억의

정치: 한국사회운동의 흐름과 지형 2』. 문화과학사.

제주4·3연구소 엮음. 2009. 『그늘 속의 4·3: 死·삶과 기억』. 선인

조성윤·지영임·허호준. 2007. 『빼앗긴 시대 빼앗긴 시절: 제주도 민중들의 이야기』.
　　　선인.

조영주. 2012. 「구술자와 면담자 사이의 '권력'의 긴장」. 『여성주의 역사쓰기』. 아
　　　르케.

조용성. 2009. 「구술기록의 수집정책에 관한 연구: 과거사 진상규명 관련 위원회의
　　　면담조사기록을 중심으로」. 한국외국어대학교 대학원 석사학위논문.

최경숙. 1995. 「직장암환자의 질병경험: 구술사적 접근을 통한 사례연구」. 서울대
　　　학교 박사학위논문.

최정기 외. 2008. 『전쟁과 재현: 마을 공동체의 고통과 그 대면』. 한울.

최태육. 2012. 「강화군 민간인학살」. 『전쟁과 국가폭력』. 선인.

최혜윤. 2010. 「1910~1920년대에 태어난 후기노년기여성의 생애경험담」. 여화여
　　　자대학교 석사학위논문.

커크·밀러(Jerome Kirk and Marc L. Miller). 1992. 『질적 연구의 신뢰도와 타당도』.
　　　이용남 옮김. 교육과학사.

크레인·앙그로시노(Julia G. Crane and Michael V. Angrosino). 1997. 『문화인류
　　　학 현지조사 방법: 인간과 문화에 대한 현장조사는 어떻게 하나?』. 한경구·
　　　김성례 옮김. 일조각.

표인주 외. 2003. 『전쟁과 사람들: 아래로부터의 한국전쟁연구』. 한울.

한경구. 1994. 『공동체로서의 회사』. 서울대학교출판부.

한국구비문학회 엮음. 2003. 『구비문학 연구의 길찾기』. 박이정

한국구술사연구회 엮음. 2005. 『구술사 방법과 사례』. 선인.

한국구술사학회 엮음. 2011. ≪구술사연구≫, 제2권 1호(통권 2호). 한국구술사학회.

_____. 2011. ≪구술사연구≫, 창간호. 한국구술사학회.

_____. 2012. ≪구술사연구≫, 제2권 2호(통권 3호). 한국구술사학회.

한국역사연구회 현대사증언반 엮음. 1996. 『끝나지 않은 여정』. 대동.

한국전쟁전후 민간인학살 진상규명 범국민위원회 엮음. 2002. 『증언으로 듣는 민간인학살: 끝나지 않은 전쟁』. 한국전쟁전후 민간인학살 진상규명 범국민위원회.

_____. 2005. 『한국전쟁전후 민간인학살 실태보고서』. 한울.

한국정신대문제대책협의회 2000년 일본군성노예전범 여성국제법정 한국위원회 · 한국정신대연구소 엮음. 2001. 『강제로 끌려간 조선인 군위안부들 5』. 풀빛.

한국정신대문제대책협의회 2000년 일본군성노예전범 여성국제법정 한국위원회 증언팀 엮음. 2001. 『강제로 끌려간 조선인군위안부들 4』. 풀빛.

한국정신대문제대책협의회 부설 전쟁과여성인권센터 연구팀 엮음. 2004. 『역사를 만드는 이야기: 일본군 위안부 여성들의 경험과 기억』. 여성과 인권.

한국정신대연구소 · 한국정신대문제대책협의회 엮음. 1999. 『강제로 끌려간 조선인 군위안부들 3』. 한울.

한국정신대연구회 · 한국정신대문제대책협의회 엮음. 1993. 『강제로 끌려간 조선인 군위안부들 1』. 한울.

_____. 1995. 『중국으로 끌려간 조선인군위안부들』. 한울

_____. 1997. 『강제로 끌려간 조선인군위안부들 2』. 한울.

한국정신문화연구원 민족문화연구팀. 2001. 『내가 겪은 민주와 독재』. 선인.

_____. 2001. 『내가 겪은 해방과 분단』. 선인.

한국정신문화연구원 엮음. 2004. 『내가 겪은 건국과 갈등』. 선인.

_____. 2004. 『내가 겪은 한국전쟁과 박정희정부』. 선인.

한국정신문화연구원 현대사연구소 엮음. 1999. 『격동기 지식인의 세가지 삶의 모습』. 한국정신문화연구원.

_____. 1999. 『지운 김철수』한국정신문화연구원.

한모니까. 2009. 「한국전쟁 전후 '수복지구'의 체제 변동 과정: 강원도 인제군을 중심으로」. 가톨릭대학교 박사학위논문.

_____. 2010. 「'수복지구' 주민의 정체성 형성과정: '인민'에서 '주민'으로 '주민'에서 '국민'으로」. ≪역사비평≫, 통권 91호, 128~150쪽.

한정은. 2007. 「대중적 이용을 위한 구술기록의 수집과 활용 방안」. 한국외국어대학교 대학원 석사학위논문.

함한희. 1998. 「미군정의 농지개혁과 한국 농민의 대응」. ≪한국문화인류학≫, 31집 2호, 407~437쪽.

_____. 2000. 「구술사와 문화연구」. ≪한국문화인류학≫, 제33권 1호, 3~25쪽.

_____. 2008. 「생활사 연구와 아카이브의 활용」. ≪영남학≫, 제14호, 7~46쪽.

허먼, 주디스(Judith Herman). 2007[1997]. 『트라우마: 가정폭력에서 정치적 테러까지』. 최현정 옮김. 플래닛.

허영란. 2004. 「국사편찬위원회 구술자료 수집사업 개요」. 국사편찬위원회 엮음. 『현황과 방법, 구술·구술자료·구술사』. 국사편찬위원회.

허준. 2011. 「한국전쟁 경험이 교회의 역사 인식에 끼친 영향에 대한 구술사적 고찰」. 장로회신학대학교 석사학위논문.

홉스, 제임스(James Hoopes). 1995[1979]. 『증언사입문』. 유병용 옮김. 한울.

홍두승. 2003. 『사회조사분석의 실제』. 다산출판사.

_____. 2012[1987]. 『사회조사분석』. 다산출판사.

홍정은. 2009. 「총련계 재일조선인여성의 민족정치학과 '어머니 정체성': 일본 오사카부 이주 여성등의 구술사를 중심으로」. 이화여자대학교 석사학위논문.

황석영. 2012. 『여울물소리』. 자음과모음.


Brewer, John D., 2000, *Ethnography*. Buckingham: Open University Press.

Caunce, Stephen. 1994. *Oral History and the Local Historian*. London: Longman.

Charlton, Thomas L., Lois E. Myers, and Rebecca Sharpless. 2008. *Thinking About Oral History: Theories and Applications*. Lanham: Altamira Press.

Chun, Soonok. 2001. "They are not machines: Korean Workers And Their For Democratic Trade Union in the 1970s." doctoral dissertation of University of Warwick.

Hamilton, Paula and Linda Shopes. 2007. *History of Oral History: Foundations and Methodology*. Lanham: Altamira Press.

_____. 2008. *Oral History and Public Memories*. Philadelphia: Temple University Press.

Kim, Seong-nae. 1989. "Chronicle of violence, ritual of mourning: Cheju shamanism in Korea." doctoral dissertation of Anthropology, University of Michigan.

Leydesdorff, Selma, Luisa Passerini, and Paul Thompson(eds.). 1996. *Gender and Memory*. Oxford University Press.

Terkel, Louis Studs. 1970. *Hard Times: An Oral History of the Great Depression.* New Press.

Thompson, Paul. 1988[1978]. *The Voice of the Past*. Oxford University Press.

Vansina, Jan. 1985. *Oral Tradition As History*. Madison: The University of Wisconsin Press.

Yi, Hee-Young. 2004. "Gespiegelte Utopien in einem geteilten Land: Eine biografie-rekonstruktive Studie zu politischen Sozialisationen in den 80er Jahren in Korea." Dissertationsarbeit an der Kassel Universität.(번역: 이희영. 「투사로 구성된 유토피아: 1980년대 한국 정치사회화에 대한 생애사 재구성적 연구」).

Yoo, Chul-In. 1993. "Life histories of two Korean women who marry American GIs." doctoral dissertation of Anthropology, University of Illinois at Urbana-Champaign.

Yoon, Taek-lim. 1992, "Koreans' stories about themselves: an ethnographic history of Hermit Pond Village in South Korea." doctoral dissertation of Anthropology, University of Minnesota.

Yow, Valerie Raleigh. 1994. *Recording Oral History: a practical guide for social scientists*. CA: SAGE.

# 찾아보기

## 지은이

## 김귀옥
freeox@hansung.ac.kr

서울대학교 사회학과에서 공부를 시작하여 박사학위를 마쳤으며, 서울대학교 사회발전연구소와 여성연구소 상근연구원, 한국정신문화연구원과 한국문화정책개발원 초빙연구원, 경남대학교 북한대학원 객원교수, 성공회대학교 사회문화연구원 연구교수 등을 거쳐 현재 한성대학교 교양학부 교수(사회학)와 한성대학교 전쟁과평화연구소 소장, 한국구술사학회 부회장으로 재직 중이다. 분단과 전쟁이 사람과 사회에 미친 영향에 주목하고 통일과 평화의 길을 찾는 데에 관심을 두고 있다. 그 외에도 이산가족과 여성, 분단을 넘는 사람들, 디아스포라(diaspora) 공동체, 노동 등에 관심을 기울이고 있으며, 현지 조사(fieldwork research)와 구술사 방법론을 통해 사람들의 기억 속에 묻혀 있는 기록을 발굴하고 정리하는 일을 수행하고 있다. 주요 저서로는『군대와 성폭력: 한반도의 20세기』(선인, 2012, 공저),『동아시아의 전쟁과 사회』(한울, 2009, 공저),『朝鮮半島の分斷と離散家族』(明石書店, 2008),『전쟁의 기억 냉전의 구술』(선인, 2008, 공저),『이산가족, '반공전사'도 '빨갱이'도 아닌…: 이산가족 문제를 보는 새로운 시각』(역사비평사, 2004, 대한민국학술원 우수학술도서),『북한여성들은 어떻게 살고 있을까』(당대, 2000, 공저),『월남민의 생활경험과 정체성: 밑으로부터의 월남민 연구』(서울대학교출판부, 1999, 대한민국학술원 우수학술도서) 등이 있다.

한울아카데미 1657

**구술사 연구**
방법과 실천

ⓒ 김귀옥, 2014

지은이 ᅵ 김귀옥
펴낸이 ᅵ 김종수
펴낸곳 ᅵ 도서출판 한울
편집책임 ᅵ 김현대
편집 ᅵ 이황재

초판 1쇄 인쇄 ᅵ 2014년 1월 20일
초판 1쇄 발행 ᅵ 2014년 1월 27일

주소 ᅵ 413-756 경기도 파주시 광인사길 153 한울시소빌딩 3층
전화 ᅵ 031-955-0655
팩스 ᅵ 031-955-0656
홈페이지 ᅵ www.hanulbooks.co.kr
등록번호 ᅵ 제406-2003-000051호

Printed in Korea.
ISBN 978-89-460-5657-2 93300(양장)
ISBN 978-89-460-4825-6 93300(학생판)

* 책값은 겉표지에 표시되어 있습니다.
* 이 책은 강의를 위한 학생용 교재를 따로 준비했습니다.
  강의 교재로 사용하실 때에는 본사로 연락해주시기 바랍니다.

본 연구는 한성대학교 교내 학술연구비 지원과제임.